Ekbert Hering/Joachim Rasch

QuickPascal
Eine Einführung mit Anwendungen für Ingenieure und Naturwissenschaftler

Für Christiane und Martina

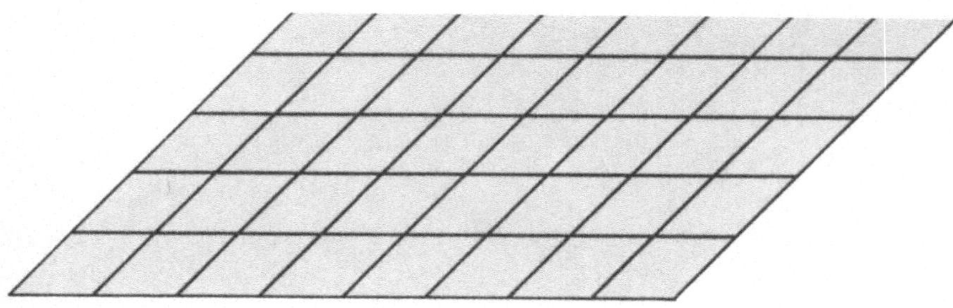

Ekbert Hering
Joachim Rasch

QuickPascal

Eine Einführung mit Anwendungen für Ingenieure und Naturwissenschaftler

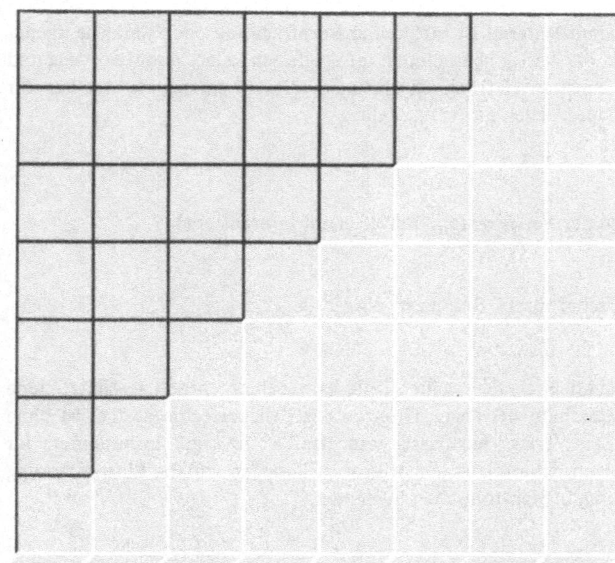

vieweg

Der Verlag Vieweg ist ein Unternehmen der Verlagsgruppe Bertelsmann International.

Umschlaggestaltung: Schrimpf und Partner, Wiesbaden

ISBN-13: 978-3-528-04775-7 e-ISBN-13: 978-3-322-83917-6
DOI: 10.1007/ 978-3-322-83917-6

Vorwort

Während Turbo Pascal schon seit Jahren zu den äußerst erfolgreich eingesetzten Programmiersprachen gehört, wurde von Microsoft die mit Turbo Pascal (einschließlich Version 5.5) kompatible Programmiersprache QuickPascal entwickelt. Für den deutschen Anwender ist sehr erfreulich, daß es hierzu eine *deutsche Benutzeroberfläche* gibt mit *deutschen Hilfetexten*. Damit ist für alle Anwender ein schnelles Programmieren, Ändern und Testen möglich. Die Programmierumgebung besteht aus Pull-Down-Menüs, einzelne befehle besitzen *Dialog-Fenster*, mit denen Eingaben oder gezielte Auswahlmöglichkeiten sehr übersichtlich möglich sind. Mit dem eingebauten Debugger ist es über ein DEBUG-Fenster problemlos möglich, entweder die Entwicklung von Werten bei einer schrittweisen Programmausführung zu verfolgen, oder Werte für Variablen bzw. Datenfelder für ARRAYS und RECORDS zu ändern und die Reaktionen des Programms zu testen. Für den Software-Entwickler ist vor allem die Möglichkeit der *objektorientierten Programmierung* wichtig. Im Unterschied zu Turbo Pascal 5.5 werden nur *dynamische* Objekte angelegt, die prinzipiel *virtuell* verwaltet werden, so daß ein umständlicher Aufbau über Konstruktoren und Destruktoren (wie z. B. in Turbo Pascal 5.5 notwendig) entfällt.

Dieses Buch ist eine Einführung in QuickPascal und ist als kompaktes Kompendium mit Programmierbeispielen aus Naturwissenschaft und Technik konzipiert. Es soll vor allem das Denken in Daten- und Programmstrukturen sowie in Objekten schulen.

Um die komplizierten Vorgänge besser verstehen zu können, wurden an diesen Stellen *Grafiken* zur Veranschaulichung eingesetzt. Dies betrifft insbesondere die Methode der *objektorientierten* Programmierung, das *Zusammenwirken* von *Unterprogrammen* mit dem *Hauptprogramm* und die *Dateiverwaltung*. Mit dieser Zielsetzung wendet sich dieses Werk vor allem an Schüler, Studenten und alle, die strukturiert in QuickPascal programmieren lernen möchten. Aber auch für Lehrer, Dozenten und Professoren bietet dieses Buch einen klaren Leitfaden für die Ausbildung.

Nach einer allgemeinen Einführung in Daten- und Programmstrukturen, der Grundzüge der systematischen Programmentwicklung, der Erläuterung des Umgangs mit QuickPascal, des prinzipiellen Programmaufbaus in QuickPascal und einer Einführung in objektorientiertes Programmieren, werden nacheinander die einzelnen Programmstrukturen besprochen, anhand eines Syntaxdiagrammes die Beschreibung in QuickPascal gezeigt und an einem Beispiel aus der Naturwissenschaft mit zugehörigem Struktogramm und Programmausdruck erklärt. Am Ende der einzelnen Abschnitte stehen Übungsaufgaben, die zum selbständigen Arbeiten anleiten sollen. Die fertige Programmlösung befindet sich im Anhang (s. Abschn. A5). Ebenfalls im Anhang wurde eine alphabetische Kurzbeschreibung aller Befehle in QuickPascal zusammengestellt, um eine gesamte Übersicht über den Befehlsvorrat zu erhalten und schnell und gezielt nachschlagen zu können (s. Abschn. A2). Es folgen im Anhang ein Abschnitt über den Einsatz des *Debuggers* zur Fehlersuche (A3) und ein Beispiel zur *objektorientierten Programmierung* (OOP) im Anhang A4.

Das Buch ist in folgende Abschnitte gegliedert:

Im *ersten* Kapitel erfolgt eine Einführung in *Daten-* und *Programmstrukturen* sowie grundsätzliche Anmerkungen zur *systemaischen Programmentwicklung*. Am Schluß des

Kapitels wird gezeigt, wie man QuickPascal *installiert,* wie die *Benutzeroberfläche* aufgebaut ist, wie sie benutzt werden kann und ferner das *systematische Vorgehen* beim Programmieren in QuickPascal. Vor allem für die naturwissenschaftlich orientierten Leser wurde erläutert, welche Ähnlichkeiten die Organisation einer industriellen Fertigung und das Erstellen eines Programmes in QuickPascal aufweisen. Am Schluß des ersten Kapitels erfolgt eine Einführung in die *objektorientierte Programmierung.*

Das *zweite* Kapitel erläutert, ausgehend von den logischen Ablaufstrukturen *Folge, Auswahl* und *Wiederholung,* die entsprechenden Befehlsstrukturen in einem *Syntaxdiagramm* und verdeutlicht sie anhand eines Beispiels durch ein *Struktogramm* und das zugehörige *Programm.*

Ein wichtiges Element der effizienten *modularen Programmierung* ist die *Unterprogrammtechnik.* An Beispielen wird im *dritten* Kapitel ihr Einsatz mit den beiden Programmelementen *PROCEDURE* und *FUNCTION* gezeigt.

Im *vierten* Kapitel wird der Umgang mit *Datentypen* und *Datenstrukturen* am Beispiel der Erstellung einer *sequentiellen* und einer *Direktzugriff-Datei* geschult. Die Vorgänge beim *Dateitransfer* zwischen externem Speicher und Rechner werden anschaulich erklärt.

Das *fünfte* Kapitel enthält *Anwendungsprogramme* aus den *Naturwissenschaften,* speziell aus der *Chemie,* der *Mathematik,* der *Physik* und der *Statistik.* Diese Programme sind zusammen mit den in den Textabschnitten des Buches besprochenen Programmierbeispielen besonders für Studierende naturwissenschaftlicher Fachrichtungen nützlich. An ihnen kann nicht nur studiert werden, wie komplexe Aufgabenstellungen gelöst werden, sondern sie können sofort zur Problemlösung eingesetzt werden.

Im *Anhang* sind folgende Zusammenstellungen enthalten: Der Anhang A1 enthält die *Operatoren* und *Funktionen.* Eine alphabetisch geordnete, kurze *Beschreibung* des *gesamten Befehlsvorrats* von QuickPascal im Anhang A2 dient zur schnellen und sicheren Orientierung. Das Arbeiten mit dem *Debugger* und die Verfolgung von Programmberechnungen im DEBUG-Fenster wird ausführlich im Abschnitt A3 vorgestellt. Abschnitt A4 zeigt ein Beispiel zur objektorientierten Programmierung. Die Lösungen der *Übungsaufgaben* befinden sich im Anhang A5.

Alle Programme sind auf einer Diskette zusammengestellt und sofort lauffähig.

Zu danken haben wir dem bewährten Lektoratsteam vom Vieweg-Verlag, insbesondere Frau Heike Gebranzig-Specht und Herrn Wolfgang Dumke vom Lektorat Computerliteratur und Software sowie unserem langjährigen Freund Karl Scheurer für die sachkundige Unterstützung. Den Studenten der Fachhochschule Aalen in den Fachbereichen Augenoptik, Chemie und Oberflächentechnik möchten wir für ihre Mithilfe an der Gestaltung des Buches danken. Gewidmet sei das Buch allen Schülern und Studenten der Natur- und Ingenieurwissenschaften, natürlich ganz besonders denen der Fachhochschule Aalen, die strukturiert und effizient programmieren lernen möchten, um ihre Probleme mit Rechnerunterstützung schnell und fehlerfrei lösen zu können. Eine besondere Widmung erlauben wir uns dem jungen Nachwuchstalent und Sohn einer der Autoren, Stefan Hering, der uns durch mancherlei Einwände unsere Gedanken einesteils klarer empfinden und andererseits jugendlicher formulieren ließ.

Heubach, Geislingen, Oktober 1989 Ekbert Hering und Joachim Rasch

Inhaltsverzeichnis

1 Einführung 1

1.1 QuickPascal als Programmiersprache 1
1.2 Datenstrukturen 2
1.3 Programmstrukturen 6
1.4 Systematische Programmentwicklung 8
1.5 Arbeiten mit QuickPascal 11
1.5.1 Das Programmpaket QuickPascal 11
1.5.2 Installation 12
1.5.3 Starten des Programms 17
1.5.4 Benutzeroberfläche 18
1.5.4.1 Schema der Benutzeroberfläche 18
1.5.4.2 Möglichkeiten der Benutzeroberfläche 21
1.6 Programmieren in QuickPascal 31
1.6.1 Vergleich eines Programmaufbaus mit der industriellen Fertigung . . 31
1.6.2 Prinzipieller Programmaufbau 32
1.6.3 Aufbau eines UNITs (Programmbausteins) 36
1.6.4 Programmieraufgabe 37
1.6.5 Erstellen des Programms 38
1.6.5.1 Eingabe des Programms 38
1.6.5.2 Kompilieren des Programms 39
1.6.5.3 Ausführen des Programms 39
1.6.5.4 Speichern unter einem Programmnamen 40
1.6.5.5 Verlassen von QuickPascal 42
1.6.5.6 Laden des Programms 43
1.7 Objektorientierte Programmierung (OOP) 45

2 Programmstrukturen und Programmierbeispiele 49

2.1 Folgestrukturen (Sequenzen) 57
2.1.1 Bestimmung des Gesamtwiderstandes bei Parallelschaltung zweier Widerstände 57
2.1.1.1 Struktogramm 58
2.1.1.2 Programm (PARALLEL.PAS) 59
2.1.2 Übungsaufgabe: WURF1.PAS 59
2.2 Auswahlstrukturen (Selektion) 61
2.2.1 Auswahl aus zwei Möglichkeiten (IF .. THEN .. ELSE) 61
2.2.1.1 Endgeschwindigkeit eines Elektrons nach Durchlaufen einer Spannung (relativistisch – nicht relativistisch) 62
2.2.1.1.1 Struktogramm 63
2.2.1.1.2 Programm (ELEKTRON.PAS) 63

2.2.1.2 Logische Verknüpfungen 65
2.2.1.2.1 Meßbereichserweiterung zur Strom- und Spannungsmessung 66
2.2.1.2.1.1 Struktogramm 67
2.2.1.2.1.2 Programm (STROMMES.PAS) . . 68
2.2.1.3 Übungsaufgabe: WURF2.PAS 71
2.2.2 Auswahl aus mehreren Möglichkeiten (CASE..OF..END) 71
2.2.2.1 Wahlweise Berechnungen am senkrechten Kreiszylinder . . 72
2.2.2.1.1 LABEL (Kennung) 72
2.2.2.1.2 Struktogramm 73
2.2.2.1.3 Programm (KREISZYL.PAS) 74
2.2.2.1.4 Die Anweisung CASE..OF..ELSE..END) . . . 75
2.2.2.1.5 Programm (KREISZYL.PAS) 75
2.2.2.2 Wahlweise Berechnung von Wechselstromwiderständen . . 77
2.2.2.2.1 Struktogramm 78
2.2.2.2.2 Programm (WESTROWI.PAS) 79
2.2.2.3 Übungsaufgabe: KUGEL.PAS 82
2.3 Wiederholung (Iteration) 83
2.3.1 Zählschleifen (FOR..TO(DOWNTO)..DO) 83
2.3.1.1 Simulation eines Würfelspiels 84
2.3.1.1.1 Struktogramm 84
2.3.1.1.2 Programm (WUERFEL.PAS) 85
2.3.1.2 Einlesen eines ARRAYs 86
2.3.1.2.1 Einlesen eines eindimensionalen ARRAYs . . . 87
2.3.1.2.1.1 Struktogramm 88
2.3.1.2.1.2 Programm (WURF3.PAS) 89
2.3.1.2.2 Einlesen eines zweidimensionalen ARRAYs . . 90
2.3.2 Abweisende Schleife (WHILE..DO) 92
2.3.2.1 Strömungswiderstand einer laminaren Strömung in glatten Rohren (Reynolds-Zahl) 93
2.3.2.1.1 Struktogramm 94
2.3.2.1.2 Programm (STROEMEN.PAS) 94
2.3.3 Nicht abweisende Schleife (REPEAT.. UNTIL) 95
2.3.3.1 Strömungsprogramm mit der REPEAT..UNTIL-Schleife . . 96
2.3.3.1.1 Struktogramm 96
2.3.3.1.2 Programm (STROM2.PAS) 96
2.3.4 Geschachtelte Schleifen 97
2.3.4.1 Durchflußvolumen nach Hagen-Poiseuille 97
2.3.4.1.1 Struktogramm 98
2.3.4.1.2 Programm (HAGEN.PAS) 99
2.3.4.2 Sortierverfahren nach dem Bubble-Sort-Algorithmus 100
2.3.4.2.1 Struktogramm 100
2.3.4.2.2 Programm (BUBBLE.PAS) 101
2.3.4.3 Übungsaufgabe: Sortierverfahren nach dem Shell-Sort-Algorithmus (SHELL.PAS) 102

3 Unterprogrammtechnik 103

3.1 Unterprogramme (Prozeduren) 103
3.1.1 Programm Mittelwertbildung ohne Unterprogramm (MITTELWE.PAS) 104
3.1.2 Programm Mittelwertbildung in Unterprogrammtechnik (MITTELW2.PAS) 104
3.2 Lokale und globale Variable (Konstante) 106
3.3 Prozeduren mit Parameterübergabe 109
3.3.1 Parameterübergabe außerhalb der Prozedur 111
3.3.2 Direkte Parameterübergabe innerhalb der Prozedur 113
3.3.2.1 Festlegung der Variablen als Ein- und Ausgabeparameter (PROZED2.PAS) 114
3.3.2.2 Festlegen der Variablen als Eingabe-Parameter (PROZED3.PAS) 115
3.3.2.3 Definition mehrerer formaler Variablen 116
3.4 Funktionen 117
3.5 Rekursive Abläufe (Rekursionen) 120
3.5.1 Rekursives Programm zur Fakultätsermittlung (FAKUL1.PAS) . . . 120
3.5.2 Iteratives Programm zur Fakultätsermittlung (FAKUL2.PAS) 121

4 Weiterführende Möglichkeiten zum Umgang mit Datentypen und Datenstrukturen 122

4.1 Definition von Datentypen durch den Benutzer (TYPE-Anweisung) 122
4.2 Strukturierung von Daten als RECORD 125
4.3 Vereinfachte Bearbeitung von RECORDs (WITH-Anweisung) 129
4.4 Strukturierung von Daten als FILE (Datei) 131
4.4.1 Organisationsformen von Dateien 132
4.4.2 Arbeit mit Dateien 133
4.4.2.1 Anweisungen 133
4.4.2.2 Schematische Darstellung von Dateiaufbau und Dateiverwaltung 135
4.4.3 Aufstellen einer Datei mit dateiweisem Datenverkehr 137
4.4.4 Aufstellen einer Direktzugriff-Datei 147

5 Anwendungsprogramme 154

5.1 Chemie 154
5.1.1 Radioaktiver Zerfall (RADIOZER.PAS) 154
5.1.2 Wasserstoff-Spektrum (SPEKTRUM.PAS) 158
5.1.3 Auswertung von Titrationen (TITRATIO.PAS) 160
5.2 Mathematik 162
5.2.1 Lösung quadratischer Gleichungen (QUADRAT.PAS) 163
5.2.2 Addition zweier Matrizen (MATRADD.PAS) 164
5.2.3 Multiplikation zweier Matrizen (MATRMULT.PAS) 165
5.2.4 Inverse einer Matrix (INVERSE.PAS) 168

5.2.5 Lösung linearer Gleichungssysteme nach Gauss-Jordan (GAUSSJOR.PAS) 170

5.3 Physik 172

5.3.1 Abbildungsgleichung der geometrischen Optik (LINSENGL.PAS) 172

5.3.2 Allgemeine Gasgleichung (GASGLEI.PAS) 174

5.3.3 Berechnung einer Statik (RESULT.PAS) 177

5.4 Statistik 183

5.4.1 Lineare, exponentielle und logarithmische Regression (REGRESS.PAS) 184

5.4.2 Polynome Regression (POLYREGR.PAS) 188

5.4.3 Multilineare Regression (MULTI.PAS) 194

5.4.4 Ausreißertest nach GRUBBS (GRUBBS.PAS) 202

Anhang 210

A1 Operatoren 210

A1.1 Vergleichsoperatoren 210

A1.2 Arithmetische Operationen 210

A1.3 Logische Operatoren 210

A1.4 Adreß-Operatoren 210

A1.5 Mathematische Funktionen 211

A2 Alphabetische Reihenfolge der Befehle 212

A3 Fehlersuche mit dem Debugger 228

A3.1 Aufgabe des Debuggers 228

A3.2 Verfolgen der Werte einzelner Variablen 229

A4 Beispiel für objektorientierte Programmierung 240

A5 Lösungen der Übungsaufgaben 251

A5.1 WURF1.PAS 251

A5.2 WURF2.PAS 252

A5.3 KUGEL.PAS 253

A5.4 SHELL.PAS 256

A6 Editier-Funktionen 259

Sachwortverzeichnis 262

1 Einführung

1.1 QuickPascal als Programmiersprache

Die vorliegende kompakte und an technisch-naturwissenschaftlichen Anwendungen orientierte Einführung in die Programmiersprache Quick-Pascal vermittelt dem Schüler, dem Studenten und allen Programmierern leicht nachvollziehbar das notwendige Grundwissen zum Umgang mit einer attraktiven und weit verbreiteten Programmiersprache. Pascal ist ursprünglich für naturwissenschaftlich-technische Probleme entwickelt worden. Es ist sowohl für den Anfänger, als auch für den bereits Geübten (z.B. BASIC-Umsteiger) leicht erlernbar. Zum Verständnis der einzelnen Befehle sind Englischkenntnisse von Vorteil, jedoch nicht unbedingt nötig.

Pascal ist eine "high-level"-Programmiersprache, die von Professor Nikolaus Wirth an der Technischen Universität Zürich entwickelt und 1971 erstmals veröffentlicht wurde. Sie ist nach Blaise Pascal benannt, einem bedeutenden französischen Physiker, Mathematiker und Philosophen des 17. Jahrhunderts, der u.a. eine der ersten automatischen Rechenmaschinen entwickelte.

Die Programmiersprache Pascal hat in QuickPascal eine Erweiterung erfahren, die dem Anwender und Programmierer ein hohes Maß an Bedienungsfreundlichkeit und Schnelligkeit garantiert. Mit QuickPascal ist es möglich, Softwarepakete mit der Methode der *objektorientierten* Programmierung professionell zu entwickeln.

Es muß schließlich noch ausdrücklich betont werden, daß man das Programmieren nicht als ein Buch mit sieben Siegeln betrachten sollte, von dem einige glauben, es nie verstehen zu können. Programmieren kann, wie jede andere Fertigkeit auch, erlernt werden; und wer keine Vorkenntnisse hat ist im Vorteil, auch nichts Falsches gelernt zu haben. Deshalb sollte man alle Hemmschwellen abbauen, die Ärmel hochkrempeln und beginnen nach dem Motto: "Du weißt nie, was Du kannst, bevor Du es versucht hast!" Unseren Optimismus gründen wir auf die Erfahrung, daß speziell Studenten, die sich vorher noch nie mit dem Programmieren befaßt hatten, damit später die größten Erfolgserlebnisse hatten. Vor eine Programmieraufgabe gesetzt, haben viele erkannt, wie einfach es ist, beispielsweise eine Mathematikaufgabe mit einem Computerprogramm zu lösen. Deshalb - keine Panik, wenn das Programmieren nicht sofort zum Erfolg führt. Spätestens im Team wurde noch jedes Problem gelöst!

1.2 Datenstrukturen

In Bild 1-1 sind die Datenstrukturen zusammengestellt.

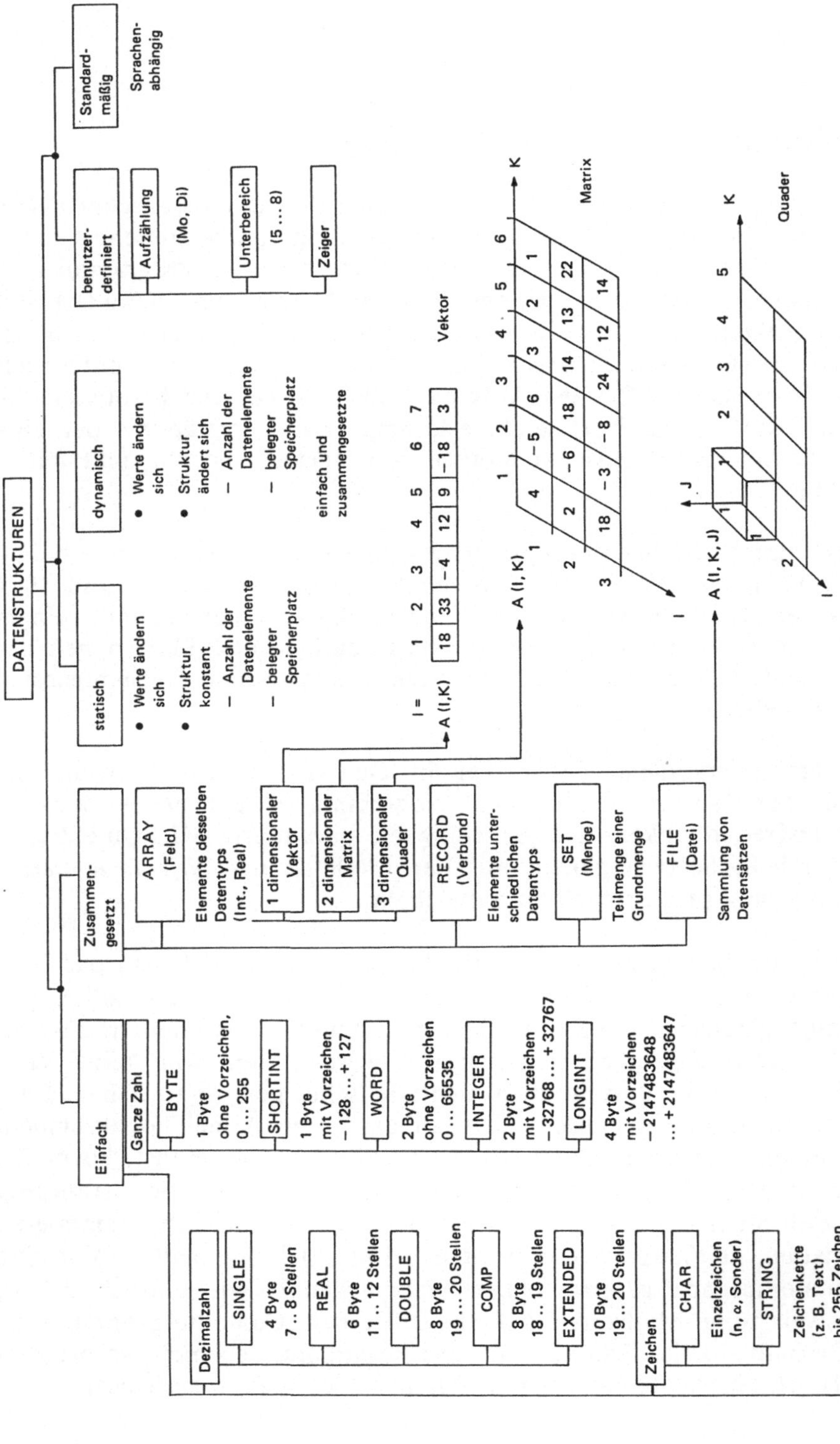

Bild 1-1 Datenstrukturen

Wie daraus zu ersehen ist, wird zwischen einfachen und zusammengesetzten, statischen und dynamischen sowie benutzerdefinierten und standardmäßig vorhandenen Datenstrukturen unterschieden. Die umfassendste Datenstruktur ist die Datei oder die Datenbasis (Datenbank). Bild 1-2 zeigt den prinzipiellen Dateiaufbau und erklärt die Datenbasis als die Summe aller Dateien.

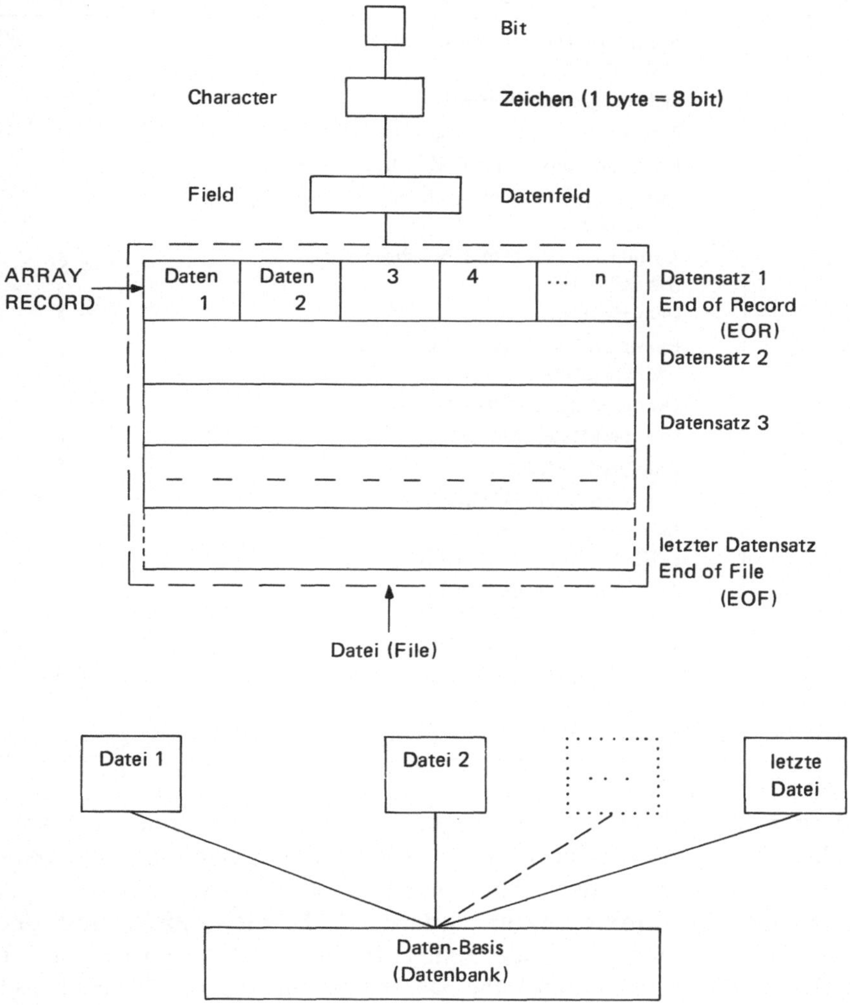

Bild 1-2 Datei und Datenbasis

Es ist erkennbar, daß ein Datenfeld (field) die kleinste Einheit eines Datensatzes (vom Typ ARRAY oder RECORD) ist. Jeder Datensatz endet mit einer *Endemarkierung*, der Marke End of Record (EOR). Der letzte Datensatz einer Datei wird ebenfalls gekennzeichnet. Seine Markierung ist End of File (EOF). Tabelle 1-1 zeigt die Dateien in QuickPascal. Sie sind, wie auch in MS-DOS üblich, durch drei zusätzliche Buchstaben zu unterscheiden.

Tabelle 1-1 Datei-Zusätze in Quick Pascal

Abkürzung	Dateityp	Versionen
.ARC	Archivierte Dateien, die komprimiert sind (ARCHIEVES)	5
.BAK	Sicherungskopie (BACK UP)	3, 4, 5
.BIN	Programme in Maschinensprache (BINARY FILES)	3
.CFG	Konfigurationsdatei (CONFIGURATION)	4, 5
.COM	Ausführbares Programm mit maximal 64 KByte (COMMAND)	3
.EXE	Ausführbares Programm beliebiger Länge (EXECUTABLE)	4, 5
.MAP	Debugger-Datei	4, 5
.OBJ	Externe (nicht Pascal-) Programme im Zwischenformat	4, 5
.OVR	Overlay-Dateien (OVERLAY)	5
.PAS	Quelltext-Datei (PASCAL)	3, 4, 5
.PCK	Dateilisten (PICK)	4, 5
.TP	Compiler-Datei (TURBO PASCAL)	4, 5
.TPL	Standard-Programmbibliothek (TURBO PASCAL LIBRARY)	4, 5
.TPM	Zusatzinformationen über Fehler (TURBO PASCAL MAP)	4
.TPU	Vordefinierte (Standard-Units) oder selbsterzeugte Bibliothekeinheiten (Units) (TURBO PASCAL UNIT)	4, 5
.ØØ?	Overlay-Dateien	3

Ein wichtiger Vorteil von Pascal gegenüber vielen anderen Programmiersprachen (z. B. Basic oder FORTRAN) ist die Behandlung *dynamischer* Daten. Darunter werden Daten verstanden, die sich während des Programmablaufs in ihrer Struktur ändern, d. h. die Anzahl und der Aufbau der Datenelemente verändern sich. In QuickPascal wird auch der Datentyp Datei (file) als dynamische Datenstruktur behandelt. Bild 1-3 zeigt die verschiedenen Arten von dynamischen Daten.

Die Speicherung dynamischer Variablen geschieht in QuickPascal in einem besonderen Bereich, dem *Heap* (Halde oder Berg). Ganz wichtig ist dabei der *Zeiger* (Heap-Pointer), der auf den Anfang der dynamischen Datenstruktur zeigt. Der Heap-Pointer wird, von der niedrigsten Adresse ausgehend, mit jeder neuen dynamischen Variablen eine Stufe höher gesetzt.

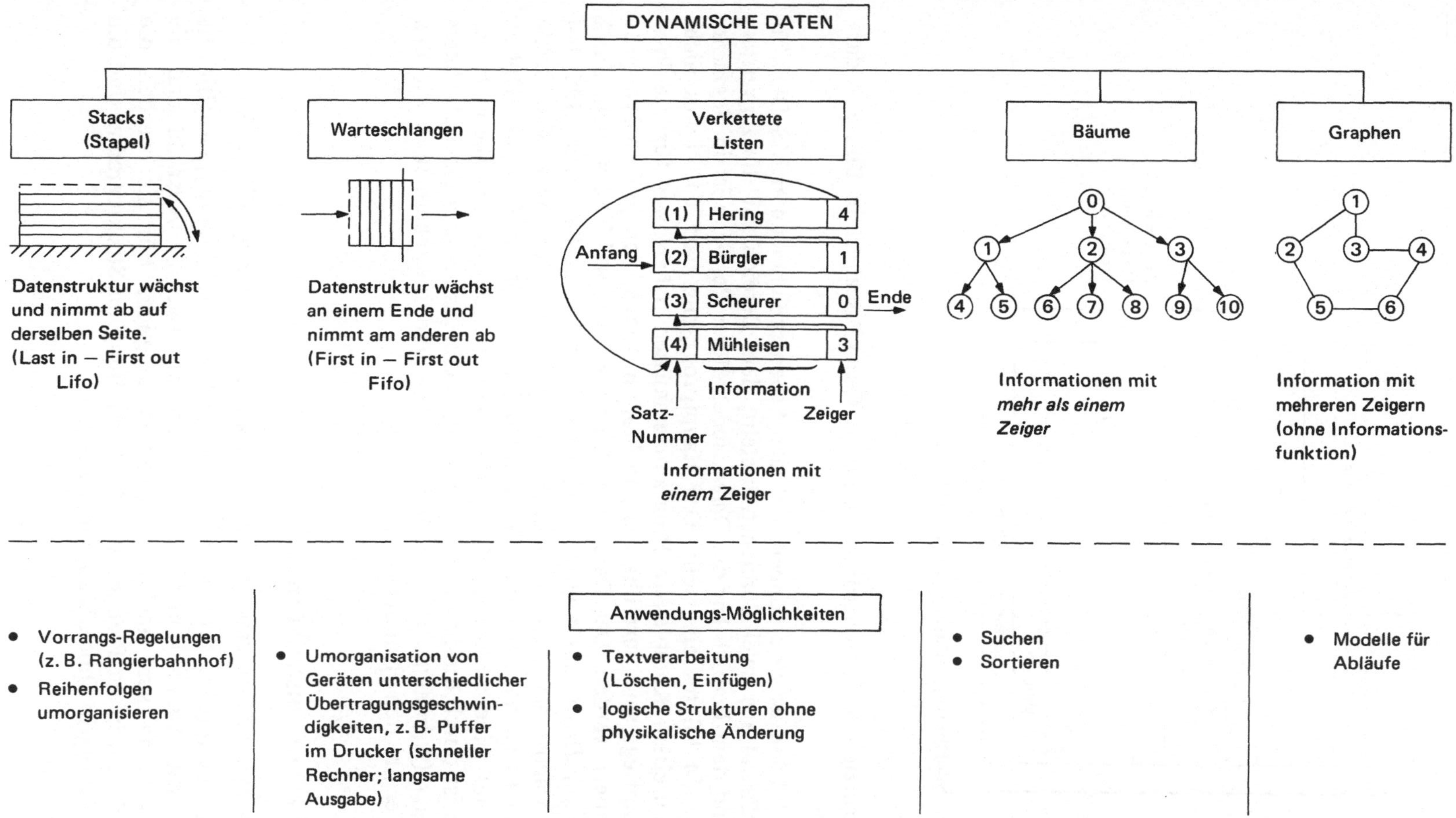

Bild 1-3 Dynamische Daten

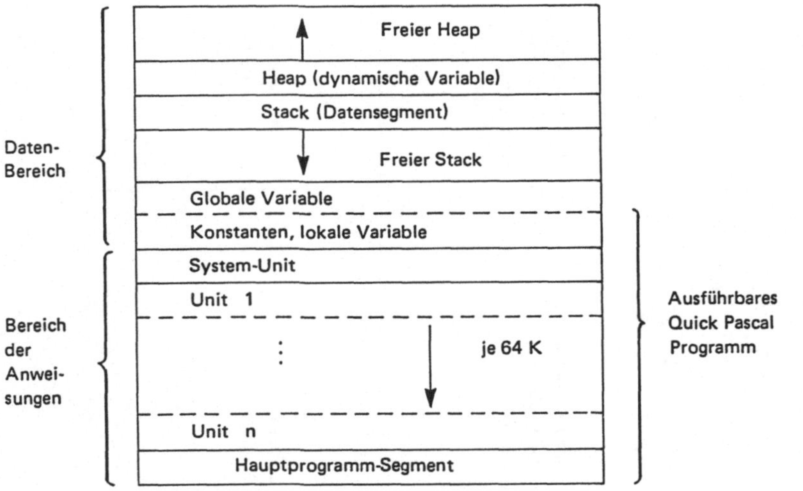

Bild 1-4 Speicherorganisation in Quick-Pascal

Die prinzipielle Speicherorganisation in QuickPascal ist in Bild 1-4 dargestellt.

Aus Bild 1-4 ist zu erkennen, daß der Arbeitsspeicher unter MS-DOS für QuickPascal aus zwei Bereichen besteht, dem Bereich für die *Anweisungen* und dem Bereich für die *Daten*. Jeder dieser Bereiche ist in *Segmente* von je 64 kBytes eingeteilt. Das Hauptprogramm darf 64 kBytes nicht überschreiten. Komplexere Programme müssen daher, was für die Programmpflege sehr vorteilhaft ist, in Moduln (units) von je 64 kByte programmiert werden. Der Datenbereich besteht aus zwei Teilen, dem *Stack* und dem *Heap*, der alle *dynamischen* Variablen enthält. Wie Bild 1-4 zeigt, wächst der Stack nach unten und der Heap nach oben. Die Größe des Stacks ist normalerweise 64 k, kann jedoch mit der Compiler-Option {$M} auf eine andere Größe gesetzt werden. Der Speicherbereich des Heaps ist durch die Speicherkapazität des Arbeitsspeichers eines Rechners begrenzt (Arbeitsspeicher abzüglich Code- und Datenbereich sowie den Stack ergibt den Heapbereich).

1.3 Programmstrukturen

Die prinzipiellen Elemente einer Programmstruktur zeigt Bild 1-5.

Es ist aus diesem Bild zu erkennen, daß es drei Grundtypen gibt: die Folge, die Auswahl und die Wiederholung. Für die Auswahl und die Wiederholung sind mehrere Varianten möglich. Für sie werden die Bezeichnungen im Pseudocode, die Darstellung im Struktogramm und die Bezeichnung in QuickPascal angegeben.

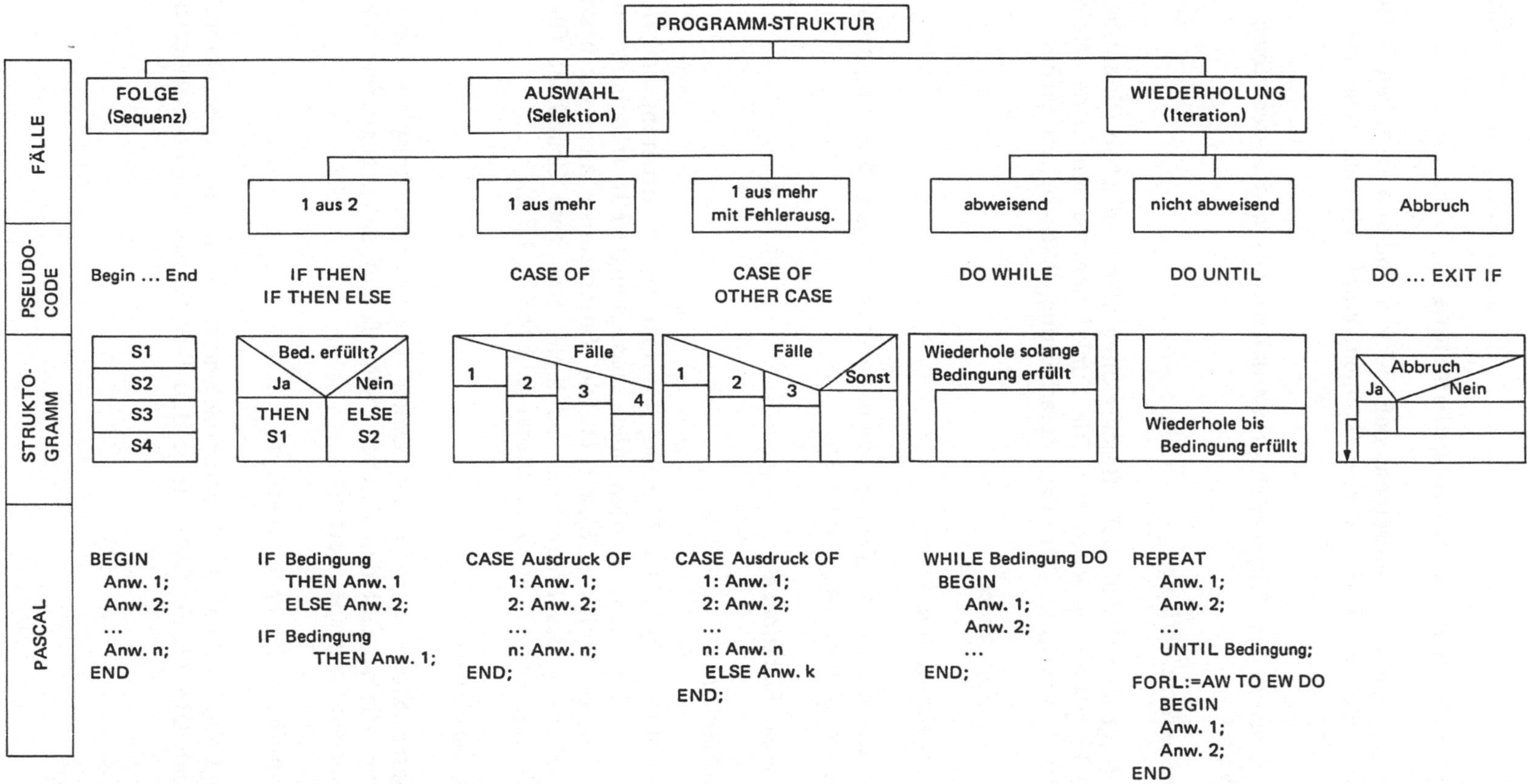

Bild 1-5 Elemente der Programmstrukturen

1.4 Systematische Programmentwicklung

Um Programme so zu schreiben, daß sie von anderen Personen verstanden und weiterentwickelt werden können, empfiehlt sich folgende Vorgehensweise:

1. Bezeichnung des Programms (Programmname) und Beschreibung des Problems

2. Funktionsbeschreibung

Hier erfolgt eine ausführliche Beschreibung aller Aufgaben (Funktionen), die das Programm zu lösen hat. Die Funktionen werden in der Reihenfolge der Abarbeitung (Eingabe, Verarbeitung, Ausgabe) aufgeführt:

2.1 Eingabe-Funktionen

2.2 Verarbeitungs-Funktionen

Hierbei werden die Verfahren geschildert, mit denen die Programmieraufgabe gelöst wird (*Algorithmus*).

2.3 Ausgabe-Funktionen

3. Variablenliste

Alle Variablen, die in der Eingabe, während der Verarbeitung und in der Ausgabe vorkommen, werden hier zusammengestellt (möglichst unter Angabe des Datentyps, s. Bild 1-1). Die Variablenliste dient zur besseren Verständlichkeit des Programms und bietet eine gute Grundlage für die *Variablenvereinbarung* in QuickPascal (s. Abschn. 1.7.2).

4. Datenbeschreibung

An dieser Stelle werden die Daten beschrieben, beispielsweise der Datentyp, die Anzahl der Zeichen, wie oft auf sie zugegriffen werden muß und wo sie gespeichert sind.

5. Beschreibung der Programmlogik

Den logischen Ablauf des Programmes beschreiben wir mit Struktogrammen nach DIN 66261. Dabei zeigt Bild 1-6 die prinzipielle Gesamtstruktur.

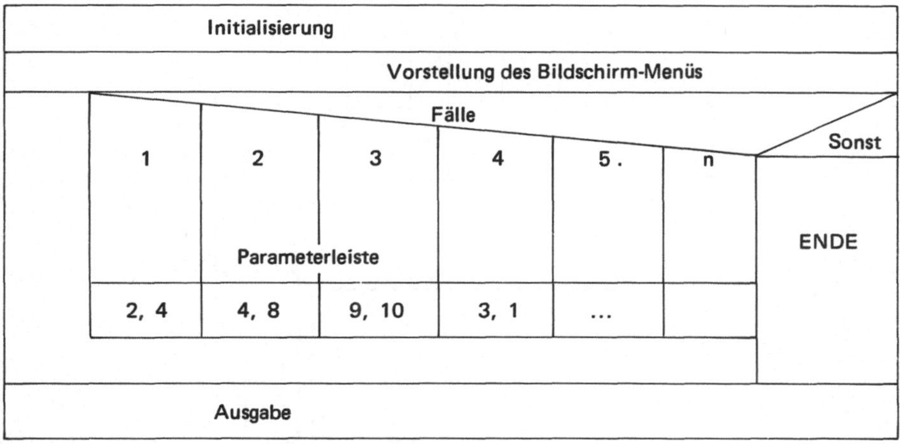

Bild 1-6 Prinzipielle Gesamtstruktur eines Programms

Es wird Wert darauf gelegt, daß jedes Software-Paket, und sei es noch so komplex, prinzipiell in dieser Form und auf maximal einer DIN A3-Seite dargestellt wird. Zunächst geschieht die übliche Initialisierung des Programms und die Vorstellung des Programmpaketes als Menü. Diese einzelnen Teile sind die einzelnen Programm-Moduln. Sie können unabhängig voneinander erstellt und getestet werden (Zeitersparnis bei der Softwareentwicklung). Jedes Modul besitzt im unteren Bereich eine Parameterleiste. Dort stehen die Kennungen der Programmteile, zu denen nach Ablauf des Moduls verzweigt werden kann. Diese Parameterleiste gibt sozusagen die Schnittstellen zu den anderen Programmteilen an. Ein großer Vorteil der modularen Bauweise von Programmteilen besteht zusätzlich darin, daß neue Anforderungen als neue Moduln geschrieben und in das bestehende Programm eingefügt werden können. Wie aus Bild 1-6 ferner zu erkennen ist, geschieht ein definierter Ausstieg aus dem Programm über den ENDE-Zweig. Anschließend erfolgt die Ausgabe und andere abschließende Tätigkeiten.

Hinter jedem Modul verbirgt sich wieder eine Logikstruktur, die in Form von Struktogrammen dokumentiert wird. Bei einer komplexen Software können unterschiedliche Ebenen der schrittweisen Verfeinerung auftreten, wie Bild 1-7 andeutet.

Das Struktogramm dient, wenn es fein genug gegliedert ist, als *direkte* Vorlage für den *Programmteil* in QuickPascal.

6. Programmausdruck

Als Dokumentation der tatsächlichen Programmierung dient der Programmausdruck.

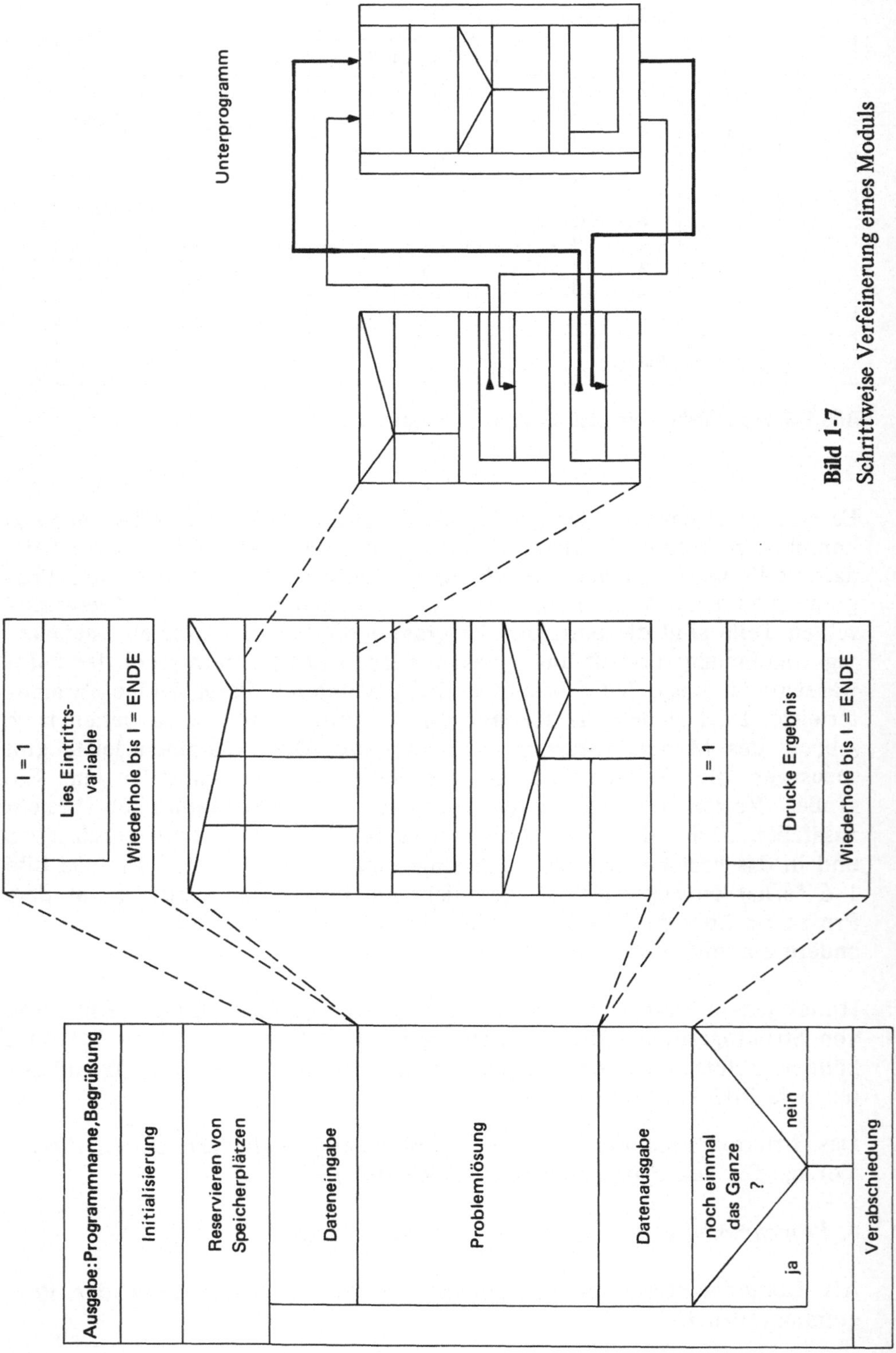

Bild 1-7
Schrittweise Verfeinerung eines Moduls

1.5 Arbeiten mit QuickPascal

1.5.1 Das Programmpaket QuickPascal

Das Programmpaket QuickPascal besteht aus fünf Disketten (5 1/4"), die folgende Dateien enthalten:

a) Diskette 1 (Programm-Diskette)

Enthält die Programmiersprache QuickPascal.

QP.EXE	QuickPascal Programm
QPL.COM	QuickPascal Sprache

b) Diskette 2 (Lerndiskette Bildschirmtreiber und Netzsoftware)

Sie enthält das Lernprogramm:

LERNEN.EXE und die Lerndatei LERNEN.PIF. Ferner Bildschirmtreiber (Zusatz .VID) und die Programme für die Netzsoftware (QPCBT.SOB und QPCBT.SCN).

c) Diskette 3 (Ratgeber-Diskette)

Auf ihr befinden sich folgende Hilfe-Dateien:

QPGRAPH.HL	Hilfestellung für Grafik
QPERR.HLP	Online-Hilfestellung beim Programmieren
QPENV.HLP	Online Hilfestellung für die Programmierumgebung.
HINWEISE.HLP	Aktuelle Hinweise.

d) Diskette 4 (Beispiele/Installation)

Auf dieser Diskette befinden sich die Beispiele (im Katalog \BEISPIEL) und das Installationsprogramm SETUP.EXE. Ferner befindet sich daruf der Maustreiber (MOUSE.COM) und das Programm der Festtastenbelegung (QPMKEY.EXE)

e) Diskette 5 (Bibliotheken)

Auf dieser Diskette finden sich die Standard-Units (.QPU) und Schriftarten (.FON).

SYSTEM.QPU	UNIT System
DOS.QPU	DOS-Routinen
CRT.QPU	Bildschirmkontrolle
PRINTER.QPU	Druckersteuerung
GRAPH.QPU	Grafikmodul
MSGRAPH.QPU	Spezielle Grafikmöglichkeiten
MSGRUTIL.QPU	Grafik-Routinen

Die mit .FON gekennzeichneten restlichen Dateien sind Schriftarten, die Sie benutzen können.

f) Diskette 6 (Ergänzung)

Hier stehen die ausführlichen Hilfsprogramme verzeichnet (QP.HLP).

1.5.2 Installation

Im folgenden wird gezeigt, wie Sie QuickPascal an Ihre Hardware anpassen können. Dazu dient das Programm SETUP.EXE. Legen Sie die Diskette 4 in das Laufwerk A ein (**a:** <RETURN>) und geben Sie ein:

SETUP <RETURN>.

Es erscheint folgendes Bild (s. Bild 1-8).

```
          Microsoft (R) QuickPascal 1.00 Installationsprogramm
      Copyright (C) Microsoft Corp 1989.  Alle Recht vorbehalten.

        Setup QuickPascal auf Ihrem System installieren, indem es
              ■ Programmdateien kopiert,
              ■ benötigte Systemdateien kopiert,
              ■ die Konfigurationsinformationen setzt.

Hinweis: QuickPascal beansprucht bis zu 1.8 Megabytes auf Ihrer Festplatte.
Wenn Sie zuvor Speicherplatz schaffen müssen, beenden Sie Setup nun.

                  ┌────────────────────────────────────┐
                  │                     Betätigen Sie: │
                  ├────────────────────────────────────┤
                  │ Weiter                          W  │
                  │ Ende                            E  │
                  └────────────────────────────────────┘

 Benutzen Sie ↑ und ↓, um Ihre Auswahl zu markieren, danach EINGABE,
      oder betätigen einfach die entsprechende Buchstabentaste.
```

Bild 1-8 Beginn des Installationsprogramms

Als nächstes können Sie auswählen, ob Sie einen *Kurzsetup* wählen (für Erstinstallation) oder mit dem *Vollständigen Setup* die Standardoptionen ändern wollen. Bild 1-9 zeigt die Möglichkeiten.

```
                          Setup Hauptmenü
                          ~~~~~~~~~~~~~~~
          Kurzsetup installiert QuickPascal mit Standardoptionen, die
          Sie benutzen können.

          Der vollständige Setup ermöglicht es, diese Optionen zu ändern.

       ┌──────────────────────────────────────────────┐
       │                               Betätigen Sie: │
       ├──────────────────────────────────────────────┤
       │ Kurzsetup                                 K  │
       │ Vollständiger Setup                       V  │
       │ Ende                                      E  │
       │ Ende und Start von "QP-Express"           Q  │
       └──────────────────────────────────────────────┘

 Benutzen Sie ↑ und ↓, um Ihre Auswahl zu markieren, danach EINGABE,
      oder betätigen einfach die entsprechende Buchstabentaste.
```

Bild 1-9 Auswahl der Installation

Es wird "Kurzsetup" ausgewählt, das voreingestellte Optionen verwendet. Bild 1-10 zeigt, welche Möglichkeiten Sie haben:

```
                         Kurzsetup
                         ~~~~~~~~~
        Kurzsetup installiert QuickPascal mit den voreingestellten
        Optionen, die in Optionen anzeigen zu sehen sind.

        Um diese Optionen zu ändern, benutzen Sie den vollständigen
        Setup aus dem Hauptmenü.

                                           Betätigen Sie:

          Optionen anzeigen                             O
          Kurzsetup ausführen                           K
          Nicht ausführen, Zurück zum Setup Hauptmenü   Z

   Benutzen Sie ↑ und ↓, um Ihre Auswahl zu markieren, danach EINGABE,
       oder betätigen einfach die entsprechende Buchstabentaste.
```

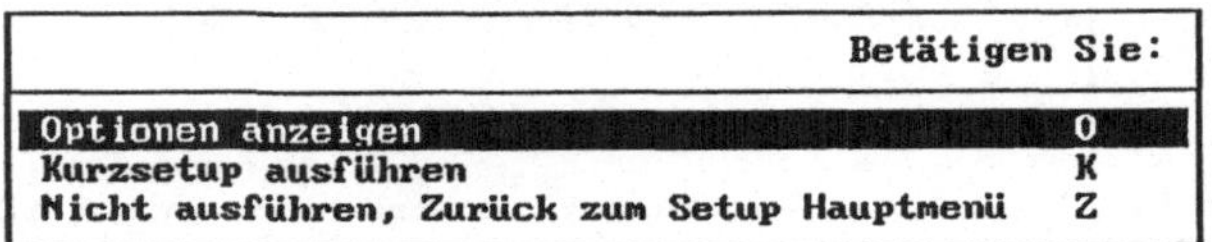

Bild 1-10 Möglichkeiten beim Kurzsetup

Die Einstellungen zeigen wir am Bildschirm an, indem "Optionen anzeigen" ausgewählt wird. Dann sind in Bild 1-11 die Verzeichnisse und in Bild 1-12 die Maustreiber zu sehen:

```
                 Optionen anzeigen - Seite 1 von 2

     Zu Beginn können Sie die Standardoptionen benutzen. Ihr System müßte
     problemlos mit Ihnen arbeiten. Sie können diese Optionen jederzeit
     in QuickPascal, oder mit dem Vollständigen Setup ändern.

  Pfade/Verzeichnisse:

   EXE-Dateien:  C:\QP

   QPU-Dateien:  C:\QP

  Hilfsdateien:  C:\QP\HLP

                                 Betätigen Sie:

                 Weiter                        W
                 Zurück zum Kurzsetup          Z
```

Bild 1-11 Standardoptionen der Verzeichnisse

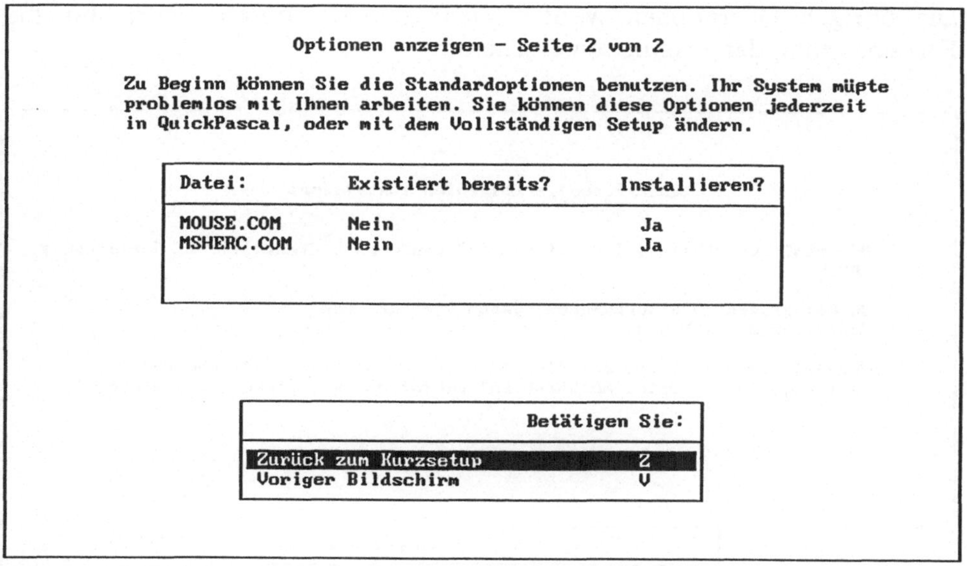

Bild 1-12 Standardoptionen für die Maus

Da diese Optionen für unsere Hardwareumgebung richtig ist, kehren wir zum Kurzetup zurück (s. Bild 1-10) und führen es aus (**K** <RETURN>).

Für die Hinweise und das Lernprogramm werden bestimmte Grafikkarten verwendet, die Sie installiert haben müßten, damit Sie diese Programme problemlos laufen lassen können (s. Bild 1-13).

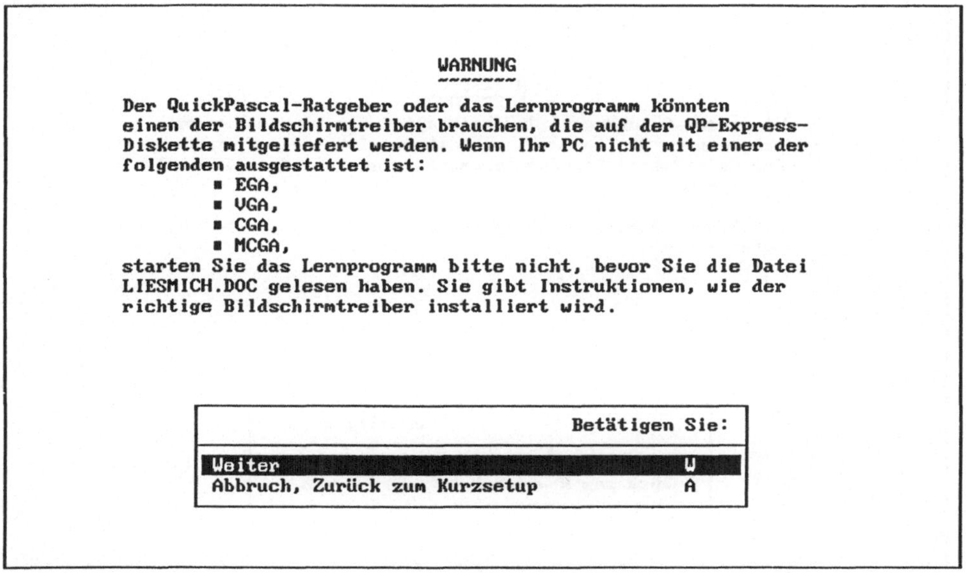

Bild 1-13 Grafikkarten für das Lernprogramm

Die übrigen Operationen werden menügesteuert durchgeführt, bis die Fertigmeldung der Installation erscheint.

```
                 QuickPascal erfolgreich installiert

Microsoft QuickPascal 1.0 ist nun auf Laufwerk C: installiert, Verzeichnis
\QP.

Um QuickPascal DOS aufzurufen, geben Sie "QP" vom
Verzeichnis C:\QP ein.

Vergewissern Sie sich, daß dieses Verzeichnis in der PATH-Umgebungs-
variablen in der Datei AUTOEXEC.BAT definiert ist. Siehe DOS-Handbuch.

                                     Betätigen Sie:
              Weiter                              W
```

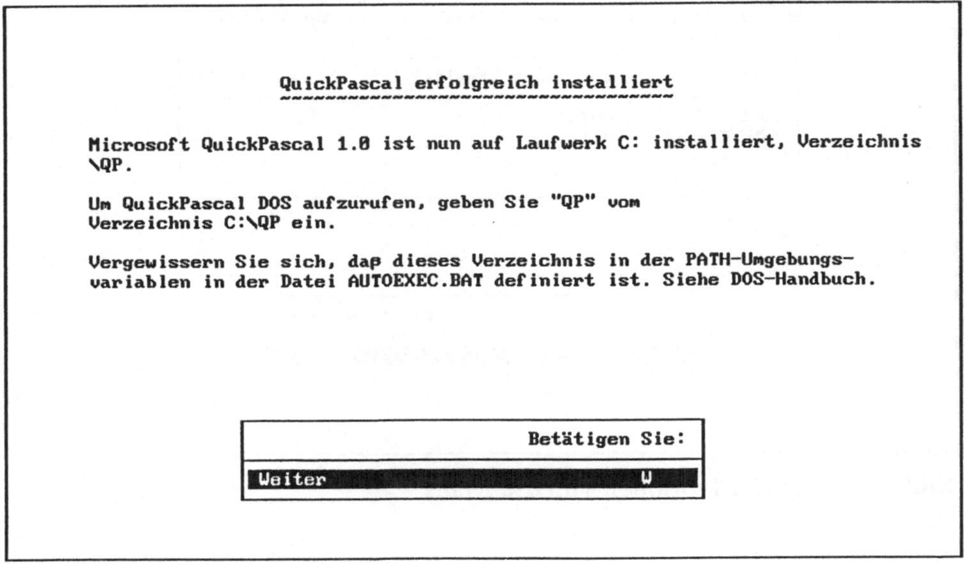

Bild 1-14 Erfolgreiche Beendigung der Installation

Es empfiehlt sich, jetzt ein kurzes Übungsprogramm zu absolvieren, damit Sie sich in der Programmierumgebung von QuickPascal problemlos auskennen.

```
                       QP-Express

Microsoft QuickPascal 1.0 beinhaltet ein kurzes Übungs-
programm - "QP-Express" - das Ihnen hilft, die Grund-
der QuickPascal-Programmierumgebung schnell (ca. 10 min)
zu erlernen.

Sie können dieses Programm nun starten, oder zum Setup-
zurückkehren.

                                  Betätigen Sie:
        Ende und QP-Express ausführen          Q
        Zurück zum Hauptmenü                   Z
```

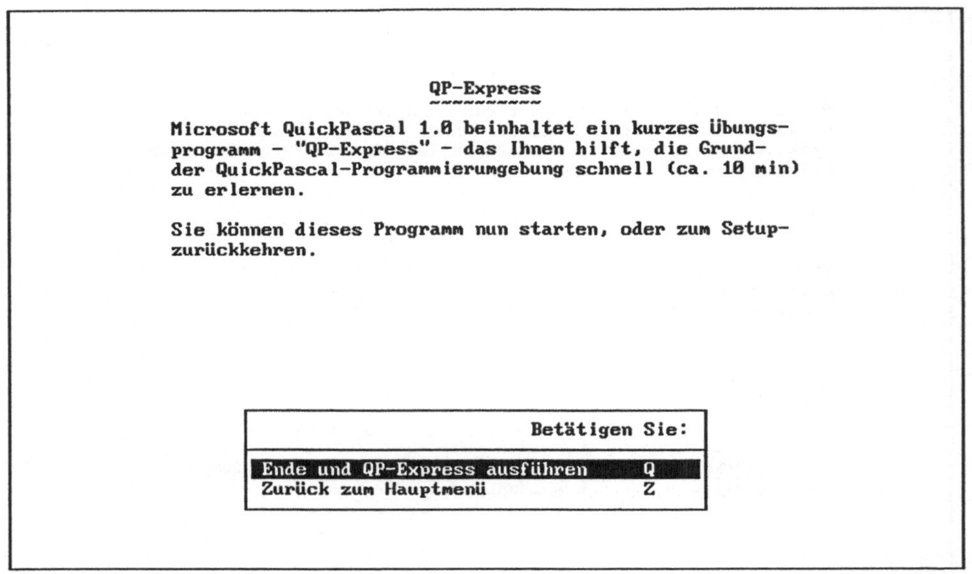

Bild 1-15 Aufforderung zum QP-Express

Hinweis! Sie können das Lernprogramm auch starten, wenn Sie in das Verzeichnis \QP umschalten und lernen <RETURN> eingeben.

1.5.3 Starten des Programms

Nach erfolgter Installation geben Sie ein:

qp <RETURN>.

Es wird QuickPascal geladen und Sie sehen folgende Benutzeroberfläche:

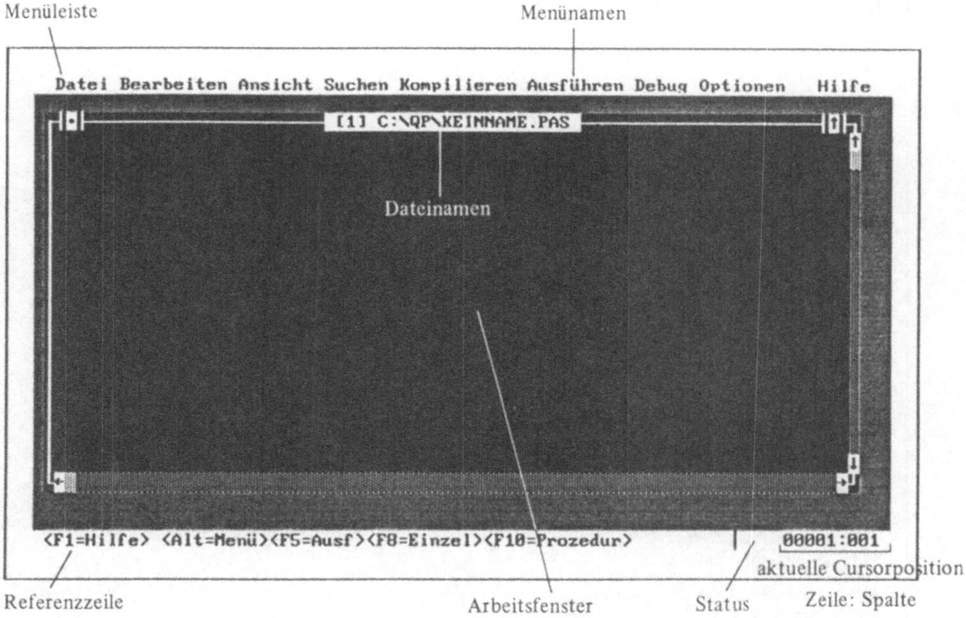

Bild 1-16 Aufbau des QuickPascal Hauptmenüs

Bild 1-16 zeigt den Bildschirm. In der Mitte ist das Arbeitsfenster, das am Rand an den *Bildlaufleisten* folgende Informationen enthält:

Die erste Zeile ist die *Menüleiste* mit den *Menünamen*. In der Bildschirmmitte ist der aktuelle *Dateinamen* zu lesen. Die untere Leiste ist die *Referenzleiste* und unten rechts wird die *Cursorposition* angezeigt (Zeile:Spalte).

1.5.4 Benutzeroberfläche

1.5.4.1 Schema der Benutzeroberfläche

Sie sehen am oberen Bildschirmrand die acht Möglichkeiten des Hauptmenüs (und rechts oben die Hilfefunktion). Sie werden im folgenden ausführlicher erklärt. Durch Drücken der <ALT>-Taste und des Anfangsbuchstabens (z. B. **D** für Datei) wird das entsprechende Menü geöffnet.

<ALT> **D** Öffnen des Menüs **Datei**.

Sie sehen alle Befehle, die sich auf die Option Datei beziehen (s. Bild 1-17).

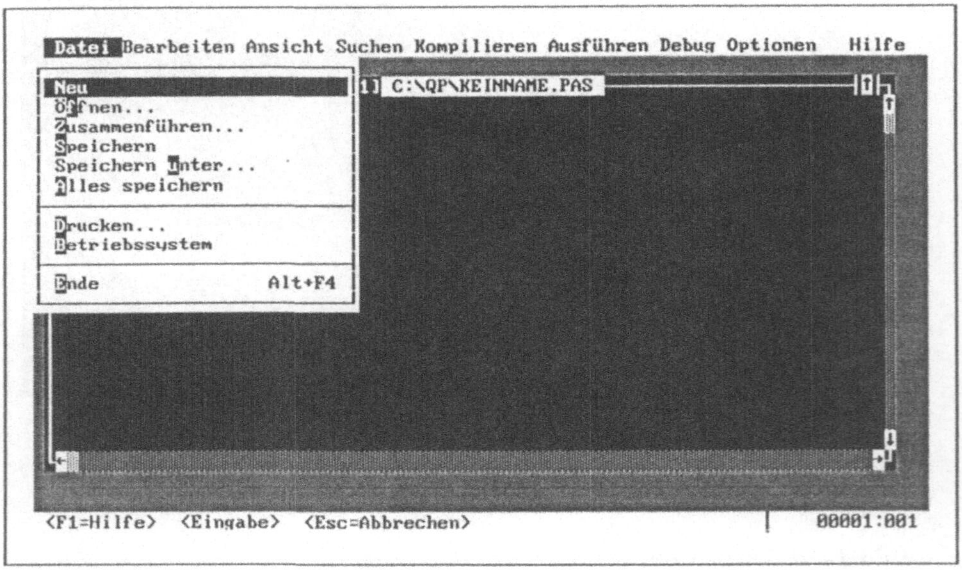

Bild 1-17 Befehle des Menüs Datei

Im Menü können Sie die einzelnen Möglichkeiten entweder mit den Cursortasten anfahren und durch Drücken der <RETURN>-Taste auswählen, oder Sie geben den hervorgehobenen Buchstaben ein. Drei Punkte hinter einem Befehl zeigen, daß ein *Dialogfenster* erscheint. Wird im Datei-Menü beispielsweise f eingegeben, dann wählen Sie die Option *Öffnen* und Sie sehen das zugehörige Dialogfenster.

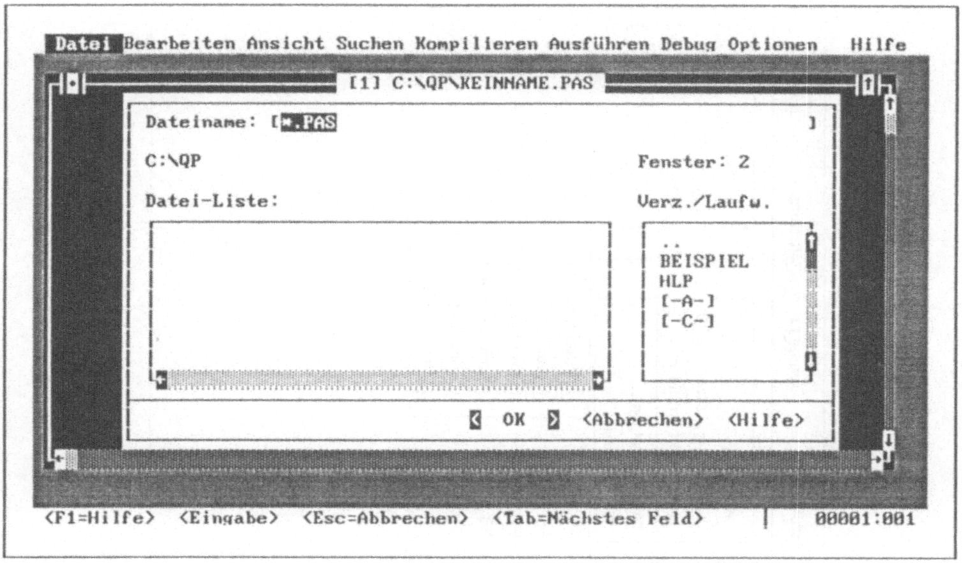

Bild 1-18 Dialogfenster der Option Öffnen

Wie Bild 1-18 zeigt, besteht ein Dialogfeld aus drei Teilen:

a) Textfeld

Hier können Texteingaben erfolgen (z. B. Eingabe des Dateinamens).

b) Verzeichnisfeld

In diesem Bereich kann aus einer Liste ausgewählt werden (z. B. aus der Liste Verz./Laufwerk "BEISPIEL").

Hinweis! In diesem Feld stehen normalerweise Ihre QuickPascal-Programme. Wenn Sie eines auswählen (z. B. durch Eingabe des ersten Buchstabens und Drücken der <RETURN>-Taste), dann erscheint das Programm im Arbeitsfeld des Bildschirms. Sie können das Programm dann bearbeiten.

c) Befehlsfeld

Die letzte Zeile ist das Befehlsfeld. Es können die Eingaben bestätigt werden (<OK>), die Bearbeitung abgebrochen oder Hilfe angefordert werden.

Durch Betätigen der <TAB>-Taste gelangen Sie von einem Feld zum anderen und mit <ESC> verlassen Sie die Option.

Welche Möglichkeiten Ihnen beim Arbeiten mit QuickPascal offenstehen, zeigt Ihnen das ausführliche Schema in Bild 1-19.

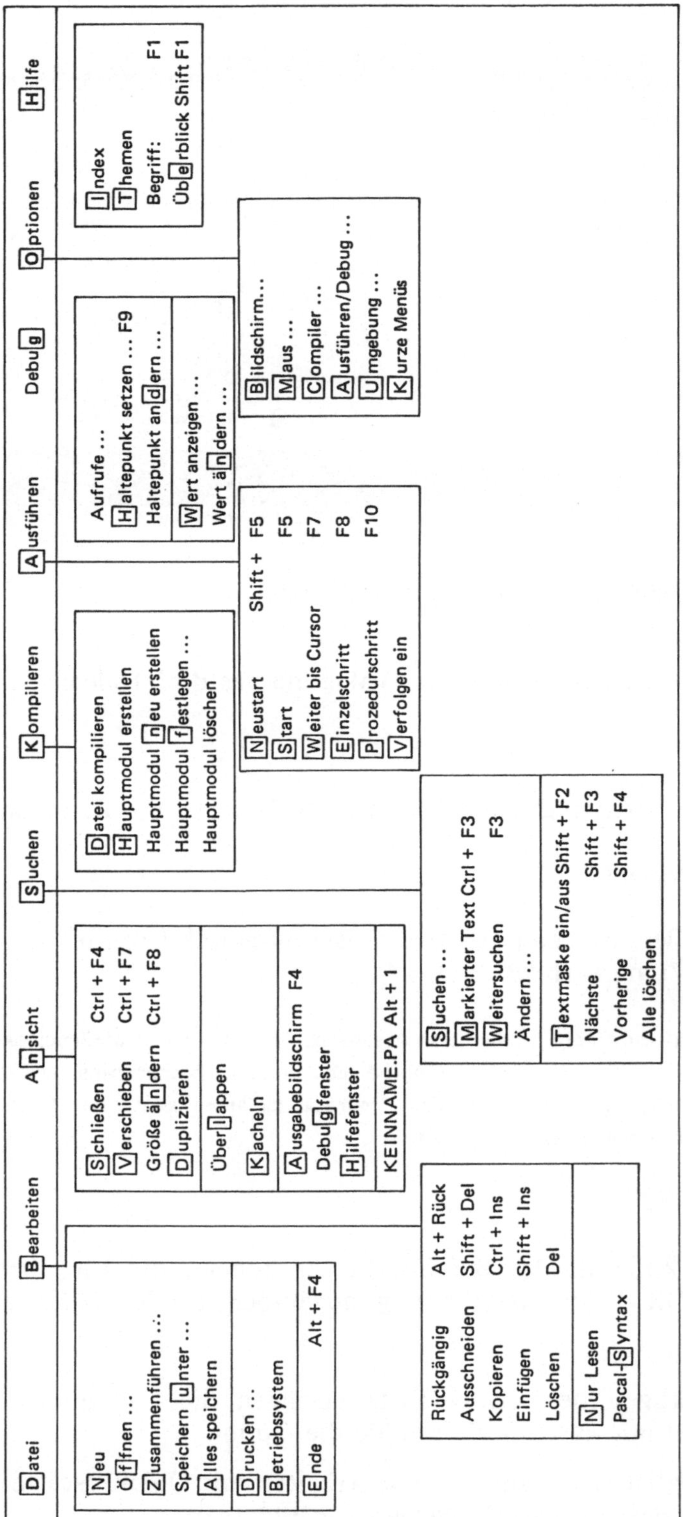

Bild 1-19 QuickPascal Hauptmenü mit Untermenüs

1.5.4.2 Möglichkeiten der Benutzeroberfläche

Mit den acht Hauptmenüs und des Hilfe-Menüs stehen Ihnen sehr komfortable Möglichkeiten zum Programmieren, zur Programmänderung, für den Programmablauf und zum Test zur Verfügung. Mit der <ALT>-Taste wird ins Hauptmenü zurückgeschaltet (oder in den aktuellen Bildschirm). Wird ein Hauptmenüpunkt ausgewählt, so werden die weiteren Möglichkeiten sichtbar, wie dies in Bild 1-19 zusammengestellt wurde. Manche Möglichkeiten können auch durch Betätigen von Funktionstasten oder Tastenkombinationen aktiviert werden. Dies zeigt Tabelle 1-2.

Tabelle 1-2 Tasten, Tastenkombinationen und ihre Wirkungsweise

Taste (n)	Funktion
<F1>	Hilfe
<Alt> <F1>	Voriges Hilfe-Fenster
<Shift> <F1>	Überblick über die Hilfe-Funktion
<Ctrl> <F1>	Nächstes Hilfe-Fenster
<F2>	
<Shift> <F2>	Textmarkierung ein- bzw. ausschalten
<F3>	Weitersuchen
<Ctrl> <F3>	Markierten Text suchen
<Shift> <F3>	Bis zur nächsten Textmarkierung suchen
<F4>	Programmausgabe auf Bildschirm
<Shift> <F4>	Verlassen von Quick Pascal
<Ctrl> <F4>	Aktives Fenster schließen
<Shift> <F4>	Vorhergehende Textmarke anspringen
<F5>	Programmstart
<Shift> <F5>	Neustart des Programms
<F6>	Wechseln der Fenster
<F7>	Weitere Ausführung bis zum Cursor
<Ctrl> <F7>	Verschieben des Fensters
<F8>	Schrittweise Programmausführung
<Ctrl> <F8>	Fenstergröße ändern
<F9>	Haltepunkt setzen
<10>	Schrittweises Ausführen ohne Prozedurprüfung
<Del>	Löschen
<Shift> <Del>	Markierter Text wird entfernt und in Zwischenspeicher kopiert
<Ctrl> <Ins>	Markierter Text kopieren
<Shift> <Ins>	Text aus dem Zwischenspeicher einfügen
<Alt> <Rück>	Befehl rückgängig machen
<Ctrl> <QF>	Suchbefehl aufrufen

Im folgenden werden die einzelnen Möglichkeiten kurz beschrieben.

Datei

Hier befinden sich die Funktionen zur Verwaltung von Dateien.

Neu: Im Arbeitsspeicher wird eine neue Datei eröffnet und am Bildschirm wird ein neues Fenster eröffnet. Die neue Datei erhält zunächst den Namen KEINNAME.PAS. Beim Speichern sollten Sie einen passenden Namen eingeben.

Öffnen...: Eine bereits vorhandenes Programm wird eingeladen. Dazu wird entweder der Name eingegeben oder aus einer Dateiliste (aus verschiedenen Laufwerken) ausgewählt (s. Bild 1-18).

Zzusammenführen...: Eine andere Datei (oder ein anderes Programm) wird an der aktuellen Cursorposition eingefügt.

Speichern: Speichern von Dateien oder Programmen auf die Diskette (oder Festplatte). Dabei wird eine gleichlautende Datei überschrieben. Der Name erscheint als Titel am oberen Bildschirmrand. Die Datei ist weiterhin im Arbeitsspeicher offen, so daß sie weiter bearbeitet werden kann. Soll eine bereits vorhandene Datei *nicht* überschrieben werden, dann verwenden Sie den Befehl: "Speichern unter...".

Speichern unter: Die Datei wird auf Diskette/Festplatte gespeichert, wobei ein Name vergeben wird. Damit kann das Überschreiben bereits vorhandener Dateien vermieden werden. Wenn Sie keine Zusätze eingeben, wird die Datei mit dem Zusatz .PAS gespeichert.

Alles speichern: Alle veränderten Dateien (erkennbar an der Markierung in der Option Ansicht) werden gespeichert.

Drucken...: Ausdrucken einer Bildschirmkopie oder eines Teils des Bildschirms (Druckerausgang ist LPT 1).

Betriebssystem: Verlassen von QuickPascal und Übergang zur Betriebssystemebene MS-DOS. Hier können DOS-Befehle eingegeben werden. Rückkehr zu QuickPascal durch Eingabe von **Exit** in der DOS-Ebene.

Ende (Alt+F4): Verlassen von QuickPascal. Vorher werden Sie zur Sicherung der geänderten Dateien aufgefordert.

Bearbeiten

Rückgängig (Alt + Rücktaste): Löschen des letzten Eintrags.

Ausschneiden (Shift + Del): Markierter Text wird vom Bildschirm gelöscht und in einem Zwischenspeicher abgelegt.

Kopieren (Ctrl + Ins): Markierter Text wird in einen Zwischenspeicher kopiert (im aktiven Fenster bleibt der Text erhalten).

Einfügen (Shift + Ins): Text wird vom Zwischenspeicher in das aktive Fenster gebracht.

Löschen (Del): Löschen eines markierten Textes.

Nur Lesen: Eine Datei kann nur gelesen, aber nicht verändert werden (Schreibschutz). Der Befehl Nur Lesen ist ein Schalter, der ein- und ausgeschaltet werden kann. Wurde er eingeschaltet, so erscheint in der Statuszeile am Ende des Bildschirms ein "L" und eine Markierung wird bei der Option Nur Lesen gesetzt.

Pascal Syntax: Wird dieser Schalter gesetzt, dann werden die reservierten Wörter in QuickPascal farbig unterlegt und die Option wird markiert.

Ansicht

Schießen (Ctrl + F4): Das aktive Fenster wird geschlossen. Vor dem Schließen einer geänderten Datei werden Sie gebeten, zu speichern.

Verschieben (Ctrl + F7): Das aktive Fenster kann an einen anderen Platz im Bildschirm bewegt werden.

Größe ändern (Ctrl + F8): Die aktuelle Fenstergröße wird verändert.

Duplizieren: Ein Duplikat der Datei wird erstellt und in neues Fenster kopiert.

Überlappen: Alle offenen Fenster, in denen sich Programme befinden, werden in einer Kaskade hintereinander angeordnet (s. Bild 1-20). Dies ist die Standardeinstellung. Mit der Taste <F6> gelangen Sie von einem Fenster zum anderen.

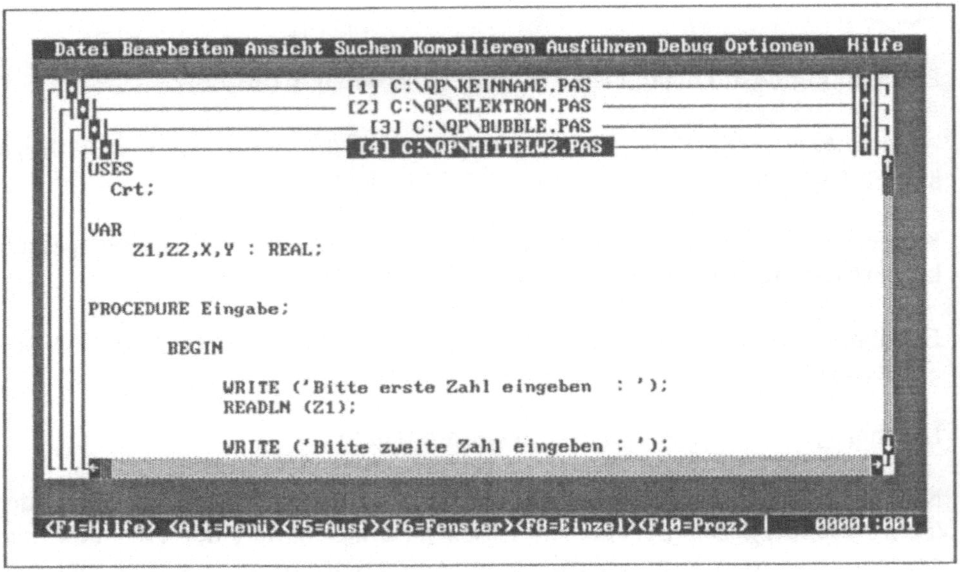

Datei Bearbeiten Ansicht Suchen Kompilieren Ausführen Debug Optionen Hilfe
[1] C:\QP\KEINNAME.PAS
[2] C:\QP\ELEKTRON.PAS
[3] C:\QP\BUBBLE.PAS
[4] C:\QP\MITTELW2.PAS
USES
Crt;
VAR
Z1,Z2,X,Y : REAL;
PROCEDURE Eingabe;
BEGIN
WRITE ('Bitte erste Zahl eingeben : ');
READLN (Z1);
WRITE ('Bitte zweite Zahl eingeben : ');
<F1=Hilfe> <Alt=Menü><F5=Ausf><F6=Fenster><F8=Einzel><F10=Proz>
00001:001

Bild 1-20 Gleichzeitig geöffnete Datein, überlappend

Kacheln: Alle offenen Fenster, in denen sich Dateien befinden, werden als Rechtecke angeordnet. Die Größe kann so verschoben werden, daß sich die Fenster nicht überlappen (s. Bild 1-21). Mit der Taste <F6> kann man sich von Fenster zu Fenster bewegen.

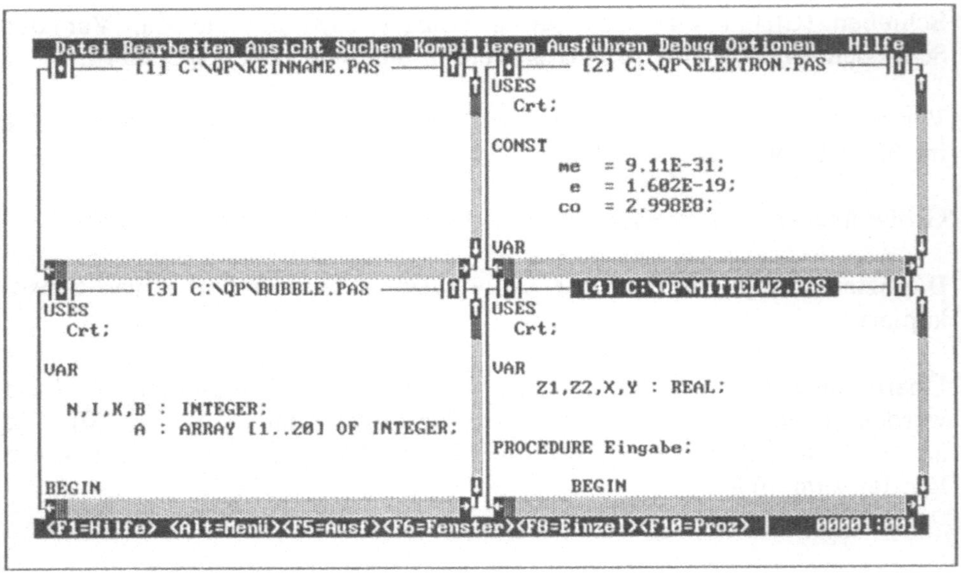

Datei Bearbeiten Ansicht Suchen Kompilieren Ausführen Debug Optionen Hilfe
[1] C:\QP\KEINNAME.PAS
[2] C:\QP\ELEKTRON.PAS
USES
Crt;
CONST
me = 9.11E-31;
e = 1.602E-19;
co = 2.998E8;
VAR
[3] C:\QP\BUBBLE.PAS
USES
Crt;
VAR
N,I,K,B : INTEGER;
A : ARRAY [1..20] OF INTEGER;
BEGIN
[4] C:\QP\MITTELW2.PAS
USES
Crt;
VAR
Z1,Z2,X,Y : REAL;
PROCEDURE Eingabe;
BEGIN
<F1=Hilfe> <Alt=Menü><F5=Ausf><F6=Fenster><F8=Einzel><F10=Proz>
00001:001

Bild 1-21 Gleichzeitig geöffnete Dateien, als Rechtecke angeordnet

Ausgabebildschirm (F4): Das Programmergebnis wird als Ausdruck auf dem Bildschirm zeitweilig sichtbar. Der Programmausdruck kann während der Programmbearbeitung oder während des Debuggens beobachtet werden.

DebugFenster: Für die Prüfung der Werte während eines Programmdurchlaufs wird ein Fenster eröffnet (Watch-Fenster). Es kann im Debugfenster ein Wert hinzugefügt werden oder Werte ausgeklammert, d. h. als Kommentarzeilen behandelt werden. Die üblichen Editierbefehle gelten auch im Debugfenster.

Hilfefenster: Anzeige der Hilfetexte in einem Fenster.

KEINNAME.PAS (Alt + 1): Alle geöffneten Dateien werden in diesem Fenster angezeigt.

Suchen

Suchen...: Text wird im aktiven Fenster gesucht. Dabei kann die Groß- und Kleinschreibung beachtet, der durchsuchte Text festgelegt sowie ausgewählt werden, ob bestimmte Buchstaben, Zahlen oder Zeichen beachtet oder nicht beachtet werden sollen.

Markierter Text (Ctrl + F3): Markierter Text wird in einer Zeile gesucht.

Weitersuchen (F3): Die Textsuche wird mit demselben Suchbegriff fortgesetzt.

Ändern...: Suchen eines Textes und ersetzen durch einen anderen Text. Dabei kann Groß- und Kleinschreibung beachtet oder einzelne bzw. zusammengesetzte Wörter berücksichtigt werden. Eine Bestätigung für jeden Fall ist ebenso einstellbar wie ein generelles Ersetzen.

Textmarke ein/aus (Shift + F2): Text wird zeilenweise markiert.

Nächste (Shift + F3): Der Cursor wird zur nächsten Textmarkierung bewegt.

Vorherige (Shift + F4): Der Cursor wird zur vorhergehenden Textmarkierung bewegt.

Alle löschen: Alle Textmarkierungen werden gelöscht.

Kompilieren

Datei kompilieren: Aus dem Quellcode des Programms wird ein ausführbares QuickPascal Programm als .EXE-Datei erzeugt. Es kann mit der Befehlsfolge Start ausgeführt werden.

Hauptmodul erstellen: In einem aus vielen Moduln bestehenden Programm werden die geänderten Programmteile kompiliert und die benötigten Dateien eingebunden, so daß ein einziges ausführbares Programm entsteht.

Hauptmodul neu erstellen: Alle Moduln in einem komplexen Programm werden neu kompiliert, auch die, welche unverändert geblieben sind. Es entsteht eine einzige ausführbare Datei.

Hauptmodus Festlegen...: Aus einer Vielzahl möglicher Dateien wird die tatsächlich gültige Hauptdatei ausgewählt.

Hauptmodul löschen: Die momentane Hauptdatei wird desaktiviert, so daß eine neue Hauptdatei angegeben werden kann.

Ausführen

Neustart (Shift + F5): Das Programm wird neu in den Arbeitsspeicher geladen und setzt alle Variablenwerte zurück. Dieser Befehl ist bei jedem Programmhalt einsetzbar.

Start (F5): Ausführen eines Programms.

Weiter bis Cursor (F7): Programm wird bis zum aktuellen Cursorstand ausgeführt.

Einzelschritt (F8): Schrittweises Durchlaufen des Programms.

Prozedurschritt (F10): Schrittweises Durchlaufen eines Programms, ohne die Prüfung von Unterprogrammen (Prozeduren) und Funktionsauswertungen.

Verfolgen ein: Jede getestete Programmzeile wird hell unterlegt. Damit kann der Programmtest optisch verfolgt werden. Im Menü Optionen kann die Test- bzw. Markierungsgeschwindigkeit verändert werden.

Debug

Aufrufe...: Alle Aufrufe, die zur aktuellen Anweisung führen, werden angezeigt.

Haltepunkt setzen... (F9): Es werden Abbruchpunkte festgelegt, bei denen das Programm stoppt.

Haltepunkt ändern...: Abbruchpunkte werden neu gesetzt und eine Liste der Abbruchpunkte wird ausgegeben.

Wert anzeigen...: Zeigt die Variable und den zugehörigen Wert an (auch logische Vergleiche können angestellt werden). Variable können neu gesetzt werden.

Wert ändern...: Der Wert einer Variablen wird geändert und das Ergebnis angezeigt.

Optionen

Bildschirm...: Für den Bildschirm und seine verschiedenen Fenster können Farben und Zeilenzahl eingestellt werden, wie dies Bild 1-22 zeigt.

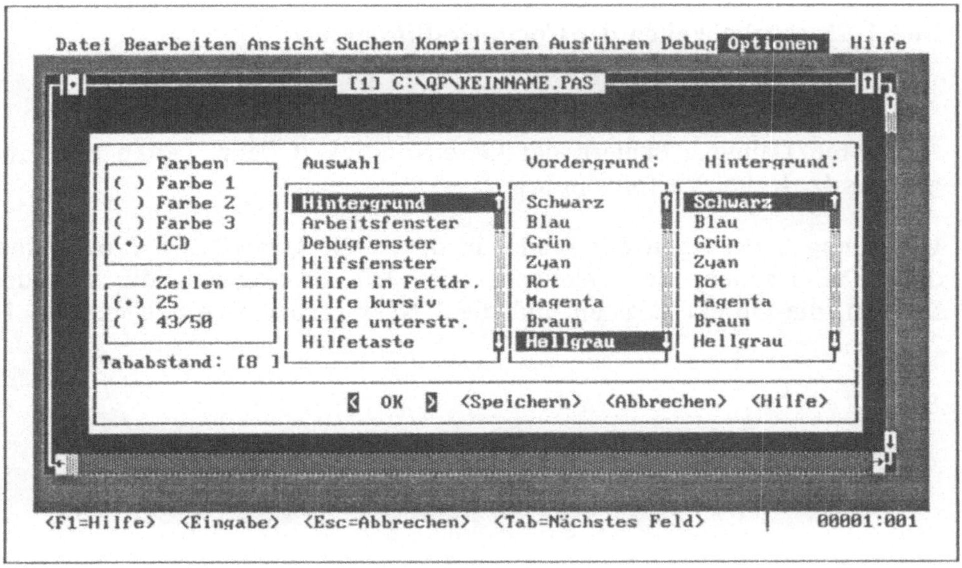

Bild 1-22 Einstellen der Bildschirmattribute

Maus...: Der rechte Mausknopf kann eingestellt werden, z. B. Hilfe aufrufen oder Kompilieren bis zum Cursor (Weiter bis Cursor).

Compiler...: Es können Informationen des Debuggers ausgegeben werden, ferner Fehlermeldungen für Laufzeitfehler oder Unterprogrammfehler. Die Compilereinstellungen zeigt Bild 1-23.

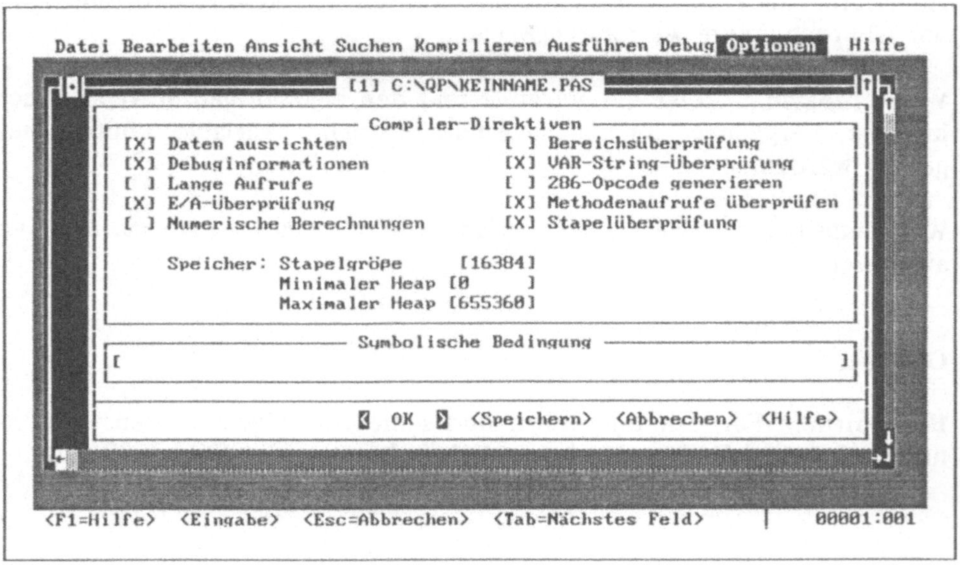

Bild 1-23 Möglichkeiten der Compiler-Einstellung

Ausführen/Debug...: Steuern der Geschwindigkeit beim Testen des Programms (z. B. bei Verfolgen ein).

Umgebung...: Festlegen der Pfade, in denen die QuickPascal Programme, die .EXE-Dateien, der Quellcode, die Hilfeprogramme, die Include-Dateien, die Objekt-Klassen und die UNITs gespeichert sind (s. Bild 1-24).

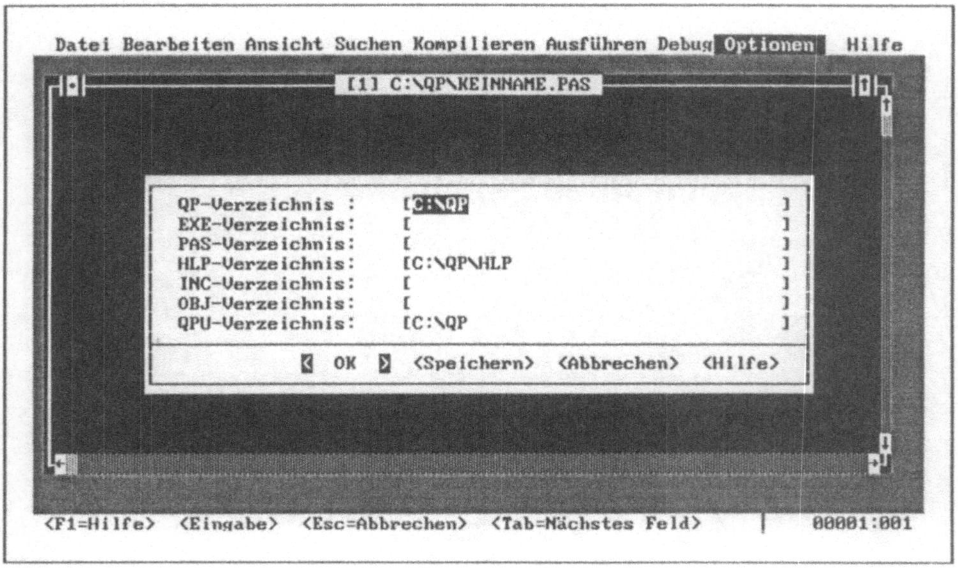

Bild 1-24 Verzeichnis der Programmdateien

Kurze Menüs: Mit diesem Schalter kann eine eingeschränkte Programmier- und Testumgebung eingestellt werden.

Hilfe

Index: Alphabetisch geordnete Liste der in QuickPascal reservierten Wörter und Compilereinstellungen. Wenn als Index ein Buchstaben eingestellt wird, dann erscheinen alle Wörter mit diesem Anfangsbuchstaben (s. Bild 1-25).

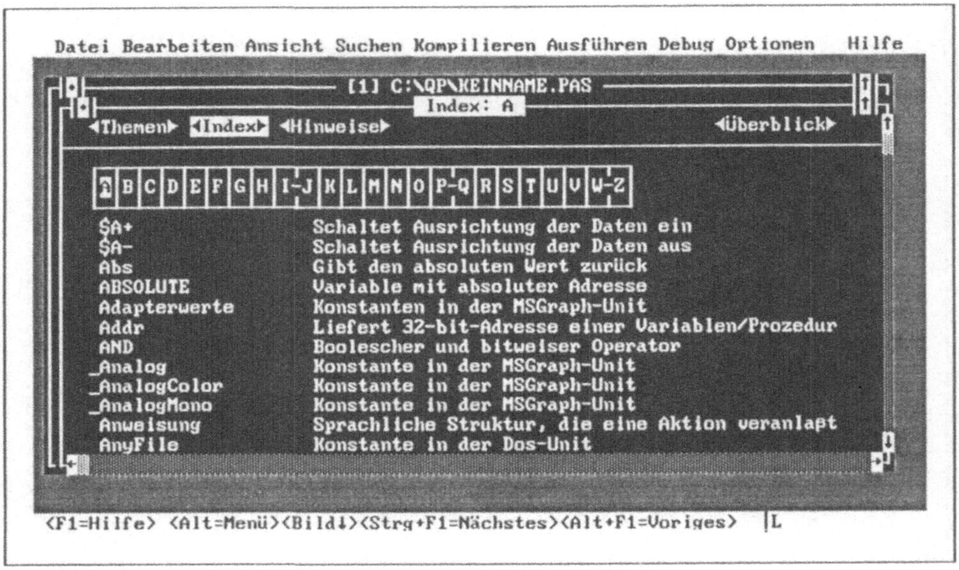

Bild 1-25 Schlüsselwörter und Compilereinstellungen

Themen: Es wird der nach Themen geordneter Quick-Pascal-Ratgeber angezeigt (s. Bild 1-26).

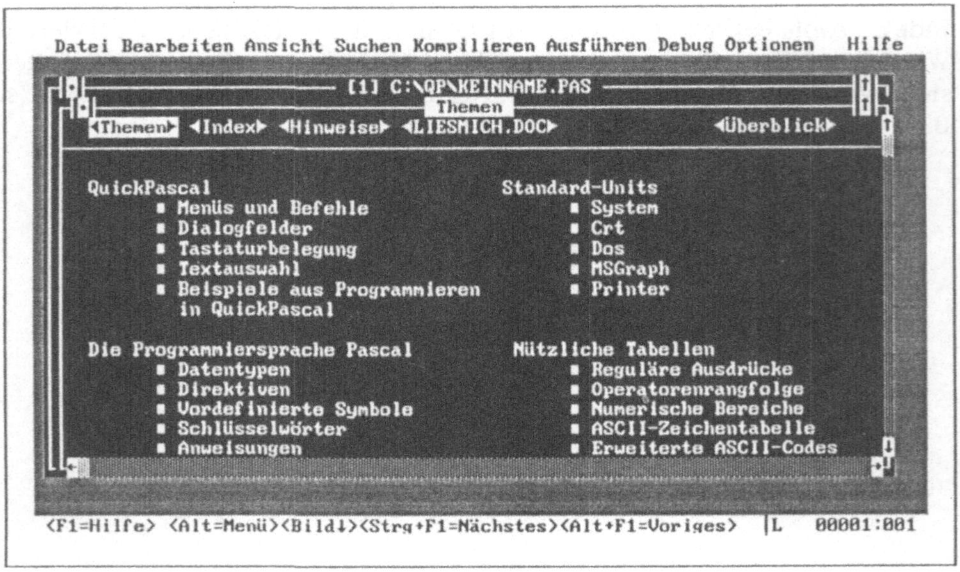

Bild 1-26 Hilfetexte für Themen

Begriff: Hilfetexte zu einem bestimmten Begriff. Geben Sie den Begriff ein und drücken Sie anschließend die Hilfe-Taste <F1>.

Überblick (Shift + F1): Hier finden Sie einen Überblick über das Hilfe-System in QuickPascal.

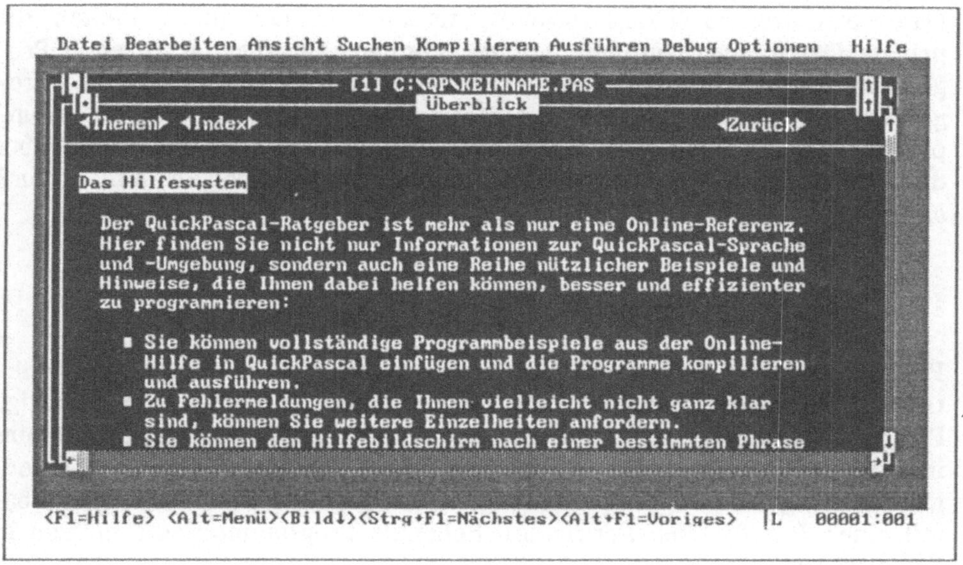

Bild 1-27 Hilfe-System in QuickPascal

1.6 Programmieren in QuickPascal

In diesem Abschnitt werden der prinzipielle Aufbau eines Programms in QuickPascal geschildert, das Schema einer Programmiereinheit (*UNIT*) vorgestellt und an einem sehr einfachen Programm das Arbeiten mit der Benutzeroberfläche gezeigt.

1.6.1 Vergleich eines Programmaufbaus mit der industriellen Fertigung

Wenn man sich den Aufbau eines Programms betrachtet, fallen Ähnlichkeiten zur Vorgehensweise bei der industriellen Fertigung auf. Ein Programm verarbeitet als Material die *Daten*, indem es Halbfertigprodukte (*Prozeduren*) zu immer größeren Einheiten zusammenfaßt, bis schließlich in der Hauptroutine (BEGIN .. END.) die Teile zu einem fertigen Ganzen zusammengefügt werden. In Analogie zu Überwachungseinheiten gibt es in Pascal *Funktionen*, die als Ergebnis ihrer Tätigkeit Informationen an den Auftraggeber zurückliefern. Diese Art der Organisation ist für kleine Programme und Betriebe ausreichend. Bei größeren, komplexeren Aufgaben sind zusätzliche organisatorische Einheiten erforderlich. In Analogie zu den *Werken* eines Konzerns besteht in QuickPascal die Möglichkeit, zusammengehörige Prozeduren und Funktionen zusammen mit Daten und Datenstrukturen zu *UNITs* zusammenzufassen. *UNITs* sind Einheiten, die private Daten und Routinen besitzen können, auf die das rufende Programm keinen Zugriff hat. Die Möglichkeit, Daten- und Programmfunktionen zu verstecken (*information hiding*), reduziert die Komplexität eines Vorgangs beträchtlich, da ein aufrufendes Programm über die Realisierung der Programmfunktionen nichts wissen muß (*black boxes)*.

1.6.2 Prinzipieller Programmaufbau

Pascalprogramme weisen die Besonderheit auf, daß alle Programmfunktionen und Daten *vor* Gebrauch definiert sein müssen. Eine derartige Programmorganisation vereinfacht die Umsetzung eines Quellprogramms in maschinenlesbare Form, da der Compiler zu jedem Zeitpunkt die formale Richtigkeit von Programm und Daten feststellen kann (vergleichbar mit einer *Just in Time-Fertigung*). Folgende Programmobjekte müssen in Pascal vereinbart werden:

a) Konstanten

Mit dem Schlüsselwort *CONST* können häufig benötigte Größen mit einem symbolischen Namen versehen werden. Der Vorteil dabei ist, daß bei Programmänderungen diese Konstanten nur an einer Stelle korrigiert werden müssen.

Beispiel:

Ein Bildschirm hat normalerweise 25 Zeilen mit je 80 Zeichen. EGA-Karten können 43 Zeilen und VGA-Karten können 50 Zeilen darstellen. Ein Programm, das die maximale Anzahl der Zeilen durch eine Konstante darstellt, ist einfacher zu ändern, als ein Programm, das direkt auf die Zeilenzahl Bezug nimmt.

b) Typvereinbarungen

Typen sind Schablonen, die einen bestimmten Speicherbereich interpretieren. Typvereinbarungen belegen keinen Speicherplatz.

c) Variablenvereinbarungen

Alle in Pascal verwendeten Variablen müssen vor Gebrauch deklariert werden. Die Festlegung einer Variablen erfolgt nach folgender Syntax:

```
VAR
  Name: Typ;
```

Der Typ kann explizit oder durch den Namen einer Typvereinbarung definiert sein. Zur Vereinbarung von Datentypen siehe Bild 1-1 auf Seite 2.

d) Prozedur- und Funktionenvereinbarungen

Tätigkeiten, die in sich abgeschlossen sind, können in Pascal als *Prozeduren* bzw. *Funktionen* realisiert werden. Der Unterschied zwischen Prozeduren und Funktionen besteht darin, daß Funktionen in Wertzuweisungen verwendet werden können. Diese Unterscheidung ist nicht zwingend notwendig, sondern in der Geschichte von Pascal begründet. Prozeduren und Funktionen können mit Parametern versorgt werden, so daß Verarbeitungsschritte nicht starr mit globalen Daten verknüpft sein müssen.

Beispiel:

```
TYPE

Daten = ..;

PROCEDURE .. Mittelwert(VAR A: Daten; VAR M: REAL);

  BEGIN .. END;

VAR

X,Y,Z: Daten;
   Q: REAL;

  BEGIN
    Mittelwert(X,Q);
    WRITELN(Q);
    Mittelwert(Y,Q);
    WRITELN(Q);
    Mittelwert(Z,Q);
    WRITELN(Q);
  END.
```

e) LABEL-Vereinbarungen (Sprungmarkierungen)

Im Unterschied zu Standard-Pascal ist die Verwendung von GOTO in QuickPascal eingeschränkt. Eine GOTO-Anweisung in QuickPascal darf den Block (Prozedur, Funktion oder Hauptprogramm) nicht verlassen. Das Sprungziel einer GOTO-Anweisung muß durch eine *LABEL*-Deklaration vereinbart sein. Während in Standard-Pascal nur numerische Labels zugelassen sind, können in QuickPascal auch alphanumerische LABELs verwendet werden.

Beispiel:

```
PROCEDURE Suchen(VAR A:Daten;N:INTEGER;X:STRING; VAR OK:BOOLEAN);

LABEL L99;

VAR I:INTEGER;

BEGIN
  OK:= true;
  FOR I:= 1 TO N DO
    BEGIN
      IF A[I] = X THEN GOTO L99;
    END;
  OK:= false;
L99: END;
```

f) Parameterdeklaration

Für die Parameter einer Prozedur oder Funktion gelten folgende Regeln:

1. ... (Variablenname, Name2:Typ; Name3:Typ2);

oder

2. ...(*VAR* Name:Typ..);

Der Unterschied zwischen der 1. und der 2. Vereinbarung besteht darin, daß Parameter, die nach der ersten Vereinbarung deklariert wurden, von der Prozedur Funktion nicht bleibend verändert werden. Parameter, die mit dem Schlüsselwort VAR deklariert wurden, können von Prozeduren und Funktionen bleibend verändert werden.

g) Programmbaustein (UNIT)

Diese wichtige Möglichkeit, Programme aus einzelnen Bausteinen (Moduln: in QuickPascal UNIT genannt) zu entwerfen, wird im nächsten Abschnitt gesondert behandelt.

Warum, so fragt man sich, sind die Vorbereitungsteile a) bis g) notwendig? Warum wird nicht gleich mit Programmieren begonnen und beispielweise die Bibliotheksfunktionen, die Vereinbarungen über Konstanten, Typen und Variablen oder die Definition von Prozeduren und Funktionen bei Bedarf hinzugefügt? Warum wird gelehrt, daß man bei der Programmierlösung grob strukturieren und dann stufenweise verfeinern sollte, und bei QuickPascal muß man alle Details kennen, bevor programmiert werden kann?

Diese Fragen, die der Lernende immer wieder stellt, wurden bereits oben durch die effiziente Arbeitsweise des Compilers beantwortet. Um die weiteren Vorteile dieser Vorgehensweise von QuickPascal zu verdeutlichen, greifen wir den zu Anfang gewählten Vergleich eines Programms mit der industriellen Fertigung wieder auf. Die *Werke* (z. B. Motorenwerk, Karosseriewerk) sind mit den vorhandenen (oder durch eigene Programmierung zu erstellenden) Programmbausteinen (*UNITs*) vergleichbar. Sie werden bei Bedarf (*USES*) in Anspruch genommen.

Das *Material* ist, wie bereits erwähnt, mit den *Daten* vergleichbar, das in bestimmter *Qualität*, vergleichbar den Datentypen, vorliegen muß. Die *Arbeitsgänge* sind die *Programmieranweisungen.* Dabei können immer wiederkehrende Arbeitsgangfolgen als *Bearbeitungsfolge*, d. h. als *Prozeduren* oder *Funktionen* aufgefaßt werden.

Eine Firma wird erst dann anfangen, ein Produkt zu fertigen (zu *programmieren*), wenn sie genau weiß, welche Werke in Frage kommen (*Aufruf der UNITs*), welches Material mit welcher Qualität (*CONST:* Festlegen der Konstanten und *VAR:* Festlegen der Variablen mit Angabe des Datentyps) erforderlich ist und zu welchen Maschinen gesprungen werden muß (*LABEL*) und welche Arbeitsgangfolgen (*Prozeduren* oder *Fuktionen*) immer wieder durchlaufen werden müssen. Nachdem dies festgelegt wurde, kann mit der eigentlichen Arbeit (dem *Programmieren*) begonnen werden. Diese Festlegungen werden in der Industrie in der Abteilung *Arbeitsvorbereitung* getroffen und sind notwendig, um ein genau festgelegtes Produkt (*Programmieraufgabe*) mit vorhandenen Produktionsmitteln (*Sprachumfang*) in einem wirtschaftlich vertretbaren Zeit- und Kostenaufwand zu erstellen. Mit diesem Vergleich aus der Fertigung soll erklärt werden, warum die erwähnten Vereinbarungen notwendigerweise vor der eigentlichen Programmierung kommen müssen, um eine einwandfreie, nachvollziehbare und leicht wartbare Software zu erstellen.

1.6.3 Aufbau eines UNITs (Programmbausteins)

In QuickPascal können Routinen und Daten zu Programmbausteinen, sogenannten *UNITs* zusammengefaßt werden. Ein UNIT ist nach folgendem Schema aufgebaut:

UNIT Name;

INTERFACE

...

IMPLEMENTATION

...

<*BEGIN* {nicht unbedingt erforderlich}
...>
END.

Deklarationen, die im INTERFACE-Teil definiert werden, sind für alle Programme, die dieses UNIT verwenden (z. B. das UNIT "Name" mit der Vereinbarung: "USES Name"), zugänglich. Alle Programmobjekte des IMPLEMENTATION-Teils sind nur Prozeduren und Funktionen zugänglich, die hier definiert wurden.

Der optionale BEGIN .. END-Teil bietet die Möglichkeit, Datenstrukturen zu initialisieren.

In QuickPascal sind folgende UNITs (Standard-Bibliotheksfunktionen) bereits vordefiniert:

Crt

Kontrolle der Ein- und Ausgaben, d. h. Farben, Fenster, Grafik, Text und Klang für den Bildschirm und direkte Zugriffe auf die Tastatur.

Dos

Dies stellt die Schnittstelle zu den DOS-Funktionen dar (einschließlich Angabe des Datums und der Uhrzeit).

Printer

Stellt die Schnittstelle zum Drucker dar.

MSGraph

Hier befindet sich ein Zeichenprogramm, mit dem auch Textgröße und Textstil verändert werden können.

System

Es enthält den Sprachumfang von QuickPascal, einschließlich der Standardfunktionen und -prozeduren. Diese Bibliotheksfunktion wird beim Aufruf von QuickPascal automatisch geladen und muß deshalb nicht extra vereinbart werden.

1.6.4 Programmieraufgabe

In Abschnitt 1.4 wurde aufgezeigt, in welchen Schritten eine systematische Programmentwicklung erfolgen muß. Da es sich um ein ganz einfaches Programm handelt, wird der Programmname vergeben, die Funktions- und Datenbeschreibung zusammengefaßt und auf eine Darstellung der Programmlogik sowie eine Variablenliste verzichtet.

a) Programmname

Das Programm soll den Namen **EINFACH** besitzen.

Das einfache Programm soll folgende Aufgabe erledigen:

b) Eingabefunktion

Eingabe einer ganzen positiven, maximal zweistelligen Zahl (Variable A vom Datentyp BYTE).

c) Verarbeitungsfunktion

Addiere zum Wert der Variablen A die Zahl 11 hinzu und weise das Ergebnis der Variablen B (Datentyp BYTE) zu.

d) Ausgabefunktion

Gib das Ergebnis, d. h. den Wert der Varibalen B auf dem Bildschirm aus.

1.6.5 Erstellen des Programms

Gehen Sie bei einem Festplattenrechner in das Verzeichnis C:\QP und geben Sie ein:

qp <RETURN>.

Sie sehen anschließend das QuickPascal Hauptmenü (s. Bild 1-16), das in Abschnitt 1.5.3 ausführlich erläutert wurde.

1.6.5.1 Eingabe des Programms

Beim Aufruf wurde der Programmname KEINNAME.PAS vergeben und der Cursor blinkt in der ersten Zeile und in der ersten Spalte, so daß Sie sofort mit der Programmierarbeit beginnen können. Geben Sie jetzt folgendes ein und drücken Sie nach jeder Zeile die <RETURN>-Taste (s. Bild 1-28):

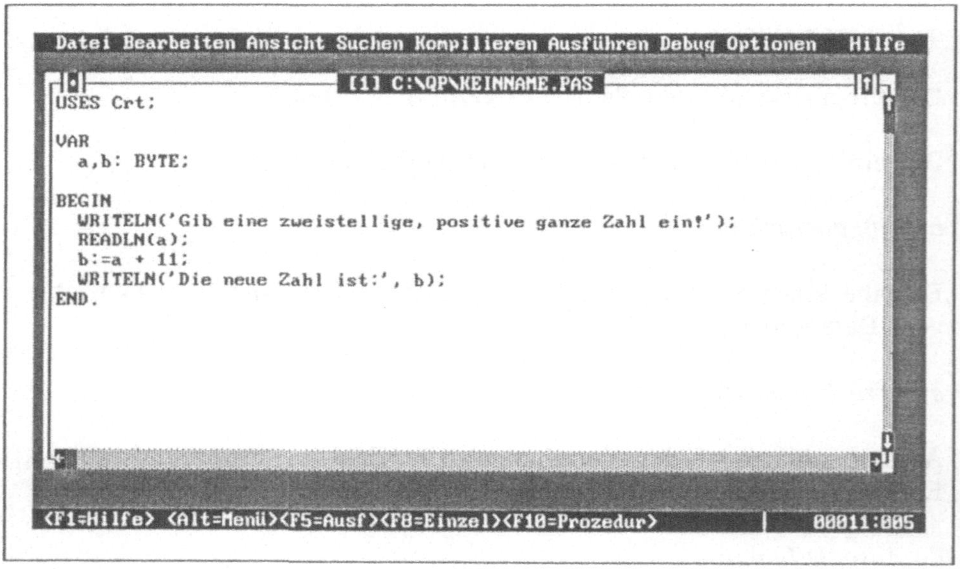
Datei Bearbeiten Ansicht Suchen Kompilieren Ausführen Debug Optionen Hilfe
[1] C:\QP\KEINNAME.PAS
USES Crt;
VAR
a,b: BYTE;
BEGIN
WRITELN('Gib eine zweistellige, positive ganze Zahl ein!');
READLN(a);
b:=a + 11;
WRITELN('Die neue Zahl ist:', b);
END.
<F1=Hilfe> <Alt=Menü><F5=Ausf><F8=Einzel><F10=Prozedur>
00011:005

Bild 1-28 Programm nach der Eingabe

1.6.5.2 Kompilieren des Programms

Durch Drücken der <ALT>-Taste können die einzelnen Menüs ausgewählt werden. Es wird das Menü *Kompilieren* ausgesucht:

<ALT> k Auswahl des Menüs Kompilieren.

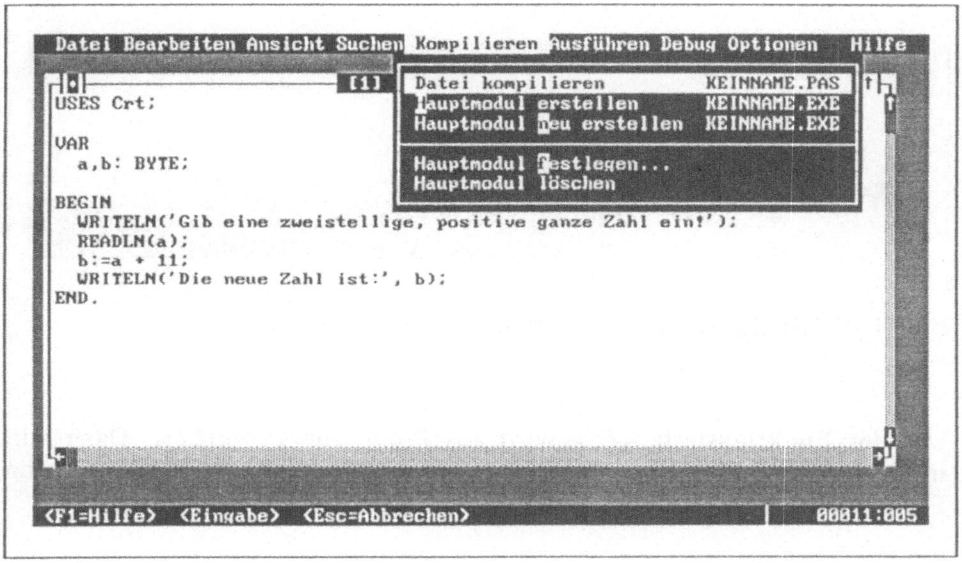

Bild 1-29 Auswahl des Menüs Kompilieren

Es wird die Option "Datei kompilieren" ausgewählt:

<RETURN> Auswahl Datei kompilieren.

Nach Beendigung des Kompiliervorgangs sehen Sie den Ausgangsbildschirm (s. Bild 1-28) wieder und das Programm steht zur Ausführung bereit.

1.6.5.3 Ausführen des Programms

Dazu dient der Menü-Befehl Ausführen.

<ALT> a Auswahl des Befehls Ausführen.

Sie sehen folgende Möglichkeiten (s. Bild 1-30):

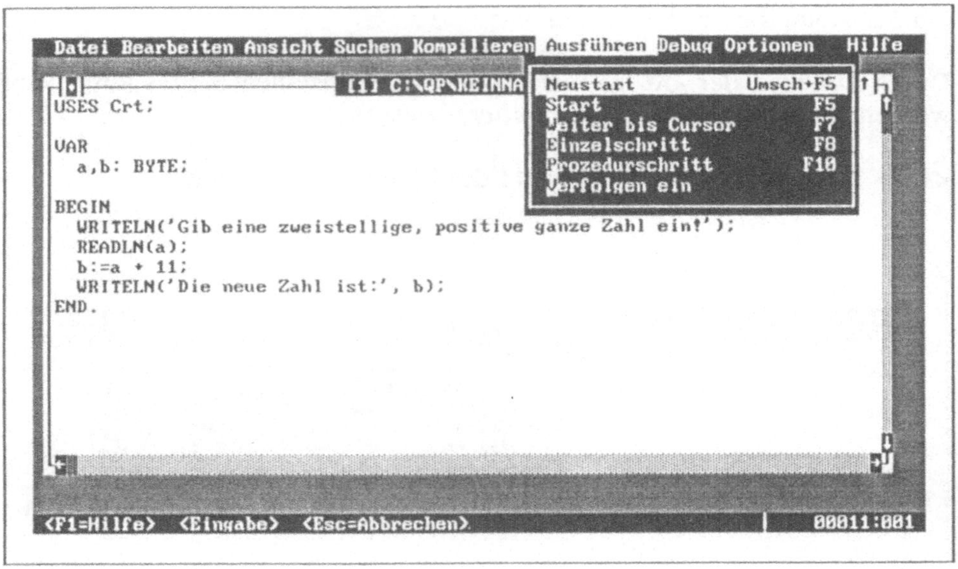

Bild 1-30 Möglichkeiten der Ausführung eines Programms

Mit der Funktionstaste <F5> wird das Programm ausgeführt. Dazu wird in den DOS-Bildschirm umgeschaltet und Sie sehen in Bild 1-31 das Ergebnis.

```
EINFACH.EXE
Gib eine zweistellige, positive ganze Zahl ein!
43
Die neue Zahl ist:54
Ausführungszeit = 00:00:09.66.  Programmrückgabe(0).  Betätigen Sie eine Taste
```

Bild 1-31 Ergebnis des ersten Programms

1.6.5.4 Speichern unter einem Programmnamen

Dazu dient das Menü Datei, das folgendermaßen aufgerufen wird:

<ALT> **D** Ausfruf des Menüs **Datei**.

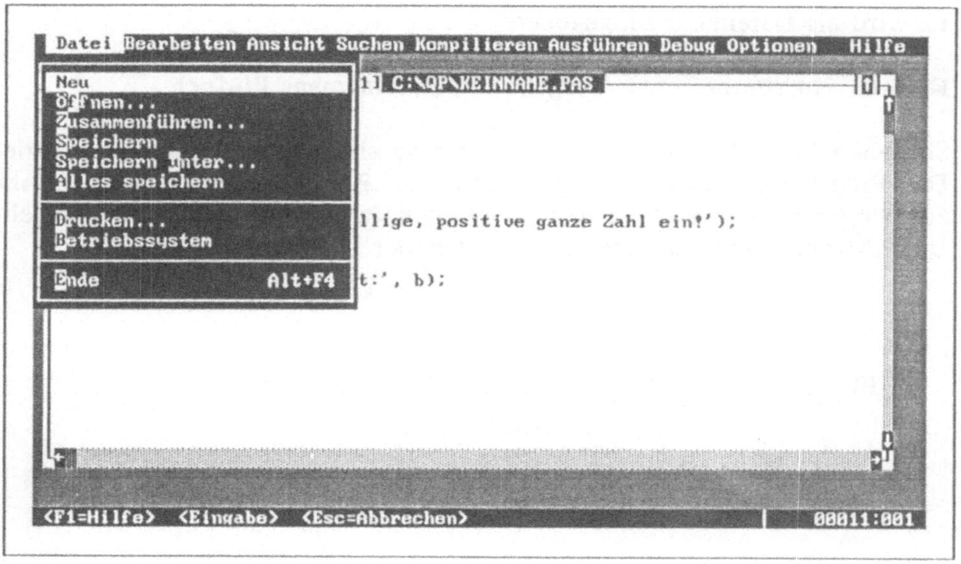

Bild 1-32 Befehle des Menüs Datei

Mit dem Befehl Speichern wird das Programm gespeichert.

s Aufruf des Befehls Speichern.

Es erscheint folgender Dialogbildschirm:

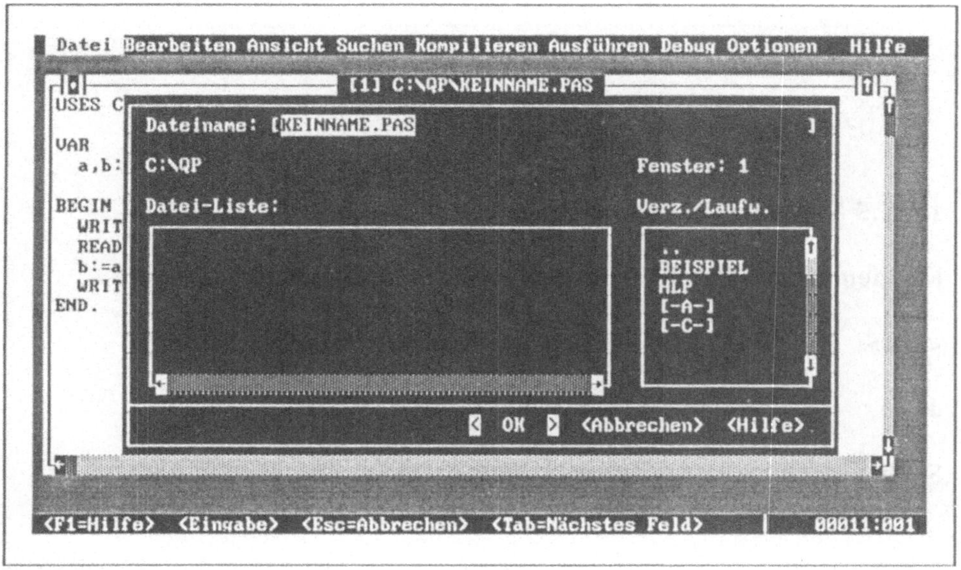

Bild 1-33 Dialogbildschirm für den Befehl Speichern

Es wird als Dateiname eingegeben:

Einfach <RETURN> Vergabe des Dateinamens **Einfach**.

Sie sehen in Bild 1-34, daß der Dateiname entsprechend geändert wurde. Das Programm wurde als Datei EINFACH.PAS abgespeichert und steht zur weiteren Verwendung zur Verfügung (z. B. mit dem Menü-Befehl **Datei öffnen**: <ALT> **df** und Auswahl aus der Dateiliste).

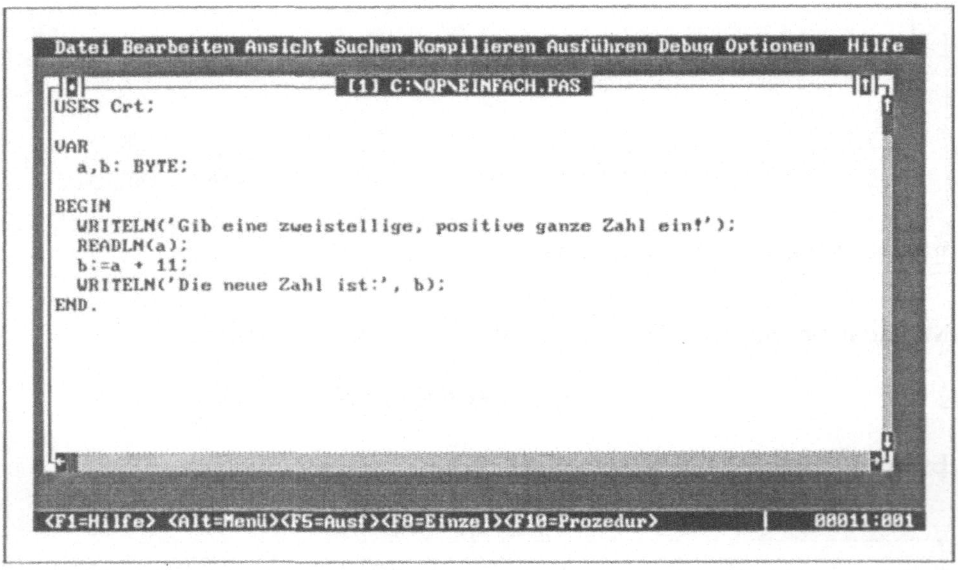
Datei Bearbeiten Ansicht Suchen Kompilieren Ausführen Debug Optionen Hilfe
[1] C:\QP\EINFACH.PAS
USES Crt;
VAR
a,b: BYTE;
BEGIN
WRITELN('Gib eine zweistellige, positive ganze Zahl ein!');
READLN(a);
b:=a + 11;
WRITELN('Die neue Zahl ist:', b);
END.
<F1=Hilfe> <Alt=Menü><F5=Ausf><F8=Einzel><F10=Prozedur>
00011:001

1.6.5.5 Verlassen von QuickPascal

Mit dem Menü-Befehl **Datei Ende** verlassen Sie QuickPascal:

<ALT> Aufrufen des Hauptmenüs.

de Auswahl des Befehls **Datei Ende**.

Sie haben QuickPascal verlassen und befinden sich im Pfad \QP.

1.6.5.6 Laden des Programms

Wir befinden uns im QuickPascal Hauptmenü (nach Verlassen wird dazu im Pfad *\QP* die Eingabe **qp** vorgenommen und die <RETURN>-Taste gedrückt). Durch Drücken der <ALT>-Taste gelangen Sie ins Hauptmenü. Dort wählen Sie die Befehlsfolge **D**atei **Ö**ffnen (**df**) und sehen den Dialog-Bildschirm mit einer Datei-Liste, die alle in diesem Buch programmierten Programme in alphabetischer Reihenfolge anzeigt.

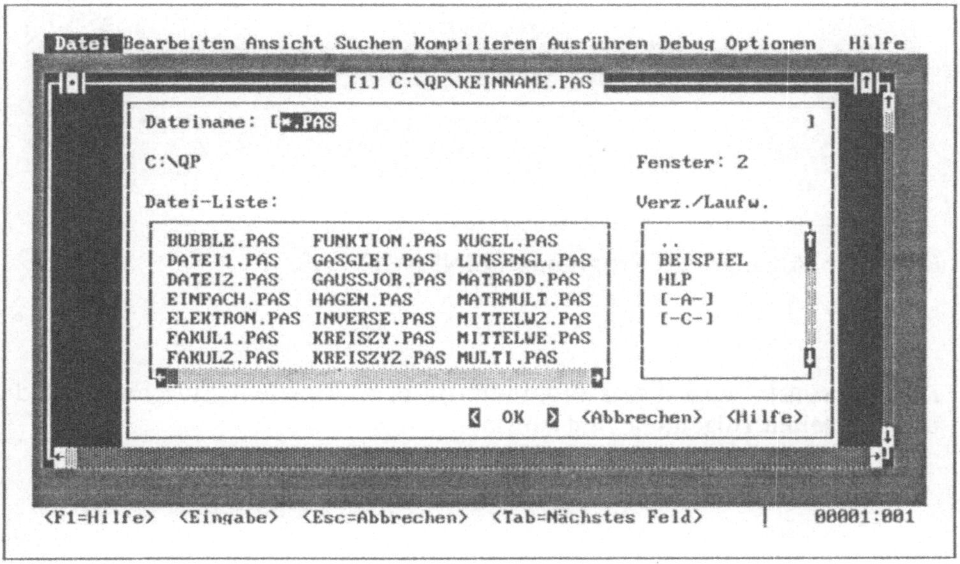

Bild 1-35 Anzeige der Dateiliste

Um das Programm EINFACH.PAS auszuwählen, gehen wir folgendermaßen vor:

a) Dateiliste anfahren

Durch Drücken der <TAB>-Taste gelangen Sie in das Fenster mit der Dateiliste. Wenn Sie jetzt den Buchstaben **e** eingeben, wird das erste Programm mit dem Anfangsbuchstaben E angezeigt.

<TAB>	Sprung ins Fenster Datei-Liste.
e	Aufruf des ersten Programms mit dem Anfangsbuchstaben E.

Sie sehen in Bild 1-36, daß dies das Programm EINFACH.PAS ist.

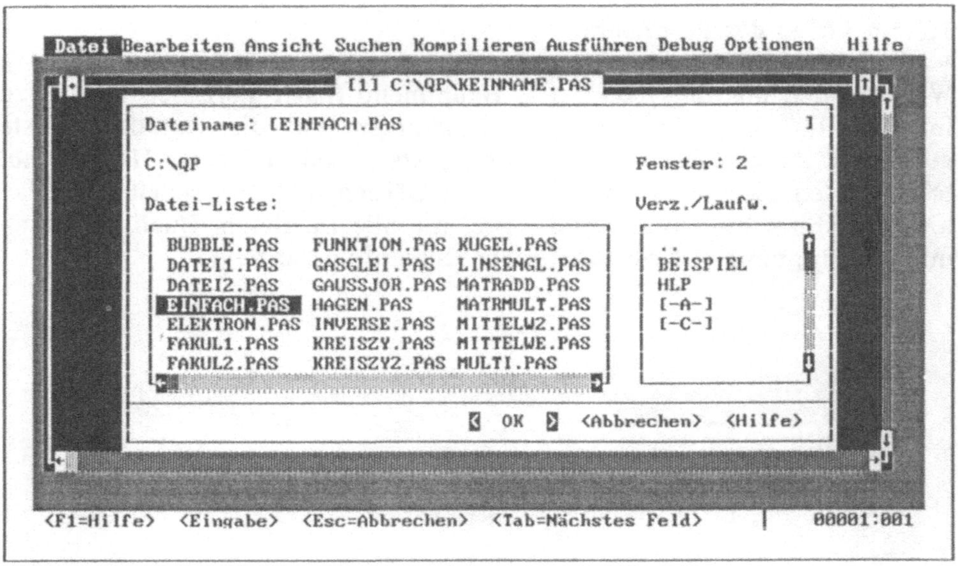

Bild 1-36 Anzeige des Programms EINFACH.PAS

Mit <RETURN> wird dieses Programm in den aktuellen Bildschirm geladen und Sie sehen folgenden Bildschirm:

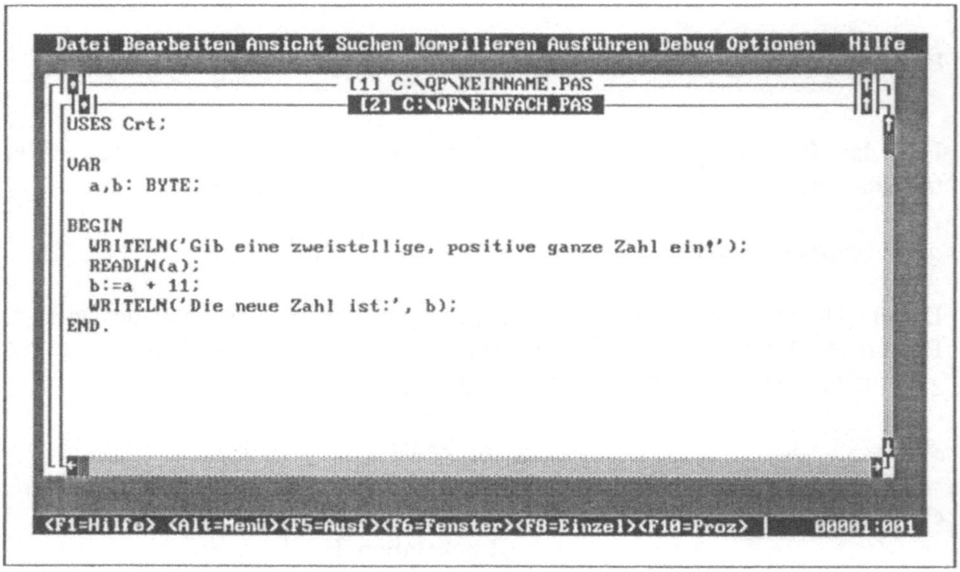

Bild 1-37 Bildschirm nach Laden des Programms EINFACH.PAS

Wie in Bild 1-37 zu erkennen ist, wird das Programm EINFACH.PAS als aktuelles Programm *vor* das beim Aufruf von QuickPascal angelegte Programm KEINNAME.PAS gesetzt. Die einzelnen Programme können Sie sich am Bildschirm ansehen, wenn Sie in das Menü Ansicht schalten (<ALT> **n**) und die Taste <ALT> + 1 (für KEINNAME.PAS) oder <ALT> + 2 (für EINFACH.PAS) drücken.

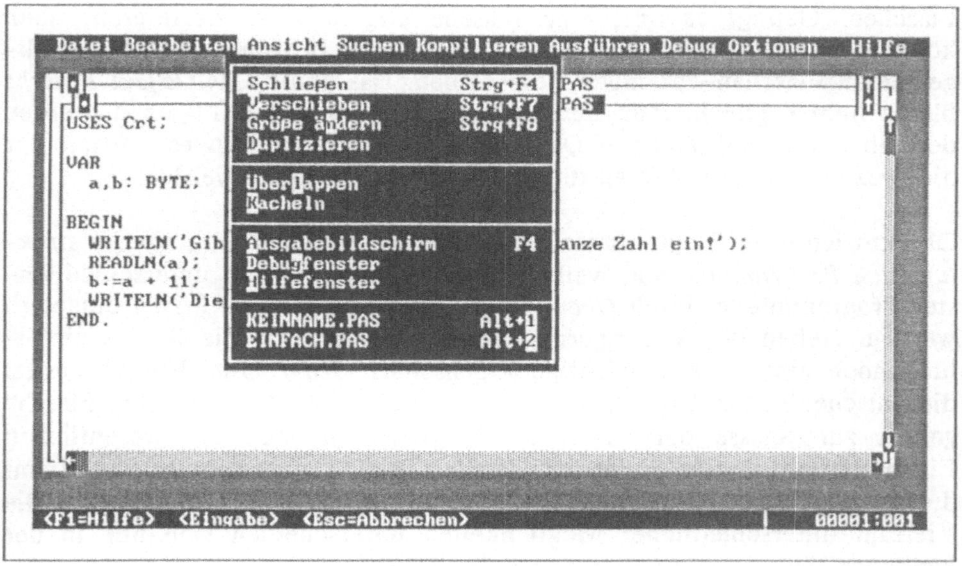

Bild 1-38 Auswahl aus dem Menü Ansicht

1.7 Objektorientierte Programmierunmg (OOP)

Über *objektorientierte* Programmierung (OOP) wurde und wird viel geschrieben. Wir möchten an dieser Stelle dem Leser keine Definition im Sinne der Informatik anbieten, sondern ihn in anschaulichen Vergleichen die Konzeption der objektorientierten Programmierung nahebringen. Daran möge er erkennen, welche Vorteile diese Programmiermethode hat, die auch von Quick Pascal unterstützt wird.

Eigentlich ist die Methode ganz einfach: Es muß das *eigentlich Wesentliche* (oder das allgemein Gültige) von dem *augenblicklich Gültigen* getrennt werden, oder anders ausgedrückt: Das *Abstrakte* vom *Konkreten* oder die *Idee* (Vision) von der *Realität*. Dahinter steckt die Erkenntnis, daß alles Konkrete, augenblicklich Gültige nur *eine mögliche* Realisierung eines *allgemeinen Prinzips* darstellt. Wird nur das Allgemein Gültige beschrieben, dann besitzen wir keine Informationen über das tatsächlich

Gültige (*Prinzip des Versteckens* von Information: *Information hiding*; in der Programmierung als *abstrakte Datentypen* bekannt). Doch versuchen wir, uns dies an einfachen *Objekten* klarzumachen:

Eine Vielzahl von Objekten umgibt uns. Nehmen wir einmal eine *Flasche.* Es gibt hier große und kleine Flaschen; Flaschen in verschiedenen Farben und unterschiedlichen Formen - von den Etiketten ganz abgesehen. Eines haben alle diese unterschiedlichen *Objekte* gemeinsam: sie sind Flaschen. Gelingt es uns, eine Flasche *allgemein* zu definieren, dann können wir die *einzelne* Flasche durch *konkrete* Information über die allgemeinen Flaschen-Parameter beschreiben. Das heißt: Das *Objekt Flasche* bleibt immer gleich. Zur Beschreibung der einzelnen Flaschen werden deshalb keine vollständigen Datensätze benötigt, sondern es müssen nur die speziellen Eigenschaften dieser Flasche beschrieben werden.

Objektorientierte Programmierung ist ein wesentlicher Beitrag zur *strukturierten Programmierung*, weil die verwirrende Vielzahl unterschiedlichster Programmteile durch *Ober- bzw. Hauptbegriffe* in *Klassen* eingeteilt werden. Neben der Verringerung an *Komplexität* hat die Klasseneinteilung noch eine weitere wichtige Eigenschaft: *Jeder* Unterbegriff besitzt die entscheidenden Eigenschaften der Klasse, d. h. jede einzelne Flasche gehört zur Klasse der Flaschen. Das bedeutet, daß die wesentlichen Eigenschaften *vererbt* werden. Spezielle Objekte sind demnach bestimmt durch *allgemeine Eigenschaften* und *spezifische Informationen.* Die Vielzahl unterschiedlicher Möglichkeiten unterscheiden sich nur in der *konkreten* Beschreibung allgemeiner Strukturen.

Die *Vererbung* als wichtige Eigenschaft dieser hierarchischen Klassenbildung hat auch noch folgende Bedeutung: *Änderungen* in den *Oberbegriffen* bewirken definierte *Änderungen* in den *nachgeordneten* Begriffen. Für die Software hat dies ganz entscheidende Bedeutung: Sie muß nicht an jeder Stelle an neue Anforderungen angepaßt werden, sonden nur in den Eigenschaften der Klassen. Die Vererbung stellt sicher, daß alle untergeordneten Begriffe die neue Eigenschaft besitzen.

Objektorientiertes Programmieren hat, wegen der Allgemeingültigkeit seiner Darstellung, auch noch folgenden weiteren Vorteil:

Zu Beginn des Kompiliervorgangs müssen *nicht alle Typen* der Variablen und *alle Werte* der Konstanten bekannt sein. Es genügt, wenn die Werte erst bei der Programmausführung vorliegen (*Prinzip der späten Bindung: Late binding*). Der Compiler überprüft die allgemeine Gültigkeit des Modells. Diese *Methode* wird *virtuell* genannt; auf die Objekte wird nicht direkt, sondern über Zeiger zugegriffen, die in der *Virtuellen Methoden-Tabelle* verwaltet werden. Im Gegensatz zur Turbo Pascal 5.5 und C++ verwendet Quick Pascal ausschließlich *dynamische Objekte*, die *virtuell* verwaltet werden. Während in Turbo Pascal 5.5 die virtuelle Methodentabelle mit CONSTRUCTOR aufgebaut und mit DESTRUCTOR gelöscht wird, und eine virtuelle Methode mit dem Wort *virtual* gekennzeichnet werden muß, entfallen diese aufwendigen Programmierarbeiten in Quick Pascal. Die Verwaltung der Objekte geschieht automatisch.

Wie wir oben gesehen haben, ist ein *Objekt* eine *allgemeine Beschreibung* von Zuständen oder Abläufen. Deshalb muß es aus *logischen Zusammenhängen* bestehen (d. h. aus *Methoden*, beschrieben durch eine logische Ablaufstruktur, z. B. einer Prozedur) und aus *klassifizierenden* Datensätzen (Records). Das bedeutet, ein *Objekt* ist eine *Einheit*, bestehend aus Logik- und Datenstruktur (*Prinzip der encapsulation*). Dies steht im Gegensatz zu der traditionellen Pascal-Programmierung, bei der streng zwischen dem Datenteil (Vereinbarungen) und dem Programmteil (Anweisungsteil) unterschieden wird.

In Quick Pascal geschieht die Definition von Objekten ähnlich der Festlegung von Datensätzen. Statt des Wortes RECORD wird das Wort **OBJECT** verwendet. Wie bei der Zuordnung der Elemente zu einem RECORD (RECORD.Element s. Bild 4-8 in Abschnitt 4.4.2.2), geschieht die Zuordnung der Methoden (z. B. Procedure) zu einem OBJECT (OBJECT.Procedure).

In Bild 1-39 ist die Methode der objektorientierten Programmierung veranschaulicht.

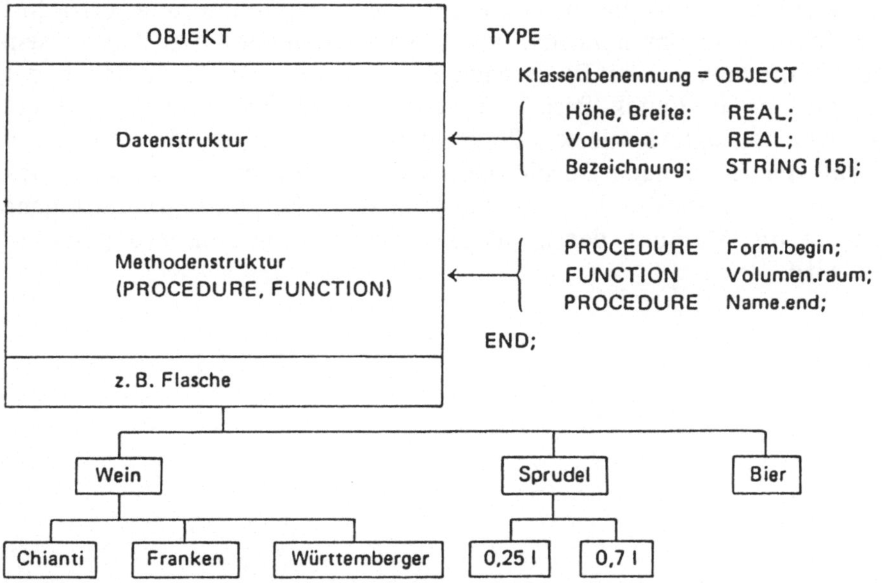

Bild 1-39 Objektorientierte Programmierung (Schema)

Ein Objekt besteht, wie Bild 1-39 veranschaulicht, aus einer *Daten-* und einer *Methodenstruktur*. Es wird in Quick Pascal als benutzerdefinierter Datentyp **OBJECT** vereinbart:

```
TYPE
   Klassenbenennung = OBJECT
   ....
   ....
   end;
```

Hier folgen, analog zu einer Datensatzbeschreibung (RECORD, s. Abschn. 4.2) die *Datenstruktur* und anschließend die Beschreibung der *Methodenstruktur* mit PROCEDURE (s. Abschn. 3.1) und FUNCTIONS (s. Abschn. 3.4).

Wie Bild 1-39 weiter zum Ausdruck bringt, wird die Klasse der Flaschen unterschiedlich eingeteilt. Sobald sich an der obersten Stelle eine wesentliche Eigenschaft ändert, wird diese Information zu den tiefer liegenden Bereichen weitergegeben (*vererbt*).

In Quick Pascal sind, im Gegensatz zur Turbo Pascal 5.5 und C++, *ausschließlich virtuelle Methoden* für die objektorientierte Programmierung im Einsatz.

Es würde den Umfang eines einführenden Buches sprengen, wenn ausführliche Beipiele zur objektorientierten Programmierung besprochen werden würden; denn die objektorientierte Programmierung erfordert einige Erfahrung in der herkömmlichen Programmerstellung. Aus diesem Grunde befaßt sich dieses Buch ganz intensiv mit den Grundlagen der Programmierung in Quick Pascal. Trotzdem wird im Anhang A 4 ein Beispiel für objektorientierte Programmierung vorgestellt. Wir sind sicher, daß der Leser nach Durcharbeiten dieses Buches soweit mit Quick Pascal vertraut ist, daß er in Anlehnung an das Beispielprogramm eigene Ausflüge in die Methode der objektorientierten Programmierung unternehmen wird.

2 Programmstrukturen und Programmierbeispiele

Im folgenden ist ein einfaches QuickPascal-Programm aufgelistet. Es dient der Addition zweier Zahlen und soll den Grundaufbau aller Programme in QuickPascal verdeutlichen:

Dies Beispiel zeigt ein Programm, wie es typischerweise in den Lehrbüchern vorkommt. Es weist folgende Mängel auf:

1. Keine gesicherte Eingabe

Werden Werte über 32 767 oder Buchstaben eingegeben, dann stürzt das Programm ab.

2. Zu spezialisierte Problemlösung

Auch wenn das Beispiel der Addition hier nur als Demonstration gedacht ist, bildet das Zusammenzählen zweier Zahlen nur einen kleinen Ausschnitt aus der Aufgabenstellung "Zahlen zusammenzuzählen". Sinnvoller wäre es bei dieser Betrachtungsweise, die Zahlen bei der Eingabe solange aufzuaddieren, bis eine "Ende-Anweisung" erscheint. Im folgenden werden die einfachen Programmstrukturen nacheinander abgehandelt, ohne daß auf solche Besonderheiten, die in QuickPascal einfach zu realisieren sind (z. B. sichere Dateneingabe oder modulares Programmieren mit UNITs), besonderen Wert gelegt wird.

Das Grundgerüst eines jeden Programms besteht aus einem *Programmkopf* und einem *Programmblock*. Die Deklaration des Programmkopfes ist in QuickPascal nur aus Kompatibilitätsgründen zu Standard-Pascal vorhanden. Eine Auswertung dieser Deklaration erfolgt nicht. In QuickPascal wird bereits beim Laden einer Datei (<ALT> **D**atei **Ö**ffnen) der Name KEINNAME.PAS für die Arbeitsdatei verlangt. Dabei ist zu beachten, daß beim Speichern (<ALT> **D**atei **A**lles speichern) das *erste Zeichen* des Namens ein *Buchstabe* sein muß, und daß zur Benennung *keine* von QuickPascal *reservierten Worte* verwendet werden dürfen (z.B. PROGRAM, VAR, oder BEGIN, s. Liste im Anhang A 2). Das Syntax-Diagramm für solche Bezeichner zeigt Bild 2-1.

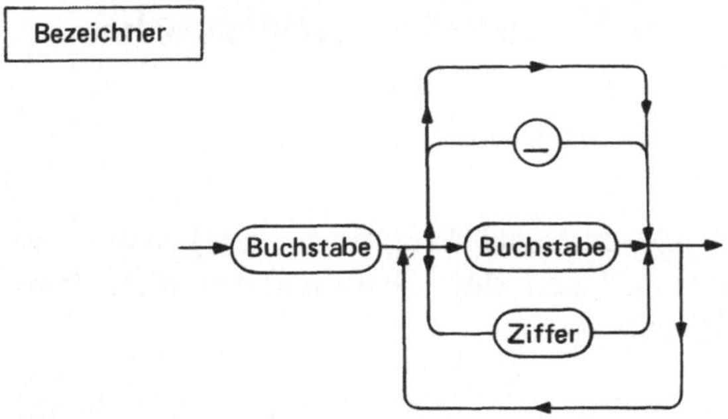

Bild 2-1 Syntax-Diagramm für einen Bezeichner

Der *Programmblock* besteht aus zwei Teilen, dem *Vereinbarungsteil* und dem Block mit den *Anweisungen.*

a) Vereinbarungsteil

Sie sehen im Beispiel des Additionsprogramms Teile, die mit den Zeichen "(* *)" eingefaßt sind. Diese Teile werden bei der Programmausführung nicht beachtet, sondern dienen als Kommentar zur besseren Verständlichkeit des Programms (alternativ dazu können auch die Kommentare zwischen den Zeichen "{ }" stehen).

Das Syntaxdiagramm für die Vereinbarungen zeigt Bild 2-2:

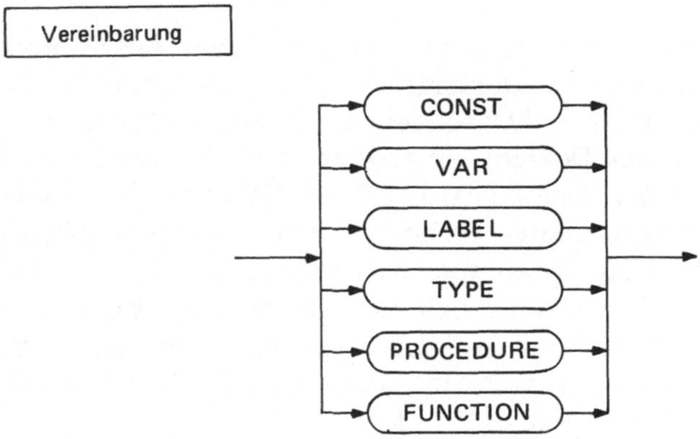

Bild 2-2 Syntaxdiagramm der Vereinbarungen

Es handelt sich dabei um folgende Festlegungen:

- Bibliotheksfunktion (UNIT Crt, d. h. Bildschirm- und Tastaturfunktionen), die mit USES ins Programm eingefügt wird;
- Konstante (CONST);
- Variable (VAR), für die ein Datentyp angegeben werden muß;
- Kennungen, beispielsweise Sprungmarkierungen (LABEL);
- eigene Datentypen (TYPE);
- Unterprogramme (PROCEDURE);
- Funktions-Unterprogramme (FUNCTION).

Bild 2-3 zeigt das Syntaxdiagramm für die Festlegung von Konstanten.

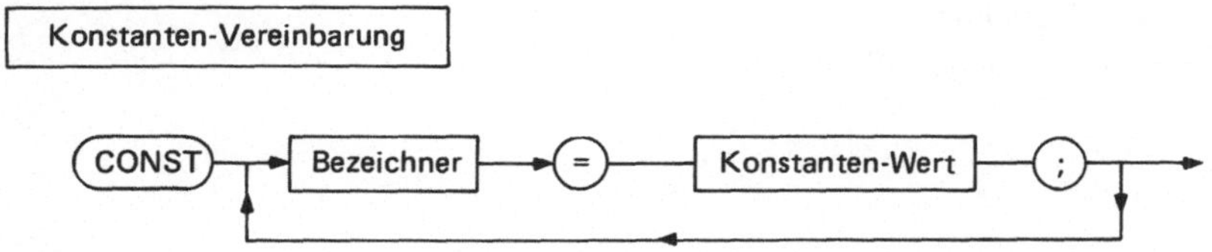

Bild 2-3 Syntaxdiagramm der Vereinbarung einer Konstanten

Um beispielsweise als Konstante die Erdbeschleunigung $g = 9{,}81\ ms^{-2}$ zuzuweisen, muß geschrieben werden:

```
CONST
  g = 9.81;
```

Wie hier bereits zu erkennen ist, muß bei Kommazahlen ein *Dezimalpunkt* gesetzt werden (kein Komma). Bild 2-4 zeigt die Syntaxdiagramme der Zahlen.

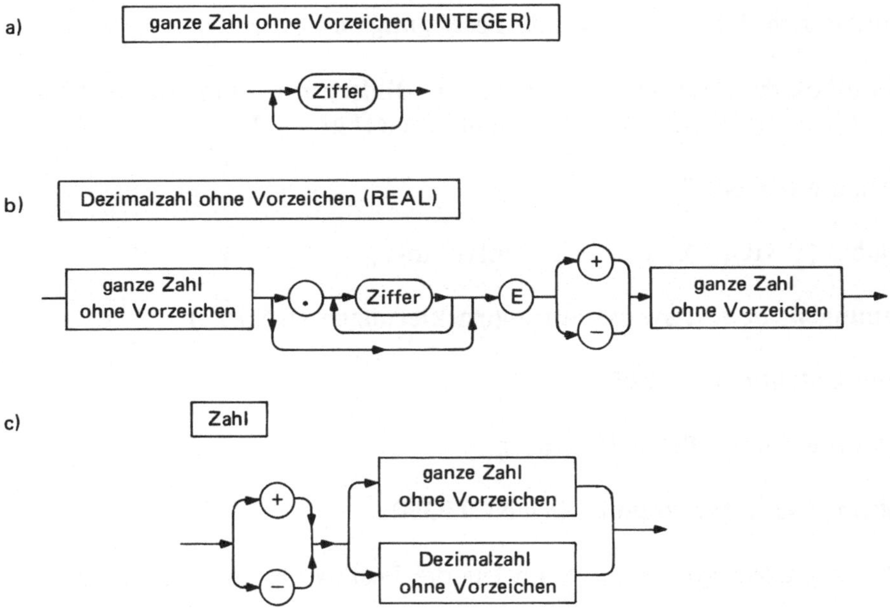

Bild 2-4 Syntaxdiagramme der Zahlen
a) ganze Zahl ohne Vorzeichen
b) Dezimalzahl ohne Vorzeichen (REAL)
c) allgemeine Zahl

Der Konstanten-Wert, der bei der Vereinbarung der Konstanten angegeben werden muß, hat eine Struktur, wie dies Bild 2-5 zeigt.

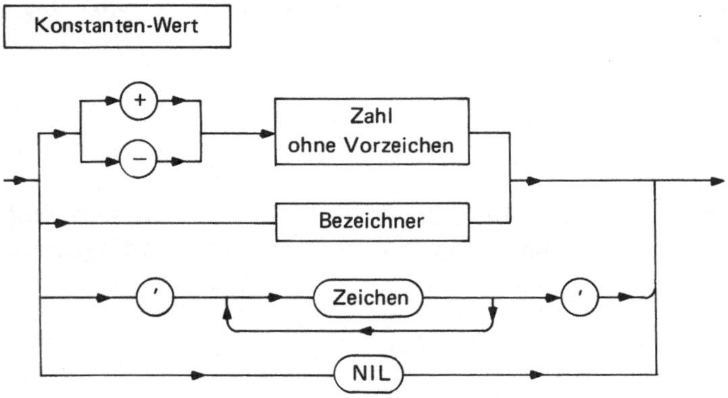

Bild 2-5 Syntaxdiagramm des Konstanten-Werts

Werden Variable vereinbart, so sieht dies folgendermaßen aus:

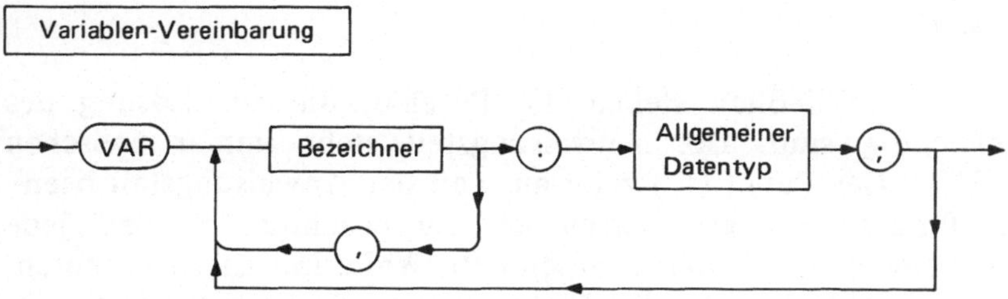

Bild 2-6 Syntaxdiagramm der Vereinbarung VAR

Im oben aufgeführten Additionsprogramm heißt die Vereinbarung:

```
VAR
  Zahl1,Zahl2,Endwert : INTEGER;
```

Dies bedeutet: Die Variablen Zahl1, Zahl2 und Endwert sind vom Datentyp INTEGER, d. h. ganzzahlig von -32768 bis 32767 (s. Bild 1-1). Gibt der Anwender unzulässige Zeichen, beispielsweise Buchstaben oder zu große bzw. zu kleine Zahlen ein, so reagiert das System mit einer Fehlermeldung. Das Syntaxdiagramm für die einfachen Datentypen und den Datentyp (allgemeiner Natur) ist in Bild 2-7 dargestellt (der allgemeine Datentyp wird in Kapitel 4 behandelt).

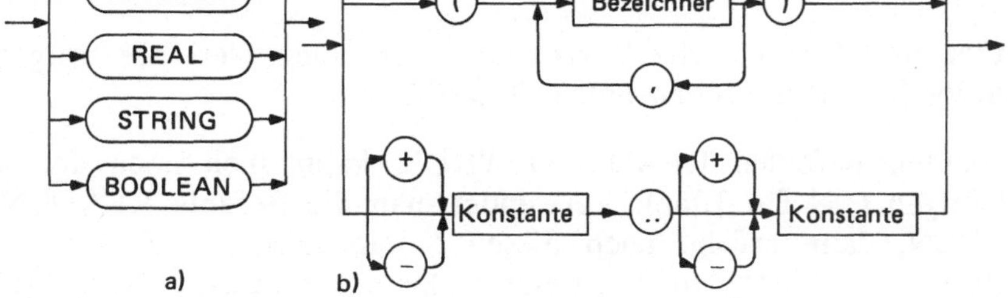

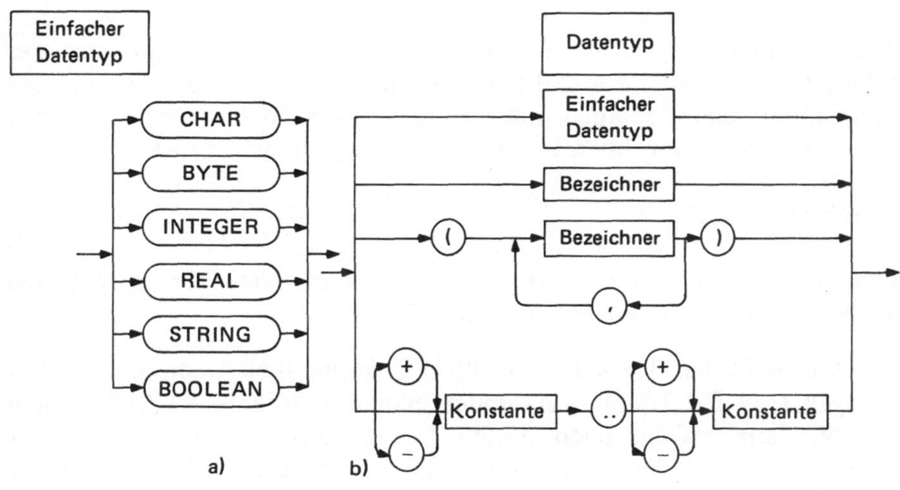

Bild 2-7 Syntaxdiagramm für die Datentypen

a) Einfacher Datentyp

b) Datentyp

Die anderen Vereinbarungen (s. Bild 2-2) werden in späteren Abschnitten an Hand von Beispielen erläutert.

b) Anweisungsteil

Im *Anweisungsteil* schließlich stehen die Befehle, die zur Lösung des Problems notwendig sind. Der Anweisungsteil steht immer zwischen BEGIN und END. Der Punkt (".") zeigt an, daß der Anweisungsteil beendet und das Programm abgeschlossen ist. Zu beachten ist, daß jede Anweisung mit einem *Semikolon* (;) abschließt. Weiterhin ist zu beachten, daß ein Anweisungsblock, d.h. die Elemente der Programmstruktur (s. Abschn. 1.3; Bild 1-5) immer zwischen BEGIN und END steht (Ausnahme: nur eine einzige Anweisung).

Wenn wir das Additionsprogramm verfolgen, dann sehen wir bei der Anweisung:

```
WRITE ('Erste Zahl eingeben : ')
```

auf dem Bildschirm den Ausdruck :

```
Erste Zahl eingeben :
```

WRITE (bzw. WRITELN) ist der Schreib- und Ausgabebefehl in Quick-Pascal. Mit ihm können alle für den Anwender wichtigen Abfragen, Erläuterungen oder Ergebnisse auf dem Bildschirm ausgegeben werden. Wie das Beispiel zeigt, muß der auszugebende Text zwischen *Hochkommata* (' ') stehen.

Zur Eingabe dient der Befehl READ bzw. READLN. Mit ihm wird der Variablen, die in Klammern steht, ein eindeutiger Wert zugewiesen. Der Programmablauf bleibt solange unterbrochen, bis an dieser Stelle eine mit der Variablendeklaration übereinstimmende Eingabe erfolgt ist.

```
READ (Zahl1);
```

bedeutet also: Lies für die Variable "Zahl1" einen Wert des festgelegten Datentyps (im vorliegenden Fall INTEGER) ein.

Den beiden Befehlen READ und WRITE kann auch noch der Zusatz "LN" folgen (LN für Line). Verwendet man die Befehle READLN oder WRITELN, dann erfolgt nach diesen Kommandos ein Zeilenvorschub, d.h. der Programmablauf wird erst in der nächsten Zeile fortgesetzt.

```
WRITELN ('Erste Zahl : ') ; READ ( Zahl1 ) ;
```

ergibt also bei Start des Programms auf dem Bildschirm :

```
Erste Zahl :
■          (blinkender Cursor
             - hier wird die Eingabe erwartet)
```

während bei

```
WRITE ('Erste Zahl : ') ; READ ( Zahl1 ) ;
```

folgendes erscheint :

```
Erste Zahl : ■
```

Als nächstes wird in gleicher Weise der Wert für die Zahl2 eingelesen. Anschließend folgt die Berechnung der Addition:

```
Endwert := Zahl1 + Zahl2;
```

Das Zeichen ":=" steht für eine *Zuweisung*, d. h. der Variablen Endwert wird die Summe aus Zahl1 und Zahl2 zugewiesen.

Die folgenden Anweisungen dienen der Ausgabe des Textes ('Der Endwert beträgt : ') und des Ergebnisses, d. h. des Wertes für die Variable Endwert.

Die in QuickPascal zu beachtenden Satzzeichen sind in folgender Tabelle zusammengestellt:

Tabelle 2-1 Bedeutung der Satzzeichen

Satzzeichen	Bedeutung
;	Ende einer Anweisung
.	Ende des Programms
=	Gleichsetzen
:=	Zuweisen
' '	Text
(* *)	Kommentar
{ }	(ASCII-Zeichen 123 bzw. 125)

Dieses Programm können Sie jetzt eingeben, indem Sie ins Hauptmenü gehen und den Befehl **D**atei **Ö**ffnen eingeben (<ALT> **d f**) und das Programm abtippen. Dabei sollten Sie folgendes beachten:

a) Groß- und Kleinschreibung

QuickPascal unterscheidet wie MS-DOS nicht zwischen Groß- und Kleinbuchstaben. Diesen Umstand können Sie zur Strukturierung Ihrer Programme verwenden, indem Sie beispielsweise alle Befehle in QuickPascal groß schreiben.

b) Leerzeichen

Weiterhin werden *Leerzeichen* bei der Programmausführung *nicht beachtet*. Diese Spracheigenschaft kann ebenfalls als Strukturierungsmöglichkeit gebraucht werden, um beispielsweise zusammengehörende Blöcke durch Einrücken erkennen zu können.

Wenn Sie fertig sind, schalten Sie mit der <ALT>-Taste ins Hauptmenü um und wählen den Befehl **K**ompilieren **D**atei kompilieren. Dann wird das Programm übersetzt. Sind keine logischen Fehler enthalten, dann verschwindet die in Bild 2-8 wiedergegebene Kompilier-Meldung.

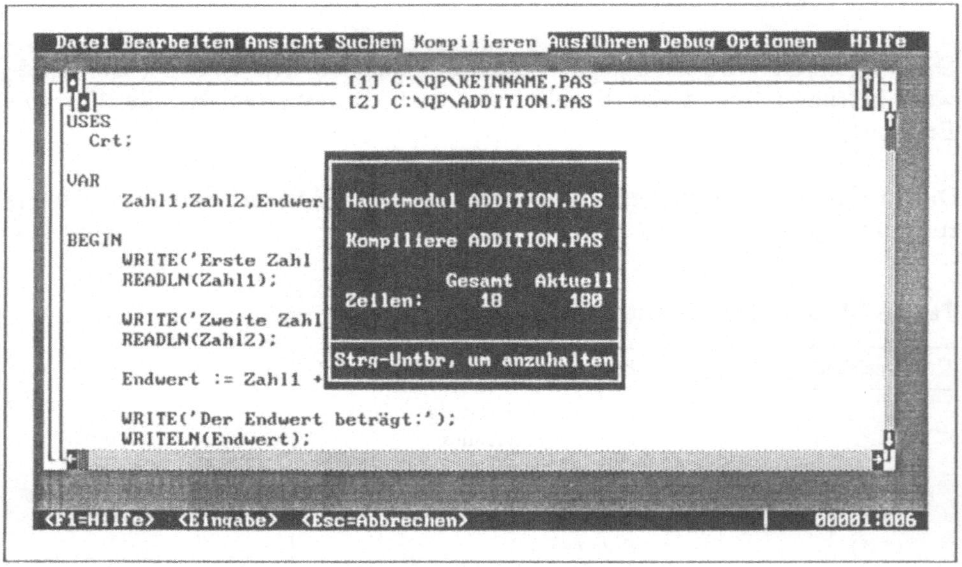

Bild 2-8 Meldung während des Kompiliervorgangs

Ist das Programm fehlerhaft, so werden die Fehlermeldungen ausgegeben, die korrigiert werden können. Anschließend wird wieder kompiliert. Dieser Vorgang wird so lange wiederholt, bis das Programm fehlerfrei arbeitet.

Das Hauptziel dieses Buches ist es, den Weg zum selbstständigen Programmieren aufzuzeigen. Deshalb werden in diesem Kapitel zunächst die in Abschnitt 1.3 erläuterten Programmstrukturen (Folge-, Auswahl- und Wiederholungsstrukturen) Schritt für Schritt erklärt. Jeder Abschnitt, der eine Programmstruktur erläutert, ist in folgende Teile gegliedert:

- Erklärung der Anweisung in QuickPascal,

- Syntaxdiagramm der Anweisung,

- Programmbeispiel mit Struktogramm und Programmausdruck in QuickPascal,

- Übungsaufgabe mit Lösung im Anhang.

2.1 Folgestrukturen (Sequenzen)

Jedes Programm besteht aus einer Aneinanderreihung von Anweisungen, die der Rechner durchführt. Besteht das Programm jedoch nur aus einer *Folgestruktur*, dann werden alle in dieser Aneinanderreihung enthaltenen Befehle *nacheinander* abgearbeitet, d.h. zunächst die Anweisung Nr. 1, dann Nr. 2, anschließend Nr. 3 usw. Es werden in diesem Fall keine Befehle durch Festlegen von speziellen Bedingungen aus dem Programmablauf ausgeklammert, d.h. es finden keine Verzweigungen im Programm statt. Jede Anweisung wird auch nur einmal durchgeführt, so daß Befehlswiederholungen ausgeschlossen sind. Da diese Programmstruktur so einfach ist, wird auf ein Syntaxdiagramm verzichtet.

2.1.1 Bestimmung des Gesamtwiderstandes bei Parallelschaltung zweier Widerstände

Das Programm zur Errechnung des Gesamtwiderstandes wird systematisch in den Stufen nach Abschnitt 1.4 (systematische Programmentwicklung) erstellt:

1. Programmname

Das Programm heißt PARALLEL.PAS.

2. Funktionsbeschreibung

2.1 Eingabefunktionen

Eingegeben wird der 1. Widerstand R_1 und der 2. Widerstand R_2.

2.2 Bearbeitungsfunktionen

Der Gesamtwiderstand R_{ges} wird nach folgender Formel errechnet:

$$R_{ges} = (R_1 * R_2)/(R_1 + R_2).$$

2.3 Ausgabefunktion

Ausgegeben wird der Gesamtwiderstand R_{ges}.

3. Variablenliste

Widerstand1, Widerstand2, Gesamtwiderstand: Alle vom Datentyp REAL.

Die Variablenliste dient im Vorbereitungsteil zur Festlegung der Variablen mit VAR.

4. Datenbeschreibung

Bereits im Punkt 3 wird festgehalten, daß der Datentyp REAL vorliegt.

5. Programmlogik

Hierzu gilt folgendes Struktogramm, das direkt in ein QuickPascal-Programm übersetzt werden kann.

2.1.1.1 Struktogramm

Eingabe	Widerstand 1 (R1)
Eingabe	Widerstand 2 (R2)
Berechnung Ergebnis = $(R_1 * R_2)/(R_1 + R_2)$	Gesamtwiderstand
Ausgabe	Gesamtwiderstand

2.1.1.2 Programm (PARALLEL.PAS)

```
(* Programmkopf - Programmbenennung *)

PROGRAM Parallel;


(* Programmblock *)

(* Vereinbarungsteil *)

USES Crt;

VAR

    Widerstand1,Widerstand2,Ergebnis : REAL;


(* Anweisungsteil *)

BEGIN

      WRITE ('Bitte 1.Widerstand eingeben : ');
      READLN (Widerstand1);

      WRITE ('Bitte 2.Widerstand eingeben : ');
      READLN (Widerstand2);

      Ergebnis := (Widerstand1*Widerstand2)/(Widerstand1+Widerstand2);

      WRITE ('Der Widerstand der Parallelschaltung beträgt : ');
      WRITELN (Ergebnis);

END.
```

2.1.2 Übungsaufgabe: WURF1.PAS

In dieser ersten Übungsaufgabe sollen die Ortskoordinaten eines schiefen Wurfes berechnet werden. Ein Gegenstand wird mit einer bestimmten Geschwindigkeit v_0 unter dem Winkel α (zur Waagerechten) in die Luft geworfen. Wird der Luftwiderstand vernachlässigt, können die Koordinaten eines Flugpunktes, d. h. eines Punktes, an dem sich der Gegenstand nach einer bestimmten Flugzeit befindet, nach folgenden Formeln berechnet werden.

Weg in x-Richtung: $X = v_0 * t * \cos\alpha$

Weg in y-Richtung: $Y = (v_0 * t * \sin\alpha) - (g * SQR(t) / 2)$

SQR ist die QuickPascal-Anweisung, das *Quadrat* (SQUARE) des jeweiligen Ausdrucks zu bilden.

Wie die beiden Gleichungen zeigen, ist ein schiefer Wurf aus zwei Bewegungstypen zusammengesetzt:

a) In x-Richtung aus einer gleichförmigen Bewegung (Zerlegung der Geschwindigkeit v_0 in seine waagrechte Komponente $v_0 * \cos\alpha$);

b) In y-Richtung aus der Überlagerung der senkrechten Komponente $v_0 * \sin\alpha$ der gleichförmigen Bewegung mit der gleichmäßig beschleunigten Bewegung des freien Falls (Erdbeschleunigung g).

Mit diesen Gleichungen läßt sich die Flugbahn des Körpers beschreiben. Unser Programm stellt also eine Simulation des schiefen Wurfs dar.

Das Programm erfüllt folgende Funktionen:

a) Eingabefunktionen

- Eingabe von v_0 und α,
- Eingabe der Flugdauer (t).

b) Berechnungsfunktionen

Berechnung der Höhe (Y) und der Weite (X).

c) Ausgabefunktionen

Ausgabe der Höhe (Y) und der Weite (X).

Dem aufmerksamen Beobachter wird nicht entgangen sein, daß bei der Gleichung für die Flughöhe (Y-Wert) des Gegenstandes die Flugzeit (t) quadratisch eingeht,und zwar im zweiten Gleichungsabschnitt, der den Einfluß des freien Falls beschreibt. Mit zunehmender Flugzeit spielt daher die y-Komponente des freien Fall des geworfenen Gegenstandes eine immer größere Rolle.

Da wir in diesem Stadium des Programmierens noch nicht über die Möglichkeiten der Fallunterscheidung verfügen, sollte sich niemand wundern, wenn bei Eingabe eines größeren Zeitwertes eine negative Höhe errechnet wird. Dies bedeutet im Prinzip nichts anderes, als daß unser Gegenstand vom Rand des Grand Canyon abgeworfen wurde und soeben in denselben hinuntersegelt; denn die Abwurfhöhe muß nicht gleich der Auftreffhöhe sein.

Na dann - viel Spaß beim ersten eigenen Programm! (Lösung im Anhang, A 4.1).

2.2 Auswahlstrukturen (Selektion)

Wie bereits in Bild 1-5 von Abschnitt 1.3 gezeigt wurde, werden mit den *Auswahlstrukturen* verschiedene *Programmteile ausgewählt.* Bei diesen *Auswahlstrukturen* (*Selektionen*) werden die Bedingungen exakt festgelegt, die dem Rechner vorschreiben, mit welchem Programmteil er an welcher Stelle fortfahren soll.

Prinzipiell werden zwei Typen von Auswahlstrukturen unterschieden:

a) Eine Auswahl aus 2 Möglichkeiten

Es stehen nur zwei Möglichkeiten zur Wahl, von denen, je nach Bedingung, eine auszuwählen ist.

b) Eine Auswahl aus mehreren Möglichkeiten

Hierbei kommen mehrere Wahlmöglichkeiten in Frage. Je nach Bedingung ist eine davon auszuwählen.

2.2.1 Auswahl aus zwei Möglichkeiten (IF..THEN..ELSE)

Die Auswahlstruktur "IF..THEN..ELSE" bedeutet übersetzt:

"*Wenn* (diese Bedingung erfüllt ist), *dann* (mache dies und das), *ansonsten* (dies und jenes)". Solche bedingten Anweisungen sind praktisch in jedem Programm zu finden. Das zugehörige Syntaxdiagramm ist in Bild 2-9 zu sehen.

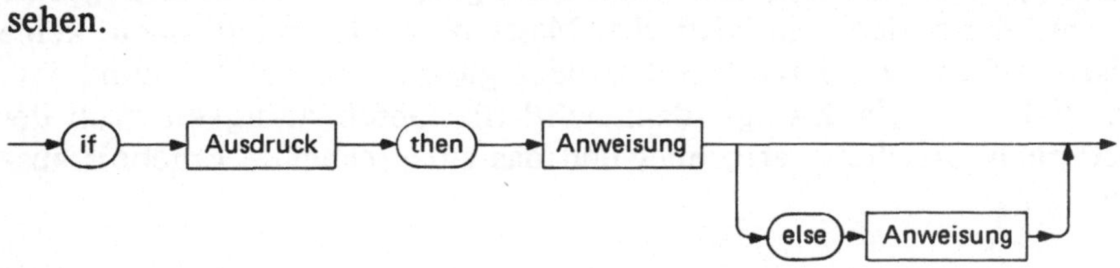

Bild 2-9 Syntaxdiagramm der Anweisung IF..THEN..ELSE

2.2.1.1 Endgeschwindigkeit eines Elektrons nach Durchlaufen einer Spannung (relativistisch - nicht relativistisch)

Ein Elektron wird im elektrischen Feld von den Feldkräften in Richtung der Anode (positiver Pol) beschleunigt. Die jeweilige Geschwindigkeit läßt sich mit folgender Formel berechnen:

$$V = SQRT\ (2*U*e/m_e)$$

(SQRT: Anweisung zur Berechnung der Quadratwurzel, engl.: **SQUARE** ROOT)

Dabei bedeutet:

U : Durchlaufene Spannung
e : Elementarladung ($1{,}602*10^{-19}$ C)
m_e : Masse des Elektrons ($9{,}11*10^{-31}$ kg)

Bei Elektronengeschwindigkeiten, die größer als 10% der Vakuumlichtgeschwindigkeit c_o sind, macht sich jedoch bereits der relativistische Massenzuwachs bemerkbar (d.h. m_e wird größer).

Die oben genannte Gleichung würde also in diesen Fällen zu große Werte für die Geschwindigkeit liefern. Deshalb muß bei höheren Geschwindigkeiten eine andere Formel verwendet werden, die den relativistischen Massenzuwachs berücksichtigt und folgendermaßen lautet:

$$V = c_o*SQRT\ (1-(1/(SQR(e*U/(m_e*SQR(c_o))+1))))$$

Dabei bedeuten:

SQR : Anweisung zum Quadrieren
c_o : Vakuumlichtgeschwindigkeit ($2{,}998*10^8$ m/s)

Das Programm errechnet zunächst mit der normalen Gleichung den Wert für die Endgeschwindigkeit (V). Dann wird überprüft, ob die errechnete Geschwindigkeit V größer als 10% von c_o ist. Ist dies *nicht* der Fall (nein-Zweig), wird das für die Geschwindigkeit V errechnete Ergebnis ausgegeben, denn der relativistische Massenzuwachs spielt noch keine Rolle. Ist die Geschwindigkeit größer oder gleich 10% der Vakuumlichtgeschwindigkeit c_o (ja-Zweig), dann wird die Geschwindigkeit nach der relativistischen Gleichung errechnet und das entsprechende Ergebnis ausgegeben.

Das Programm enthält folgende Elemente:

a) Konstante Größen

Ruhemasse des Eleketrons m_e, Vakuumlichtgeschwindigkeit c_0 und Elementarladung e.

b) Eingaben

Spannung U.

c) Berechnung

Endgeschwindigkeit V.

d) Ausgabe

Endgeschwindigkeit V.

2.2.1.1.1 Struktogramm

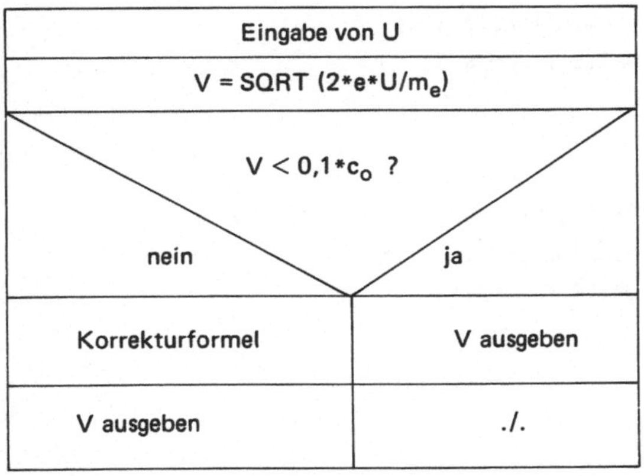

2.2.1.1.2 Programm (ELEKTRON.PAS)

Die Programmierung in QuickPascal ist absichtlich sehr einfach gehalten. Sie soll das zu lösende Problem direkt vor Augen führen, ohne durch zusätzliche Erläuterungen den eigentlichen Sinn des Programms zu verschleiern. In den folgenden Programmen werden dann aber mehr und mehr für den Anwender wichtige Informationen als Kommentare in die Programme geschrieben; denn der Softwareentwickler muß seine Produkte möglichst so gestalten, daß der spätere Benutzer genau weiß, in welchen Schritten das geschriebene Programm zum gewünschten Ergebnis führt.

```
USES
  Crt;

CONST
       me  = 9.11E-31;
        e  = 1.602E-19;
       co  = 2.998E8;

VAR
        U,V : REAL;


BEGIN
     CLRSCR; WRITELN;
     WRITE ('durchlaufene Spannung : ');
     READLN (U);

     V := SQRT (2*e*U/me);

     IF V < 0.1*co

        THEN BEGIN
                  WRITE ('Endgeschwindigkeit : ');
                  WRITE ( V ); WRITE (' km/s');
             END

        ELSE BEGIN
                  V := co*SQRT(1-(1/(SQR(e*U/(me*SQR(co))+1))));
                  WRITE ('Endgeschwindigkeit : ');
                  WRITE ( V ); WRITE (' km/s');
             END
END.
```

2.2.1.2. Logische Verknüpfungen

Oft benötigt man zur Auswahl des gewünschten Programmteils nicht nur eine, sondern mehrere Bedingungen, die alle möglichst auf einmal abgefragt und bearbeitet werden sollen. Um mehrere Bedingungen miteinander zu verbinden (verknüpfen), gibt es die sogenannten *logischen Operatoren.* Sie prüfen, ob die zu verknüpfenden Operanden wahr oder falsch sind und ergeben nach der Verknüpfung ebenfalls den Wahrheitsgehalt wahr oder falsch. In QuickPascal finden folgende vier logische Operatoren Verwendung (s. Tabelle 2-2)

Tabelle 2-2 Logische Operatoren und ihre Bedeutung

Operator	Bedeutung
AND	Sowohl als auch (UND)
NOT	Verneinung (NICHT)
OR	Inklusives ODER
XOR	Exklusives ODER (entweder-oder)

In der nächsten Tabelle (Tabelle 2-3) sind die entsprechenden Wahrheitsgehalte bei der logischen Verknüpfung von zwei Variablen A und B zusammengestellt:

Tabelle 2-3 Logische Operatoren und ihr Wahrheitsgehalt

A	B	A AND B	NOT A	A OR B	A XOR B
w	w	w	f	w	f
w	f	f	f	w	w
f	w	f	w	w	w
f	f	f	w	f	f

In den folgenden Beispielen werden nur die logischen Operatoren AND und OR besprochen. Mit diesen Anweisungen können beispielsweise zwei Kriterien abgefragt werden:

IF (X < 100) **AND** (Y > 25) THEN BEGIN ...

ELSE

Wenn also der errechnete oder eingegebene X-Wert kleiner als 100 **und gleichzeitig** der Y-Wert größer als 25 ist, dann (THEN-Anweisungen) wird das Programm mit den nach BEGIN folgenden Anweisungen fortgesetzt, ansonsten (ELSE) wird der Programmablauf bei der nach ELSE folgenden Anweisung wieder aufgenommen. Mit der logischen Operation OR lautet die Anweisung:

IF (X < 100) **OR** (Y > 25) THEN BEGIN ...
ELSE

In diesem Fall wird das Programm nach BEGIN fortgesetzt (THEN-Anweisungen), wenn X < 100 **oder** Y > 25 ist. Nach Tabelle 2-2 kann dabei entweder X < 100 oder Y > 25 sein, oder aber sowohl X < 100 als auch Y > 25 sein.

Wichtig bei der Verwendung dieser Anweisungen ist die *Einklammerung* der einzelnen Kriterien, sonst erfolgt eine Fehlermeldung des Systems.

Obwohl der Einsatz dieser Befehle keine Schwierigkeiten bereiten dürfte, wird ein kleines Programm vorgestellt, mit dem drei Zahlen verglichen werden können.

2.2.1.2.1 Meßbereichserweiterung zur Strom- und Spannungsmessung

Mit einem Vielfachmeßgerät werden Ströme und Spannungen gemessen. Bei Strömen, die größer als 5A sind, muß ein Parallelwiderstand R_p und bei Spannungen über 100V muß ein Vorwiderstand R_v geschaltet werden. Der Innenwiderstand als Strommesser beträgt 0,1 Ohm, als Spannungsmesser 10 MOhm.

Für den Fall, daß der zu messenden Strom I_m > 5A ist **und** die zu messenden Spannung U_m > 100V ist, werden beide Meßbereiche überschritten. Die Abfrage dazu lautet:

IF (Im>5) AND (Um>100) THEN

In diesem Fall muß ein Parallelwiderstand R_p und ein Vorwiderstand R_v errechnet werden.

2.2.1.2.1.1 Struktogramm

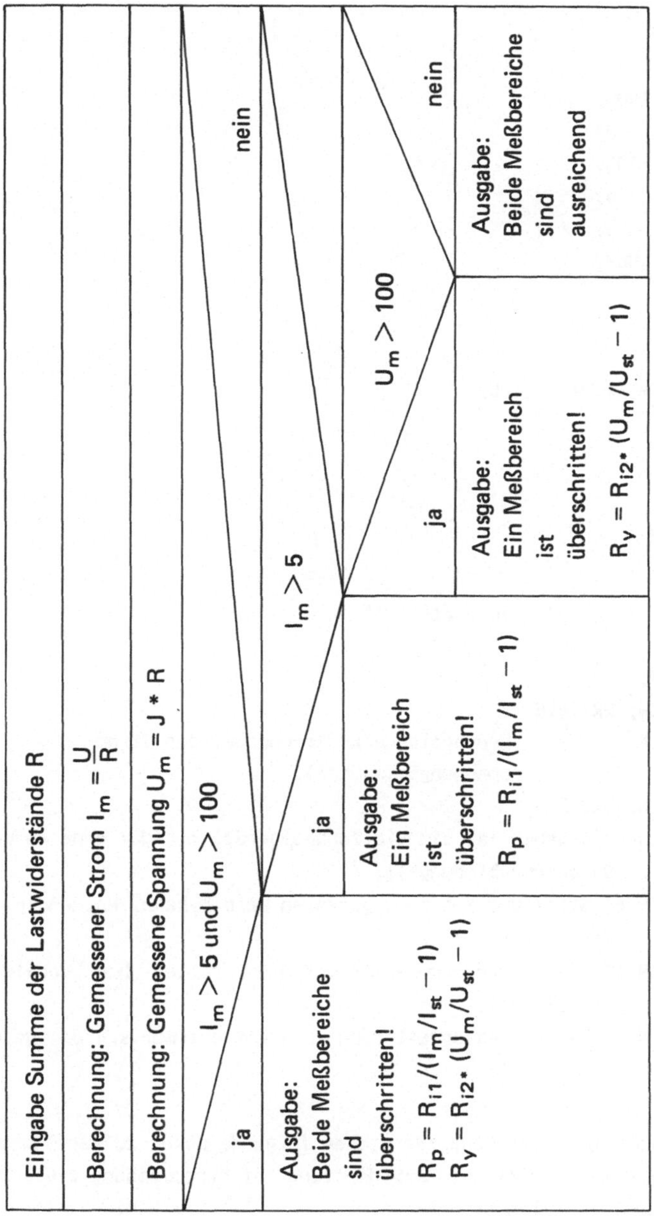

2.2.1.2.1.2 Programm (STROMMES.PAS)

```
USES
   Crt;

CONST
       U = 1000;
       I =    2;
     Usp =  100;
     Ist =    5;
     Ri1 =    1;
     Ri2 = 10E7;


VAR
     R,Rp,Rv,Im,Um : REAL;


LABEL 1;



BEGIN                  (* Eingabeteil *)

     CLRSCR;
     WRITELN; WRITELN;
     WRITELN ('        Meßbereichserweiterung bei der Strom- und
                        Spannungsmessung');
     WRITELN; WRITELN;
     WRITELN (' Gegeben ist ein Vielfachmeßgerät, mit dem ohne Änderung der
              Steckerverbindung');
     WRITELN (' Strom und Spannung gemessen werden kann. Notwendig ist nur ein
              Umschalten.');
     WRITELN (' Dieses Programm ermittelt die Parallel- bzw. Vorwiderstände, die
              bei einer');
     WRITELN (' Meßbereichserweiterung im Gerät automatisch dazugeschaltet
               werden.');
     WRITELN;
     WRITELN ('Über das Meßgerät stehen folgende Daten zu Verfügung :');
     WRITELN; WRITELN ('   Innenwiderstand bei Strommessung : 0,1 Ω');
     WRITELN ('   üblicher Meßbereich               : 0 bis 5 A');
     WRITELN;
     WRITELN ('   Innenwiderstand bei Spannungsmessung : 10 MΩ');
     WRITELN ('   üblicher Meßbereich                  : 0 bis 100 V');
     WRITELN; WRITELN ('Spannung im Meßstromkreis (bei Strommessung) : 1000 V');
```

```
WRITELN ('Stromstärke (bei Spannungsmessung)           : 2 A');
WRITELN; WRITELN ('Bitte eingeben :'); WRITELN;
WRITE ('  Summe der Lastwiderstände im Stromkreis in Ω : ');
READLN (R);

            (* Verarbeitungsteil *)

Im := U/R;
Um := I*R;

CLRSCR; WRITELN; WRITELN;
WRITELN ('    Gemessener Strom   : ',Im:5:2);
WRITELN ('    Gemessene Spannung : ',Um:5:2);

IF (Im>5) AND (Um>100) THEN BEGIN

   WRITELN; WRITELN ('Beide Meßbereiche sind überschritten !');
   WRITELN ('Folgende Widerstände werden in den Stromkreis eingefügt :');

   Rp := Ri1/((Im/Ist)-1);
   Rv := Ri2*((Um/Usp)-1);

   WRITELN ('Bei Strommessung parallel     : ',Rp:5:2);
   WRITELN ('Bei Spannungsmessung in Reihe : ',Rv:5:2);
   WRITELN ('Das Meßgerät zeigt für beide Meßwerte jeweils Vollausschlag.');
   GOTO 1;

                           END;

IF (Im>5) OR (Um>100) THEN BEGIN

   WRITELN; WRITELN ('Ein Meßbereich ist überschritten !');


   IF Im>5   THEN BEGIN

          Rp := Ri1/((Im/Ist)-1);

               WRITELN;
               WRITELN ('Bei der Strommessung wird folgender Widerstand
                        parallel');
               WRITELN ('eingefügt : ',Rp:5:2,' Ω');

                     END;
```

```
        IF Um>100 THEN BEGIN

                Rv := Ri2*((Um/Usp)-1);

                WRITELN;
                WRITELN ('Bei der Spannungsmessung wird folgender Widerstand in
                         Reihe');
                WRITELN ('eingefügt : ',Rv:5:2,' Ω');

                      END;

                             END .

                  ELSE BEGIN

        WRITELN;
        WRITELN ('Beide Meßbereiche sind ausreichend.');

                      END;

1: WRITELN;
   WRITELN (' Programmende.');

END.
```

(Zur Variablendeklaration LABEL und zur Anweisung GOTO s. Abschn. 2.2.2.1.1).

Das nächste Bild zeigt die Vorstellung des Programms und die durchgeführten Berechnungen.

Hinweis! Um die Berechnungen am Bildschirm sehen zu können, drücken Sie die Taste <F4>.

```
        Meßbereichserweiterung bei der Strom- und Spannungsmessung


  Gegeben ist ein Vielfachmeßgerät, mit dem ohne Änderung der Steckerverbindung
  Strom und Spannung gemessen werden kann. Notwendig ist nur ein Umschalten.
  Dieses Programm ermittelt die Parallel- bzw. Vorwiderstände, die bei einer
  Meßbereichserweiterung im Gerät automatisch dazugeschaltet werden.

Über das Meßgerät stehen folgende Daten zu Verfügung :

   Innenwiderstand bei Strommessung : 0,1 Ω
   üblicher Meßbereich              : 0 bis 5 A

   Innenwiderstand bei Spannungsmessung : 10 MΩ
   üblicher Meßbereich                  : 0 bis 100 V

Spannung im Meßstromkreis (bei Strommessung) : 1000 V
Stromstärke (bei Spannungsmessung)           : 2 A

Bitte eingeben :

  Summe der Lastwiderstände im Stromkreis in Ω : 20

    Gemessener Strom    : 50.00
    Gemessene Spannung  : 40.00

Ein Meßbereich ist überschritten !

Bei der Strommessung wird folgender Widerstand parallel
eingefügt :  0.11 Ω

 Programmende.
```

2.2.1.3 Übungsaufgabe: WURF2.PAS

In diesem Abschnitt soll die Übungsaufgabe aus Abschnitt 2.1.2 (Berechnung der Ortskoordinaten des schiefen Wurfs) so verändert werden, daß das Programm WURF1 unterbrochen wird, sobald eine Flughöhe mit negativem Vorzeichen errechnet wird.

Bei Eingabe von Flugzeiten, bei denen noch eine positive Höhe herauskommt, soll das Ergebnis wie in WURF1 ausgegeben werden. Gibt der Benutzer aber eine Flugzeit ein, bei der eine negative Höhe errechnet wird, so soll das Programm dies durch eine entsprechende Ausgabe mitteilen. (Lösung im Anhang A 5.2).

2.2.2 Auswahl aus mehreren Möglichkeiten (CASE..OF..END)

Die Auswahlstruktur "CASE..OF..END" bedeutet übersetzt: "Wähle unter folgenden Möglichkeiten". Sie findet ihre Anwendung immer, wenn mehrere Alternativen zur Wahl stehen und nur eine davon bearbeitet werden soll. Die Anweisung CASE..OF ist eine in sich geschlossene Ablaufstruktur (s. Bild 1-5). Deshalb muß sie mit einem END abgeschlossen werden. Bild 2-10 zeigt das zugehörige Syntaxdiagramm (vgl. auch Abschnitt 2.2.2.1.4).

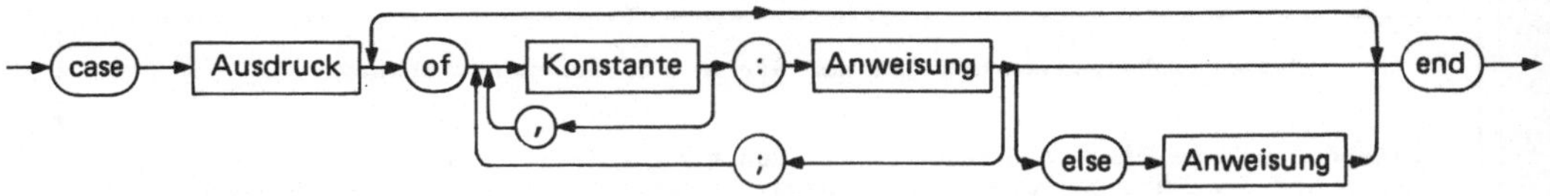

Bild 2-10 Syntaxdiagramm von CASE..OF..ELSE..END

2.2.2.1 Wahlweise Berechnungen am senkrechten Kreiszylinder

Als Beispiel hierzu dient ein Programm, in dem ausgewählt werden kann, ob das Volumen, die Manteloberfläche oder die Gesamtoberfläche eines senkrechten Kreiszylinders berechnet werden soll. Zum Verständnis dieses Programms ist vorab jedoch noch die Definition des Turbo-Pascal-Befehls *LABEL* notwendig (s. auch bereits Programm 2.2.1.2.1.2). Bild 2-11 zeigt das Syntaxdiagramm.

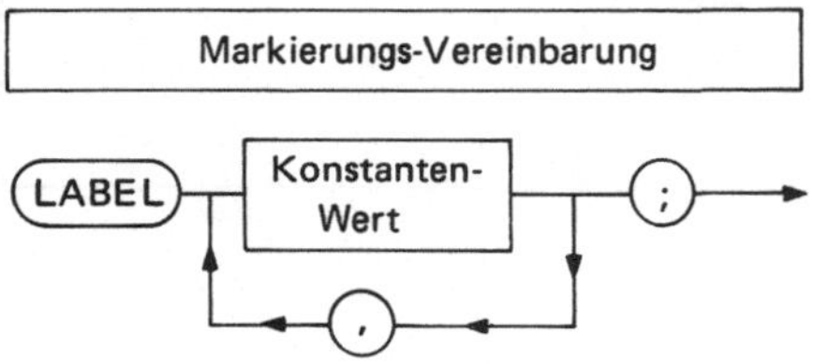

Bild 2-11 Syntaxdiagramm der Vereinbarung LABEL

2.2.2.1.1 LABEL (Kennung)

Selbst in einem umsichtig strukturierten Programm kann die Kennzeichnung von Sprungadressen durch sogenannte LABELs oder *Kennungen* erforderlich sein. Das bedeutet, daß man einzelne Programmteile vollständig überspringt, ohne vorher Bedingungen festgelegt zu haben, beispielsweise wenn das Programm nach dem ersten Durchlauf noch einmal gestartet werden soll.

BASIC-Umsteigern wird der in dieser Sprache oft gebrauchte GOTO-Befehl noch in bester Erinnerung sein. Dieser Befehl existiert auch in QuickPascal. Da hier aber im Gegensatz zu Basic keine fortlaufende Numerierung der Zeilen erfolgt, muß eine Zieladresse gekennzeichnet werden, zu der ein eindeutiger Sprung möglich ist. Die Festlegung dieser *Kennung* erfolgt im Vereinbarungsteil unter der Rubrik *LABEL*, in der die gewünschten Bezeichnungen für die Sprungadresse stehen (z.B. 1, 2, Endwertberechnung).

Ein Beispiel soll die Wirkungsweise erläutern. Befindet sich der Rechner bei der Ausführung des Programms am Befehl GOTO 1, dann springt er automatisch zu dem mit der Kennung (LABEL) "1" gekennzeichneten Programmabschnitt und fährt dort mit der Bearbeitung fort. (Im Vereinbarungsteil muß allerdings die Kennung festgelegt worden sein: LABEL 1). Wie das Syntaxdiagramm in Bild 2-11 zeigt, können auch Bezeichner und Zeichenketten als Kennungen verwendet werden).

2.2.2.1.2 Struktogramm

Das Struktogramm zeigt, daß der Radius (r) und die Höhe (h) eingegeben werden müssen. Im Anschluß daran legt der Wert der Variablen Auswahl fest, welche Berechnung vorgenommen werden soll (Kanal 1: Volumen; Kanal 2: Gesamtoberfläche; Kanal 3: Mantelfläche). Die Berechnungen werden ausgegeben. Anschließend wird gefragt, ob eine weitere Berechnung stattfinden soll. In diesem Fall wird wieder zur Eingabe zurückgesprungen. Dies zeigt der linke Kanal des Struktogramms. Die Eingabe ist mit der *Kennung* (LABEL) *4* gekennzeichnet, damit ein definierter Rücksprung vom Abfrageteil des Programms stattfinden kann.

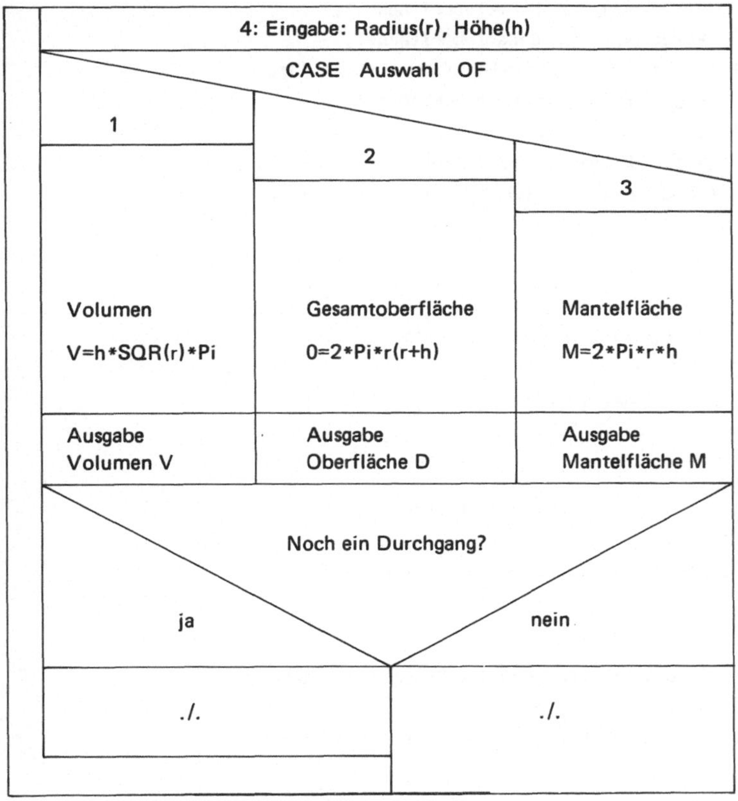

2.2.2.1.3 Programm (KREISZYL.PAS)

```
USES
  Crt;

LABEL
         4;

VAR
         V,O,M,r,h   :  REAL;
                 W   :  CHAR;
            Auswahl  :  BYTE;

CONST
         Pi = 3.1415926;

   BEGIN

   4:  CLRSCR;
       WRITELN ('Programm zu wahlweisen Berechnungen');
       WRITELN ('an senkrechten Kreiszylindern'); WRITELN;
       WRITELN ('Es kann gewählt werden zwischen :');
       WRITELN; WRITELN ('   1. Berechnung des Volumens');
       WRITELN ('   2. Berechnung der Manteloberfläche');
       WRITELN ('   3. Berechnung der Gesamtoberfläche');
       WRITELN; WRITELN ('Um den Programmablauf zu starten,');
       WRITE ('bitte die gewünschte Nummer eingeben : ');
       READLN (Auswahl);
       WRITELN; WRITE ('Höhe des Zylinders in Meter : '); READLN (h);
       WRITE          ('Radius des Zylinders in m   : '); READLN (r);

       CASE   Auswahl   OF

          1: BEGIN
             WRITELN; WRITELN ('Volumenberechnung');
             V := h*SQR(r)*Pi;
             WRITELN('Das Volumen beträgt : ',V:10:2,' m3');
             END;

          2: BEGIN
             WRITELN; WRITELN ('Mantelflächenberechnung');
             M := h*2*Pi*r;
             WRITELN ('Die Mantelfläche beträgt : ',M:10:2,' m2');
             END;

          3: BEGIN
             WRITELN; WRITELN ('Berechnung der Gesamtoberfläche');
             O := 2*Pi*r*(r+h);
             WRITELN ('Die Gesamtoberfläche beträgt : ',O:10:2,' m2');
             END

       END;
```

```
        WRITELN;WRITELN;
        WRITE ('Soll noch eine Berechnung durchgeführt werden (j/n) ? ');
        READLN (W);

        IF W = 'j' THEN GOTO 4
        ELSE

END.
```

2.2.2.1.4 Die Anweisung CASE..OF..ELSE..END

Im Programm "Kreiszyl" wird nur bei Eingabe von 1, 2 oder 3 ein Lösungsweg angeboten. Bei fehlerhaften Eingaben wird immer die letzte Möglichkeit ausgeführt (im vorliegenden Fall die Möglichkeit 3). Um auf Falscheingaben entsprechend reagieren zu können, wird der Fehlerfall als ELSE-Fall behandelt (s. Bild 2-10) und die Anweisung lautet CASE..OF..ELSE. Dieser Befehl führt die nach ELSE folgenden Anweisungen aus, wenn eine Eingabe nicht durch die unter CASE..OF stehenden Auswahlmöglichkeiten abgedeckt werden kann.

Das Programm "Kreiszy" verdeutlicht die Anwendung dieses Befehls. Bei falscher Eingabe, d.h. "Auswahl" ungleich 1,2 oder 3, wird das Programm nicht abgebrochen, sondern der Benutzer wird zur erneuten Eingabe aufgefordert.

2.2.2.1.5 Programm (KREISZYL.PAS)

```
USES
  Crt;

LABEL
        4,5;

VAR
        V,O,M,r,h  :  REAL;
                W  :  CHAR;
          Auswahl  :  BYTE;

CONST
        Pi = 3.1415926;

   BEGIN

   4:  CLRSCR;
       WRITELN ('Programm zu wahlweisen Berechnungen');
       WRITELN ('an senkrechten Kreiszylindern'); WRITELN;
```

```
5: WRITELN ('Es kann gewählt werden zwischen :');
   WRITELN;
   WRITELN ('   1. Berechnung des Volumens');
   WRITELN ('   2. Berechnung der Manteloberfläche');
   WRITELN ('   3. Berechnung der Gesamtoberfläche');
   WRITELN;
   WRITELN ('Um den Programmablauf zu starten,');
   WRITE   ('bitte die gewünschte Nummer eingeben : ');
   READLN (Auswahl);

   CASE  Auswahl  OF

      1: BEGIN

         WRITELN; WRITE ('Höhe des Zylinders in Meter : '); READLN (h);
         WRITE ('Radius des Zylinders in Meter: '); READLN (r);
         WRITELN; WRITELN ('Volumenberechnung');
         V := h*SQR(r)*Pi;
         WRITELN('Das Volumen beträgt : ',V:10:2,' Kubikmeter ');

         END;

      2: BEGIN

         WRITELN; WRITE ('Höhe des Zylinders in Meter : '); READLN (h);
         WRITE ('Radius des Zylinders in m    : '); READLN (r);
         WRITELN; WRITELN ('Mantelflächenberechnung');
         M := h*2*Pi*r;
         WRITELN ('Die Mantelfläche beträgt : ',M:10:2,' Quadratmeter ');

         END;

      3: BEGIN

         WRITELN; WRITE ('Höhe des Zylinders in Meter : '); READLN (h);
         WRITE ('Radius des Zylinders in Meter   : '); READLN (r);
         WRITELN; WRITELN ('Berechnung der Gesamtoberfläche');
         O := 2*Pi*r*(r+h);
         WRITELN ('Die Gesamtoberfläche beträgt : ',O:10:2,' m2');

         END

   ELSE

         WRITELN; WRITELN;
         WRITELN ('Falsche Eingabe! Bitte korrigieren!');
         WRITELN;
         GOTO 5;

   END;
```

```
        WRITELN;WRITELN;
        WRITE ('Soll noch eine Berechnung durchgeführt werden (j/n) ? ');
        READLN (W);

        IF W = 'j' THEN GOTO 4
        ELSE

END.
```

2.2.2.2 Wahlweise Berechnung von Wechselstromwiderständen

Um alle, die vielleicht gerade vom Frust geplagt werden, seelisch und moralisch wieder aufzurichten, soll gezeigt werden, daß mit den bisher erworbenen Kenntnissen bereits ein kompliziertes und umfangreiches Programm erstellt werden kann:

Die drei Bauelemente Widerstand, Spule und Kapazität seien in Reihe geschaltet. Wahlweise sollen der Scheinwiderstand und die Phasenverschiebung aus den einzelnen Wechselstromwiderständen ermittelt werden.

Bevor das eigentliche Programm erklärt wird, möchten wir an dieser Stelle noch einige Bemerkungen zum Umgang mit fehlerhaften Eingaben machen. Da der Programmierer immer damit rechnen muß, daß der spätere Benutzer bei den Eingaben Fehler macht, muß er sich gegen diese absichern, ohne den Programmablauf im wesentlichen zu stören oder den Anwender ins Chaos zu stürzen. Durch die im Vereinbarungsteil festgelegten Datentypen wird eine dieser Festlegung widersprechende Eingabe vom System abgewiesen (z. B. Eingabe eines Buchstabens, wenn eine Zahl festgelegt wurde). Gibt es trotzdem noch Möglichkeiten fehlerhafter Eingaben, so lassen sich diese am zweckmäßigsten mit der Anweisung IF..THEN..ELSE bearbeiten. Falls die Eingabe *nicht korrekt* ist, läßt man auf dem Bildschirm die Warnung *"Falsche Eingabe ! Bitte korrigieren !"* erscheinen und gibt im Programm eine Rücksprungadresse (LABEL) an, um den entsprechenden Eingabeteil noch einmal ablaufen zu lassen. Auf diese Weise wird verhindert, daß das Programm vorzeitig abgebrochen wird und damit mühsam gesammelte Daten, die schon zur Bearbeitung bereitliegen, unter Umständen verloren sind.

Jetzt wird das Programm WESTROWI besprochen, das beim ersten Hinsehen aufgrund seines Umfangs ganz schön beeindruckend wirkt, sich aber bei genauerer Betrachtung als Zusammensetzung bekannter Strukturen erweist.

2.2.2.2.1 Struktogramm

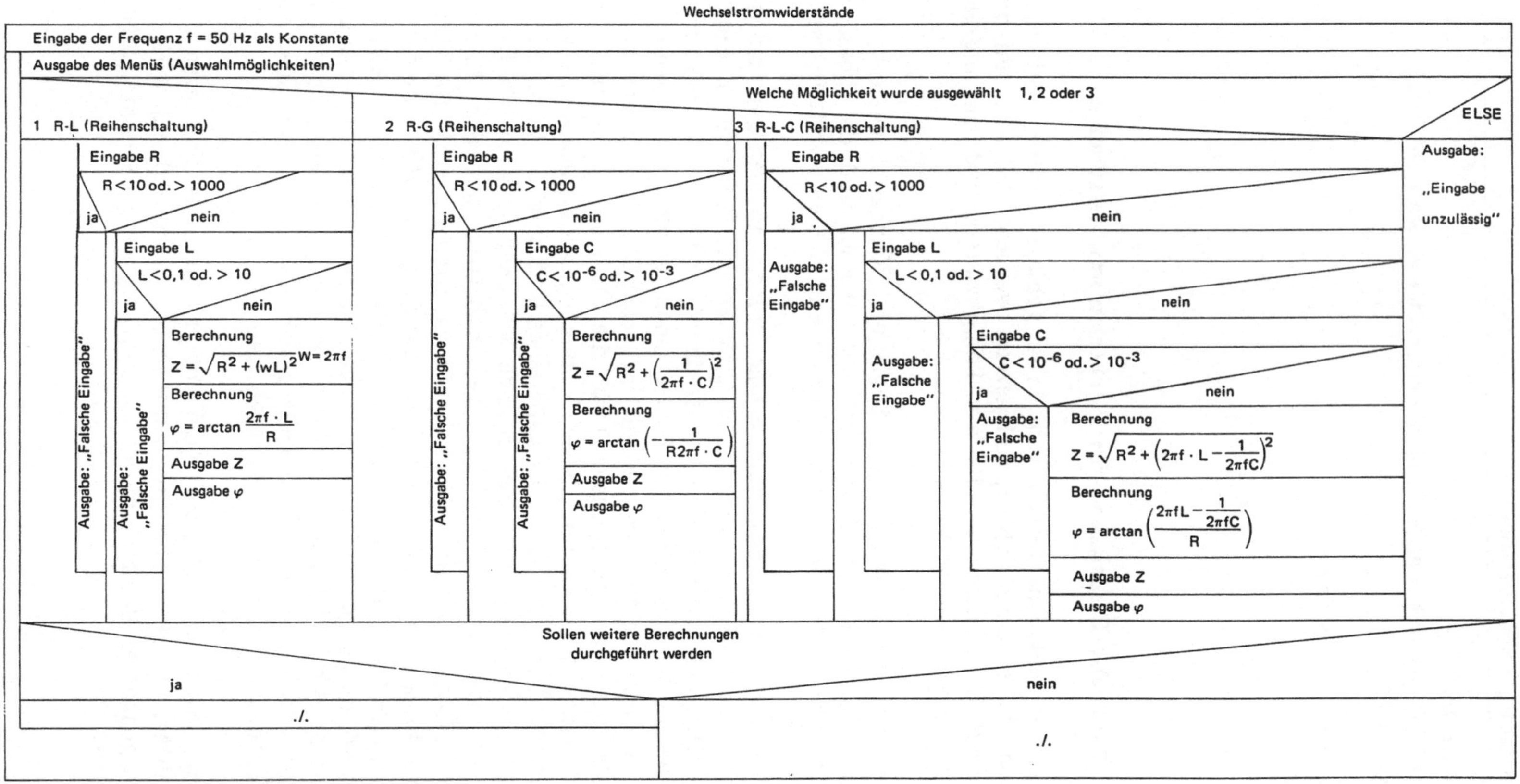

Beschreibung:

- Eingabe der Anzahl Berechnungen (N), der Widerstände (R), der Induktivitäten L und der Kapazitäten C.
- Verarbeitung der jeweiligen Formeln für den Scheinwiderstand und den Verlustwinkel.
- Ausgabe der entsprechenden Scheinwiderstände und der Verlustwinkel.

2.2.2.2.2 Programm (WESTROWI.PAS)

```
USES
  Crt;

LABEL
      4,5,6,7,8,Anfang,Start;

VAR
      L,C,R,W,z  :  REAL;
        Auswahl  :  BYTE;
            i,n  :  INTEGER;
              A  :  CHAR;

CONST
              f = 50;
             Pi = 3.1415926;

BEGIN

Start:

      CLRSCR;

Anfang:

      WRITELN;
      WRITELN ('Berechnung von reihengeschalteten Wechselstromwiderständen');
      WRITELN; WRITELN;
      WRITELN ('Es kann gewählt werden zwischen :'); WRITELN;
      WRITELN ('Reihenschaltung von  R  und L :    1 wählen');
      WRITELN ('Reihenschaltung von  R  und C :    2 wählen');
      WRITELN ('Reihenschaltung von R,C und L :    3 wählen');
      WRITELN; WRITE ('Auswahl : 1,2 oder 3 : '); READLN (Auswahl);
```

```
IF (Auswahl<>1) AND (Auswahl<>2) AND (Auswahl<>3) THEN

     BEGIN
          WRITELN; WRITELN ('Es dürfen nur Werte zwischen 1 und 3 eingegeben
                              werden!');
          GOTO Anfang;
     END
        ELSE

CLRSCR; WRITELN; WRITELN;
WRITELN ('                         ACHTUNG !!');
WRITELN; WRITELN ('Die einzugebenden Werte müssen sich innerhalb der
                  folgenden Grenzen bewegen :');
WRITELN; WRITELN ('          10 Ω  <=R <=    1000 Ω ');
         WRITELN ('         0.1 H  <= L <=     10 H ');
         WRITELN ('       10E-6 F  <= C <=  10E-3 F ');
         WRITELN; WRITELN ('Eingabe der Meßwerte : '); WRITELN;

4:      WRITE (' R = '); READ (R); WRITELN ('  ');

        IF (R>1000)  OR  (R<10)  THEN

             BEGIN
                  WRITELN ('Falsche Eingabe! Bitte korrigieren!');
                  GOTO 4;
             END
                ELSE

WRITELN;

CASE Auswahl OF

 1:
     5: BEGIN
            WRITE (' L = '); READ (L); WRITELN (' H');

            IF  (L>10)  OR   (L<0.1) THEN

             BEGIN
                  WRITELN ('Falsche Eingabe! Bitte korrigieren!');
                  GOTO 5;
             END
                ELSE
```

```
        BEGIN
         Z := SQRT ( SQR(R) + SQR(2*Pi*f*L) );
         W := ARCTAN ( (2*Pi*f*L) / R );
         WRITELN;
         WRITELN (' Scheinwiderstand    Z = ',Z:10:3,' Ohm');
         WRITELN (' Phasenverschiebung  W = ',W:10:3,'° ');
        END;
      END;

2:
    6: BEGIN
           WRITE (' C = '); READ (C); WRITELN (' F');

           IF (C>10E-3) OR (C<10E-6) THEN

            BEGIN
                 WRITELN ('Falsche Eingabe! Bitte korrigieren!');
                 GOTO 6;
            END
               ELSE

    BEGIN
         Z := SQRT ( SQR(R) + SQR(0.5*Pi*f*C) );
         W := ARCTAN ( -1/R*2*Pi*f*C );
         WRITELN;
         WRITELN (' Scheinwiderstand    Z = ',Z:10:3,' Ohm');
         WRITELN (' Phasenverschiebung  W = ',W:10:3,'° ');
    END;
    END;

3:
    7: BEGIN
           WRITE (' C = '); READLN (C);

           IF (C>10E-3) OR (C<10E-6) THEN

            BEGIN
                 WRITELN ('Falsche Eingabe! Bitte korrigieren!');
                 GOTO 7;
            END
               ELSE
```

```
        8: BEGIN
              WRITELN;
              WRITE (' L = '); READLN (L);

              IF  (L<0.1)  OR  (L>10)  THEN

               BEGIN
                   WRITELN ('Falsche Eingabe! Bitte korrigieren!');
                   GOTO 8;
               END
                 ELSE

        BEGIN
            Z := SQRT ( SQR(R) + SQR(2*Pi*f*L) - (0.5*Pi*f*C) );
            W := ARCTAN ( (2*Pi*f*L) - (0.5*Pi*f*C)/R );
            WRITELN;
            WRITELN (' Scheinwiderstand     Z = ',Z:10:3,' Ohm');
            WRITELN (' Phasenverschiebung  W = ',W:10:3,'° ');
        END;
        END;
        END;
        END;

      WRITELN;
      WRITE ('Sollen noch weitere Berechnungen durchgeführt werden (j/n) ?');
      READLN (A);

      IF A = 'j' THEN GOTO Start;
      WRITELN; WRITELN ('Programmende');

END.
```

2.2.2.3. Übungsaufgabe: KUGEL.PAS

Wer sich jetzt einmal selbst an der CASE..OF-Anweisung versuchen möchte, der sollte einfach zu irgendeiner Formelsammlung greifen, mehrere Formeln heraussuchen und diese in einem Programm seiner Wahl verarbeiten. Um in der Geometrie zu bleiben, sei hier als Beispiel die wahlweise Berechnung der Volumina von senkrechtem Kreiszylinder, Kugel und Kreiskegel aufgeführt. (Lösung im Anhang A 5.3).

2.3 Wiederholung (Iterationen)

Wiederholungsstrukturen dienen allgemein der mehrmaligen Ausführung von Anweisungen. Dabei kann der Programmierer selbst bestimmen, wann eine Schleife beendet werden soll. Dies geschieht entweder durch Eingabe der Anzahl der gewünschten Wiederholungen oder durch die Festlegung von Bedingungen, die zum Abbruch der Schleife führen. Jede dieser Möglichkeiten ist durch bestimmte Befehlskombinationen realisiert, die im folgenden erläutert werden.

2.3.1 Zählschleifen (FOR..TO (DOWNTO)..DO)

Mit Zählschleifen kann direkt bestimmt werden, wie oft die in der Schleife aufgeführten Befehle abzuarbeiten sind. Bild 2-12 zeigt das Syntaxdiagramm der Zählschleife.

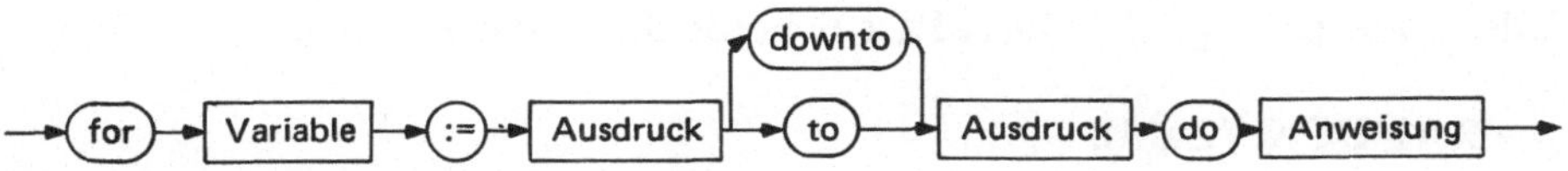

Bild 2-12 Syntaxdiagramm der Zählschleife

Im folgenden wird ein Beispiel gezeigt:

```
FOR Z:=1 TO 20 DO
```

"Z" bezeichnet man als Laufvariable oder als *Zähler*; der *Anfangswert* für Z ist in diesem Fall *1*, der *Endwert 20*. Die Schleife wird also (beginnend bei 1) 20 mal durchlaufen. Die *Schrittweite* beträgt bei der Zählschleife immer *eins*, d.h., der Wert des Zählers wird bei jedem Durchlauf um "1" erhöht.

Oft möchte man auch die jeweiligen Werte des Zählers selbst zu Berechnungen heranziehen. In diesem Fall muß man entscheiden, ob die Berechnung mit dem *niedrigsten* oder dem *höchsten* Wert beginnen sollen. Soll mit dem *höchsten* Wert begonnen werden, ist eine *abwärts zählende Schleife* von Vorteil. Der Wert der Laufvariablen wird dabei um jeweils "1" erniedrigt. Eine abwärts zählende Schleife lautet beispielsweise:

```
FOR Z:=20 DOWNTO 1 DO
```

Die Anfangs- und Endwerte müssen selbstverständlich keine Zahlen sein. In vielen Fällen empfiehlt sich der Einsatz von Variablen, um die Schleife den entsprechenden Bedürfnissen anzupassen.

Die Schrittweite kann in QuickPascal nicht wie in BASIC beliebig gewählt werden, sie ist auf bei aufwärtszählenden Schleifen auf +1, bei abwärts zählenden Schleifen auf -1. Zu beachten ist weiterhin, daß die Anfangs- und Endwerte einer Zählschleife nur *einmal* vor dem Eintritt in die Schleife ausgewertet werden; eventuelle Änderungen bleiben dann unberücksichtigt.

2.3.1.1 Simulation eines Würfelspiels

Um die Wirkungsweise dieses Schleifentyps zu zeigen, wird ein Würfelspiel simuliert. In ihm wird gezeigt, daß bei einem völlig symmetrischen Würfel jede der möglichen Zahlen 1 bis 6 gleich häufig vorkommt. Strenggenommen müßte dazu unendlich oft gewürfelt werden. Dies ist zwar nicht möglich, doch die Tendenz zur Gleichverteilung der Würfelaugen ist erkennbar.

Würfeln bedeutet, daß eine der Zahlen 1 bis 6 zufällig erzeugt werden. In einem Computerprogramm wird dazu ein Befehl benötigt, der solche Zufallszahlen erzeugt. In QuickPascal heißt diese Anweisung:

```
RANDOM (Zahl);
```

Es wird eine Zufallszahl zwischen 0 und **Zahl** (ausschließlich) als ganze Zahl erzeugt (Zahl muß vom Datentyp INTEGER sein!). Wenn beim Würfelspiel Zufallszahlen von 1 bis 6 generiert werden sollen, dann lautet der Befehl:

```
RANDOM (6) + 1;
```

2.3.1.1.1 Struktogramm

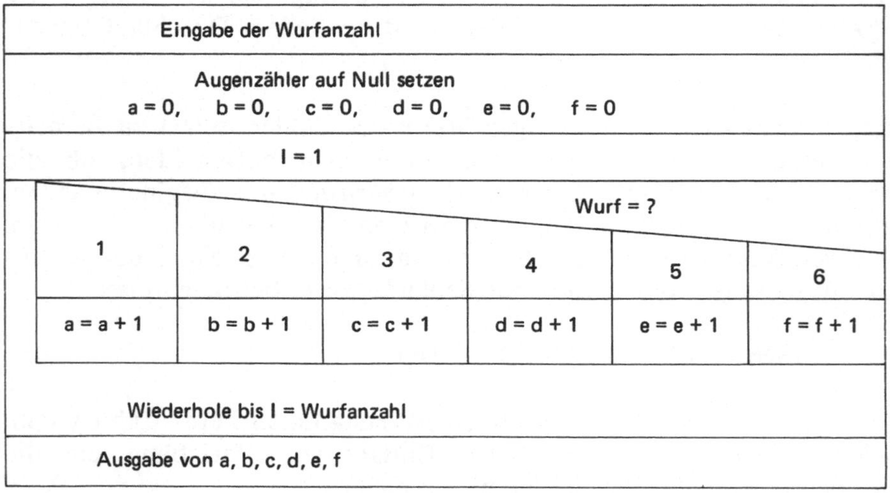

2.3.1.1.2 Programm (WUERFEL.PAS)

```
USES
  Crt;

VAR

   a,b,c,d,e,f,i,Wurfanzahl,Wurf  :  INTEGER;

BEGIN

     CLRSCR;
     WRITELN; WRITELN;
     WRITELN (' Simulationsprogramm eines Würfelspiels');
     WRITELN;
     WRITE (' Bitte eingeben, wie oft gewürfelt werden soll: ');
     READ (Wurfanzahl); WRITELN (' mal');

     a:=0;b:=0;c:=0;d:=0;e:=0;f:=0;

     FOR i := 1 TO Wurfanzahl DO

        BEGIN

           Wurf := RANDOM (6) +1;

           CASE Wurf OF

                       1: a := a+1;
                       2: b := b+1;
                       3: c := c+1;
                       4: d := d+1;
                       5: e := e+1;
                       6: f := f+1;
           END;

        END;

     WRITELN (' Ausgabe des Ergebnisses:'); WRITELN;
     WRITELN (' Die Verteilung der Augenzahl ergibt sich zu:');
     WRITELN;
     WRITELN (' Die Zahl 1 wurde ',a,' mal gewürfelt'); WRITELN;
     WRITELN (' Die Zahl 2 wurde ',b,' mal gewürfelt'); WRITELN;
     WRITELN (' Die 3, 4, 5 und die 6 je ',c,', ',d,', ',e,' bzw. ',f,' mal');

END.
```

2.3.1.2 Einlesen eines ARRAYs

In Abschnitt 1.2 wurde der Datentyp ARRAY bereits erwähnt und darauf hingewiesen, daß ein ARRAY ein Feld (engl. array) darstellt, in dem sich mehrere Datenelemente *desselben* Datentyps befinden (s. Bild 1-1). Die einzelnen Daten werden über den entsprechenden Index (Position des Datenelements) angesprochen. Anschaulich gesprochen ist ein ARRAY ein Schrank mit einer entsprechenden Anzahl von Schubladen, in denen sich Daten desselben Datentyps befinden. Bild 2-13 zeigt das Syntaxdiagramm des Datentyps ARRAY.

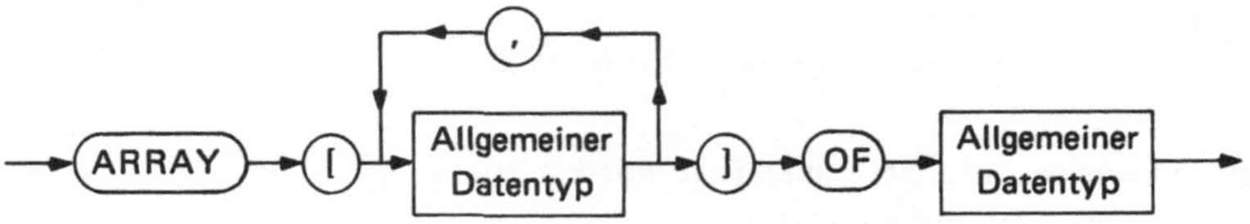

Bild2-13 Syntaxdiagramm des Datentyps ARRAY

Eine häufig verwendete Darstellung einer Variablen als ARRAY lautet:

```
VAR
  Name: ARRAY[Konstante1 .. Konstante2] OF Datentyp;
```

Die Konstante1 ist dabei die untere Indexgrenze und die Konstante2 die obere Indexgrenze.

Für die Indizes ist folgendes zu beachten:

a) Variable oder Ausdrücke sind als Indizes nicht zulässig.

b) Die untere Indexgrenze muß immer kleiner als die obere sein.

Die Art der Daten (z. B. REAL, INTEGER, BYTE, CHAR) wird als Datentyp festgelegt.

Ein ARRAY wird bei der zugehörigen Variablen, wie oben bereits gezeigt wird, im Vereinbarungsteil unter VAR festgelegt. So bedeutet beispielsweise:

```
A: ARRAY [1..20] OF INTEGER;
```

daß für die Variable A ein Feld mit 20 Datenelementen vom Typ INTEGER reserviert wird.

ARRAYS können auch, wie Bild 1-1 zeigt, zwei- oder dreidimensional aufgebaut sein. Bildlich gesprochen vereinbart man als zweidimensionales ARRAY ein Schachbrett oder im dreidimensionalen Fall einen Würfel mit einzelnen Bereichen, von denen jeder über eine entsprechende Indexfolge ansprechbar ist. Beispielsweise legt die Vereinbarung:

B: ARRAY [1..20,1..15] OF STRING

einen zweidimensionalen ARRAY vom Typ STRING fest, bei dem insgesamt 20*15 = 300 einzelne Felder für Zeichenketten zur Verfügung gestellt werden.

Ein wichtiges Anwendungsfeld für ARRAYs sind die Daten, die über Zählschleifen in den Rechner eingelesen oder aus dem Rechner ausgegeben werden.

2.3.1.2.1 Einlesen eines eindimensionalen ARRAYs

Mit dem altgedienten Programm, das uns die Berechnug der Ortskoordinaten des schiefen Wurfes ermöglichte (s. Abschn. 2.1.2), soll für verschiedene, einzugebende Flugzeiten die erreichte Weite bestimmt werden. Die eingeführte Neuerung besteht darin, daß zur Ermittlung von mehreren Ergebnissen kein neuer Start des Programms nötig ist; alle Rechenoperationen werden sofort nacheinander ausgeführt und in die einzelnen Datenfelder gespeichert. Größere Datenmengen können also nach der Eingabe schnell in einem Arbeitsgang abgefertigt werden.

2.3.1.2.1.1 Struktogramm

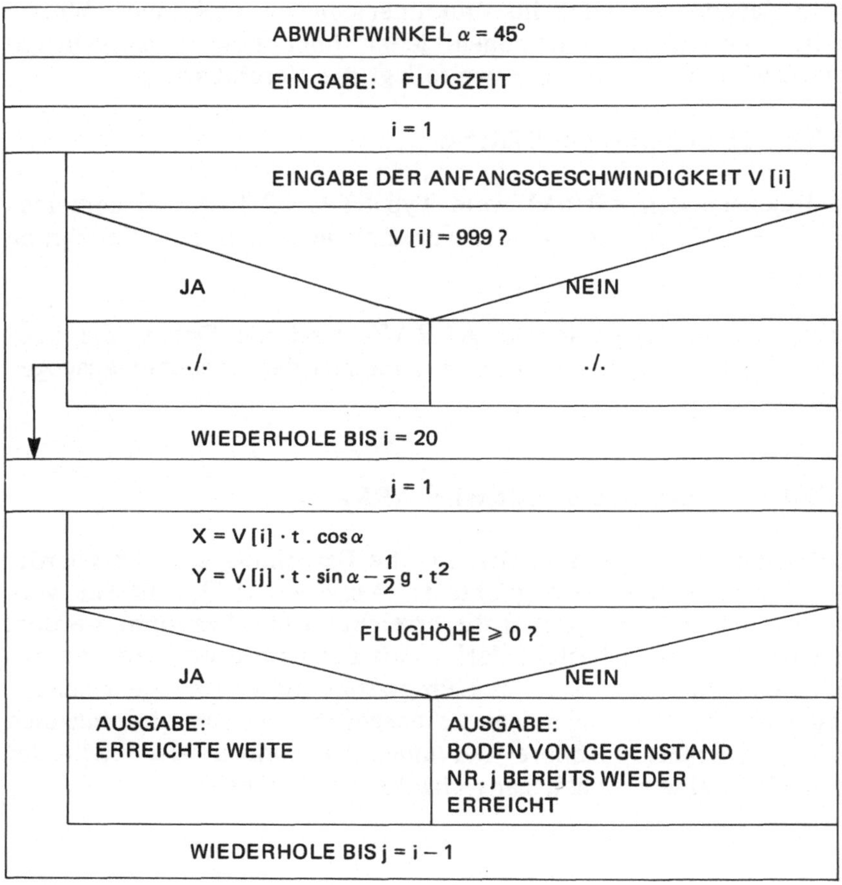

2.3.1.2.1.2 Programm (WURF3.PAS)

```
USES
  Crt;

LABEL   1;

VAR
        X,Y,t,a  :  REAL;
              v  :  ARRAY [1..20] OF REAL;
            i,j  :  BYTE;

CONST
            g = 9.81;

BEGIN
      CLRSCR;
      WRITELN;WRITELN;
      WRITELN ('Bestimmung der Ortskoordinaten eines Gegenstandes beim schiefen
               Wurf');
      WRITELN;
      WRITELN ('  vorgegebener Abwurfwinkel α = 45°');
      WRITELN;WRITELN;
      WRITELN ('Es folgt der Eingabeteil. ');
      WRITELN ('Abbruch nach 20 Werten oder bei Eingabe von 999');
      WRITELN;

      WRITE ('Eingabe der Flugzeit  in s                  : ');
      READLN (t);
      WRITELN;

      a:=45/360*2*3.1415926;

      FOR i:=1 TO 20 DO

                BEGIN

                     WRITE ('Eingabe der Anfangsgeschwindigkeit in m/s : ');
                     READLN (v[i]);
                     IF v[i]=999 THEN GOTO 1;

                END;
```

```
1:  FOR j:=1 TO i-1 DO

                    BEGIN

                         X := v[j]*t*cos(a);
                         Y := v[j]*t*sin(a) - SQR(t)*g*0.5;

                         IF Y>=0 THEN
                                 BEGIN
                                     WRITELN; WRITELN ('Gegenstand Nr.',j,' :');
                                     WRITELN ('  die erreichte Weite beträgt :
                                              ',X:10:3,' m');
                                     WRITELN;
                                 END

                             ELSE

                                 BEGIN
                                     WRITELN;
                                     WRITELN ('Der Gegenstand Nr.',j,' hat
                                              bereits wieder den Boden erreicht
                                              !');
                                 END;

                    END;

END.
```

2.3.1.2.2 Einlesen eines zweidimensionalen ARRAYs

Das Programm (WURF4.PAS) zum Einlesen eines zweidimensionalen ARRAYs lautet:

```
USES
  Crt;

LABEL   1,2,3;

VAR
        X,Y,t,a  :  REAL;
              v  :  ARRAY [1..10,1..3] OF REAL;
     i,j,k,n,s,c :  BYTE;

CONST
            g = 9.81;
```

```
BEGIN
      CLRSCR;
      WRITELN; WRITELN;
      WRITELN ('  Bestimmung der Ortskoordinaten eines Gegenstandes beim schiefen
               Wurf');
      WRITELN; WRITELN; WRITELN;
      WRITELN (' vorgegebener Abwurfwinkel α = 45°');
      WRITELN; WRITELN;
      WRITELN (' Es folgt der Eingabeteil. ');
      WRITELN (' Abbruch nach 30 Werten oder bei Eingabe von 999');
      WRITELN; WRITELN;

      WRITE (' Eingabe der Flugzeit in s : ');
      READLN (t);
      WRITELN; WRITELN;

      a:=45/360*2*3.1415926; k:=0;
      n:=0; s:=0; c:=0;

      FOR i:=1 TO 10 DO

             BEGIN

      FOR j:=1 TO  3 DO

                      BEGIN
                          WRITE (' Eingabe der Anfangsgeschwindigkeit in m/s : ');
                          READLN (v[i,j]);
                          IF v[i,j]=999 THEN GOTO 1;
                          n:=n+1;
                      END;

             END;

   1: WRITELN;

      IF n=0 THEN GOTO 3;

      IF n<3 THEN s:=n
                  ELSE s:=3;

      FOR k:=1 TO i DO
                  BEGIN
                            GOTO 2;
```

```
2: FOR j:=1 TO s DO

                  BEGIN

                     X := v[k,j]*t*cos(a);
                     Y := v[k,j]*t*sin(a) - SQR(t)*g*0.5;
                     c := c+1;

                     IF Y>=0 THEN

                    BEGIN
                     WRITELN; WRITELN (' Gegenstand Nr.',c);
                     WRITELN (' die erreichte Weite beträgt : ',X:10:3,'
                          m');
                    END
                          ELSE

                    BEGIN
                     WRITELN;
                     WRITELN (' Der Gegenstand Nr.',c,' hat bereits wieder
                          den Boden erreicht !');
                    END;

                  END;

                  IF k=i-1 THEN s:=n-3*(i-1);

             END;

3: END.
```

2.3.2 Abweisende Schleife (WHILE..DO)

Die "WHILE..DO"-Schleife wird *abweisende* Schleife genannt, weil sie *vor Ausführung* eines Programmteils eine sogenannte *Ausführungsbedingung* abfragt:

"Während die Ausführungsbedingung erfüllt ist, mache..".

Ist die Ausführungsbestimmung nicht erfüllt, dann werden die gesamten Anweisungen in der Schleife übersprungen, ohne eine einzige Operation auszuführen: Das Programm weist die Ausführung dieses Programmteils ab. Bild 2-14 zeigt das entsprechende Syntaxdiagramm.

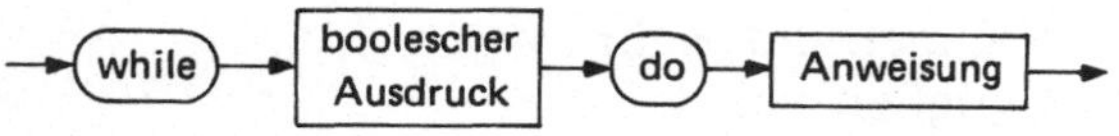

Bild 2-14 Syntaxdiagramm der WHILE..DO-Schleife

Die Ausführungsbedingung muß auf jeden Fall nachprüfbar sein, beispielsweise müssen alle Variablen bei der Überprüfung der Ausführungsbedingung bekannt sein und einen Wert besitzen. Werden Teile der Ausführungsbedingung erst im Programmteil der Schleife selbst errechnet, dann müssen Hilfswerte so gesetzt werden, daß der erste Schleifendurchlauf ermöglicht wird.

Da die WHILE..DO-Schleife nur eine *kontrollierte* Verarbeitung zuläßt, ist sie prinzipiell der im nächsten Abschnitt zu beschreibenden REPEAT..UNTIL-Schleife vorzuziehen.

2.3.2.1 Strömungswiderstand einer laminaren Strömung in glatten Rohren (Reynolds-Zahl)

In unserem Beispiel soll der Strömungswiderstand (Fw) ermittelt werden. Als Strömungswiderstand bezeichnet man die Kraft, die ein umspülendes Medium auf einen Gegenstand ausübt. Die Kraft setzt sich dabei aus der Reibungskraft und der Druckkraft zusammen. Bei kleinen Strömungsgeschwindigkeiten ist jede reale Strömung laminar. Ab einem kritischen Grenzwert jedoch, der sogenannten Reynoldsschen Zahl (Re), ist die Strömung turbulent, d.h. der Strömungswiderstand nimmt erheblich zu.

Zu überprüfen ist nun, ab welcher Geschwindigkeit (v) eine bewegte Kugel in Glyzerin den für glatte Rohre geltenden Grenzwert der kritischen Reynoldszahl von Re=1160 erreicht.

Ausgegeben werden sollen die Geschwindigkeiten der Kugel und die entsprechenden Strömungswiderstände für den laminaren Bereich (solange die Reynoldszahl kleiner als 1160 ist).

Folgende Größen sind bekannt und konstant:

Kugelradius r=0,1m
größter Kugelquerschnitt A=0.2*Pi m^2
Widerstandsbeiwert der Kugel c=0,2 (dimensionslos)
Dichte von Glyzerin (20°C) ro=1261 kg/m^3
kinematische Viskosität von Glyzerin (20°C) n=1170E-6 m^2/s
Maximum für Re=1160 (dimensionslos)

Zu berechnen sind folgende Größen:

Relativgeschwindigkeit zwischen Kugel und Rohr v
Reynoldssche Zahl (Re) in Abhängigkeit von v

Dazu werden folgende Formeln verwendet:

Fw = c*A*0.5*ro*SQR(V)
Re = r*V/n

2.3.2.1.1 Struktogramm

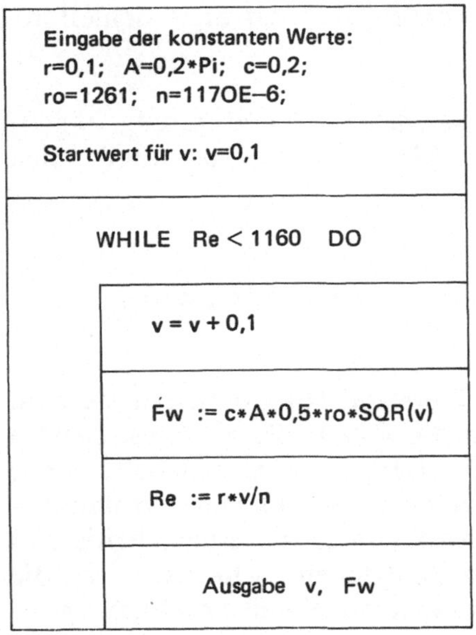
Eingabe der konstanten Werte:
r=0,1; A=0,2*Pi; c=0,2;
ro=1261; n=117OE–6;
Startwert für v: v=0,1
WHILE Re < 1160 DO
v = v + 0,1
Fw := c*A*0,5*ro*SQR(v)
Re := r*v/n
Ausgabe v, Fw

2.3.2.1.2 Programm (STROEMEN.PAS)

```
USES
  Crt;

CONST
        pi = 3.1415926;
         r = 0.1;
        cw = 0.2;          (* Widerstandsbeiwert *)
        ro = 1261;         (* Dichte von Glyzerin *)
         k = 1170E-6;      (* kinematische Viskosität *)

VAR
         Re,v,Fw  :  REAL;

         (* Re: Reynoldszahl, v: Relativgeschwindigkeit der Kugel *)
         (* Fw: Strömungswiderstand *)
```

```
BEGIN

    CLRSCR;
    Re := 0; v := 0;

    WHILE  Re < 1160  DO

       BEGIN
         v  := v + 0.1;
         Fw := cw*pi*SQR(r)*0.5*ro*SQR(v);
         Re := (r*v)/k;
         WRITELN ('Geschwindigkeit der Kugel: ',v:10:1,' m/s');
         WRITELN ('Strömungswiderstand       : ',Fw:10:3,' N');
       END;

END.
```

2.3.3 Nicht abweisende Schleife (REPEAT..UNTIL)

Die "REPEAT..UNTIL"-Schleife prüft vor dem Schleifenbeginn keine Ausführungsbedingung, die zu einer Abweisung des Programmteils führen kann. Sie ist deshalb eine *nicht-abweisende* Schleife. Bei ihr werden also zunächst die in der Schleife enthaltenen Ausführungen durchgeführt und dann erst die Bedingung zum Wiederholen oder zur Beendigung der Schleife abgefragt. Es kann bei der nicht abweisenden Schleife also vorkommen, daß Berechnungen vorgenommen wurden, die gar nicht erwünscht sind. Das Programm hat nämlich zuerst gerechnet und dann festgestellt, daß die Bedingungen zum Beenden der Schleife erfüllt waren. In einem solchen Fall können Variable unbrauchbare Werte aufweisen, mit denen unter Umständen weitergerechnet wird. Bild 2-15 zeigt das zugehörige Syntaxdiagramm:

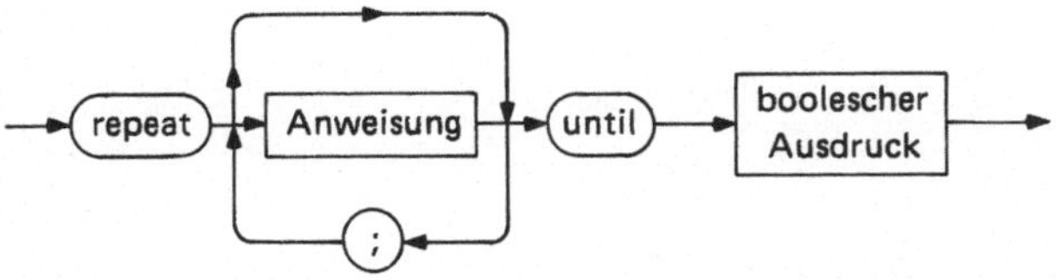

Bild 2-15 Syntaxdiagramm der REPEAT..UNTIL-Schleife

Wie daraus ersichtlich ist, muß man sich über diesen Sachverhalt genau im klaren sein, um nicht beispielsweise bei einer Auswertung großer Datenmengen völlig falsche Ergebnisse zu erhalten. Aus diesem Grund ist man generell mit der "WHILE..DO"-Schleife am besten beraten, einfach aus Sicherheitsgründen.

Da aber auch die Anwendung einer "REPEAT..UNTIL"-Schleife einmal möglich oder nötig sein kann (wenn z. B. vor der Schleife keine Bedingung geprüft werden kann, weil diese erst in der Schleife berechnet wird), wird hier als Beispiel das bereits aus Abschnitt 2.3.2. bekannte Programm "STROEMEN.PAS" nicht mit einer "WHILE..DO"-Schleife, sondern mit einer Schleife vom "REPEAT..UNTIL"-Typ programmiert.

2.3.3.1 Strömungsprogramm mit der REPEAT .. UNTIL-Schleife

2.3.3.1.1 Struktogramm

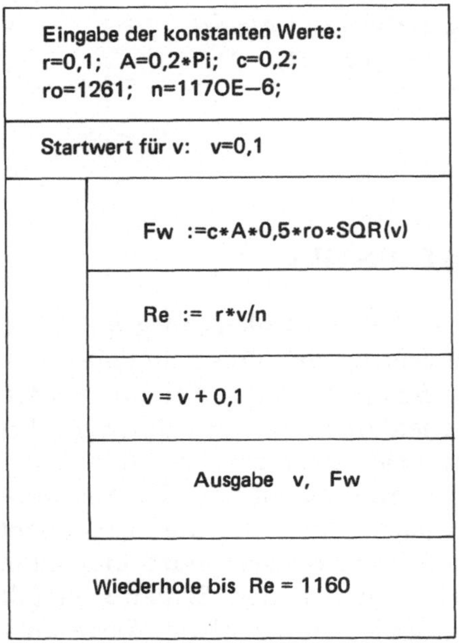
Eingabe der konstanten Werte:
r=0,1; A=0,2*Pi; c=0,2;
ro=1261; n=117OE–6;
Startwert für v: v=0,1
Fw :=c*A*0,5*ro*SQR(v)
Re := r*v/n
v = v + 0,1
Ausgabe v, Fw
Wiederhole bis Re = 1160

2.3.3.1.2 Programm (STROM2.PAS)

```
USES
  Crt;

    CONST
           pi = 3.1415926;
            r = 0.1;
           cw = 0.2;          (* Widerstandsbeiwert *)
           ro = 1261;         (* Dichte von Glyzerin *)
            k = 1170E-6;      (* kinematische Viskosität *)

    VAR
             Re,v,Fw  :  REAL;

             (* Re: Reynoldszahl, v: Relativgeschwindigkeit der Kugel *)
             (* Fw: Strömungswiderstand *)
```

```
BEGIN

      CLRSCR;
      Re := 0; v := 0;

      REPEAT

            v  := v + 0.1;
            Fw := cw*pi*SQR(r)*0.5*ro*SQR(v);
            Re := (r*v)/k;
            WRITELN ('Geschwindigkeit der Kugel: ',v:10:1,' m/s');
            WRITELN ('Strömungswiderstand       : ',Fw:10:3,' N');
      UNTIL Re = 1160;

END.
```

2.3.4 Geschachtelte Schleifen

Um das Programmiervergnügen noch zu steigern, sei an dieser Stelle erwähnt, daß man selbstverständlich auch alle Schleifenarten munter ineinander schachteln kann, d.h. in einer Schleife steht eine andere, in dieser dann wieder eine usw. Dieses Schachteln von Schleifen ist eine vielgebrauchte Möglichkeit, um bestimmte Probleme elegant zu lösen. Eine Hauptanwendung der geschachtelten Schleifen liegt zweifellos im Einlesen von zwei- oder mehrdimensionalen ARRAYs durch Zählschleifen und in der Möglichkeit, diese zu verarbeiten, etwa in Form von Matrizen oder zweidimensionalen Tabellen, die aus Zeilen und Spalten bestehen. Da bereits in Abschnitt 2.3.1.2 der prinzipielle Aufbau von ein- und mehrdimensionalen ARRAYs erklärt wurde, werden hier die Anwendung von ein- und zweidimensionalen ARRAYs bei Berechnungen vorgestellt.

2.3.4.1 Durchflußvolumen nach Hagen-Poiseuille

Mit dem Hagen-Poiseullischen Gesetz kann das Durchflußvolumen einer Flüssigkeit durch Rohre mit verschiedenen Radien errechnet werden. Dabei wird automatisch für Druckdifferenzen (Δp) von 1 bis 1000 mbar zwischen den Rohrenden und für Rohrinnenradien (r) von 5 bis 100 mm das Volumen der Flüssigkeit errechnet, das in der Zeit t durch das Rohr strömt.

Eingegeben wird lediglich die Viskosität der Flüssigkeit (e), die Durchflußdauer (t) und die Länge des Rohres (l). Die Berechnung des Durchflußvolumens geschieht nach folgender Formel:

$$V = Pi*\Delta p*t*r^4 \ / \ (8*e*l).$$

Die Ausgabe erfolgt dann selbstständig, wobei die Druckdifferenz in 10er-Schritten, die Radien in 5er-Schritten erhöht und zur Berechnung herangezogen werden.

2.3.4.1.1 Struktogramm

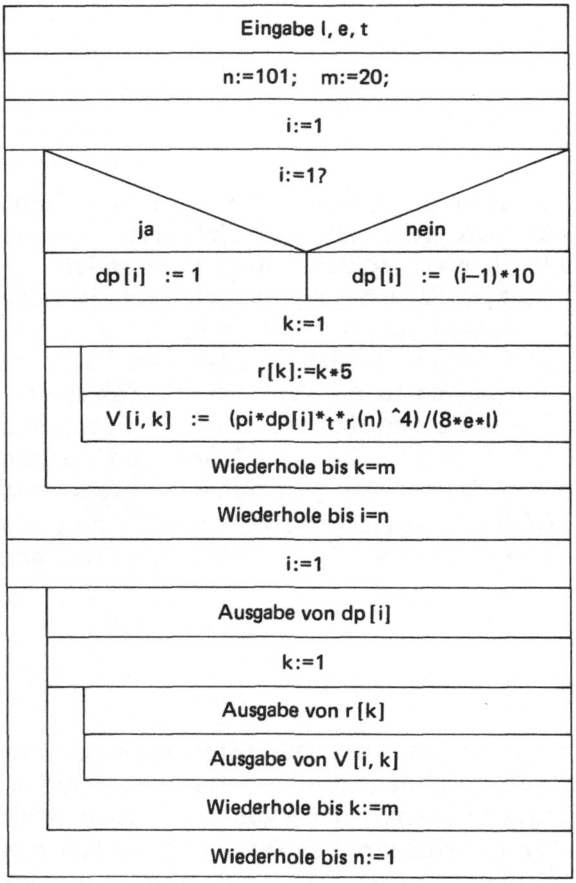

2.3.4.1.2 Programm (HAGEN.PAS)

```
USES
  Crt;

VAR
        l,t,e : REAL;
            r : ARRAY [1..20] OF BYTE;
            V : ARRAY [1..11,1..20] OF REAL;
      n,m,i,k : BYTE;
           dp : ARRAY [1..11] OF INTEGER;

BEGIN

    CLRSCR;
    WRITELN ('Berechnung des in der Zeit t durch ein');
    WRITELN; WRITELN ('Rohr fließenden Flüssigkeitsvolumens');
    WRITELN; WRITELN ('nach dem Gesetz von Hagen-Poiseuille');
    WRITELN;WRITELN;
    WRITE ('Eingabe der Rohrlänge : '); READLN (l);
    WRITELN;
    WRITE ('Eingabe der Durchflußzeit : '); READLN (t);
    WRITELN;
    WRITE ('Eingabe der Viskosität der Flüssigkeit : '); READLN (e);

    n := 11; m := 20;

      FOR i:= 1 TO n DO

        BEGIN
          IF  i=1 THEN
                dp[i] := 1
                ELSE
                dp[i] := (i-1)*100;

          FOR k:= 1 TO m DO

            BEGIN
              r[k] := k*5;
              V[i,k] := (pi*dp[i]*t*SQR(r[k])*SQR(r[k]))/(8*e*l);
            END;

        END;
```

```
    FOR i:=1 TO n DO

    BEGIN
      WRITELN;
      WRITE ('Druckdifferenz zwischnen den Rohrenden : ',dp[i]);

      FOR k:=1 TO m DO

        BEGIN
         WRITE ('Rohrinnenradius : ',r[k]);
         WRITELN;
         WRITE ('Durchflußvolumen in der Zeit t : ',V[i,k]:10:2);
        END;

    END;

END.
```

2.3.4.2 Sortierverfahren nach dem Bubble-Sort-Algorithmus

Sortieren ist eine der Grundaufgaben der Datenverarbeitung, für die es eine Reihe von Verfahren gibt. Ohne die einzelnen Algorithmen in ihrer Leistungsfähigkeit vergleichen zu wollen, werden zwei der bekanntesten Sortierverfahren vorgestellt, das *Bubble-Sort-Verfahren* und das *Shell-Sort-Verfahren* (als Übungsaufgabe im Anhang).

Der Bubble-Sort-Algorithmus stellt sicher, daß immer auf der am weitesten links stehenden Position (angezeigt durch den Index I) die kleinste Zahl steht. Durch Vergleich der Nachbarzahlen (angezeigt durch den Index K) und durch eventuelles Vertauschen wird dies erreicht. Der Positionszeiger I rückt von 1 aus immer weiter vor (bis zur vorletzten Zahl I=N-1) und zeigt an, ab welcher Position noch zu sortieren ist (bis zur vorherigen Position ist bereits alles sortiert; ist beispielsweise I=4, dann sind die ersten 3 Positionen bereits sortiert und der aktuelle Sortiervorgang läuft ab Position 4).

2.3.4.2.1 Struktogramm

Wie das Struktogramm zeigt, steuert die innere Schleife (Index K) die Zahlenvergleiche und veranlaßt die Tauschoperation, während die äußere Schleife (Index I) die Anzahl der zu vergleichenden Zahlen steuert.

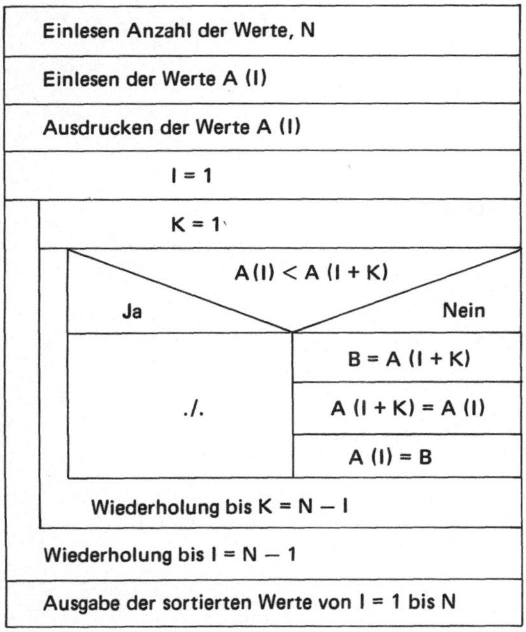

2.3.4.2.2 Programm (BUBBLE.PAS)

```
USES
  Crt;

VAR

  N,I,K,B : INTEGER;
        A : ARRAY [1..20] OF INTEGER;

BEGIN

     CLRSCR; WRITELN; WRITELN;
     WRITE ('Anzahl der zu sortierenden Zahlen :  '); READLN (N);
     WRITELN;WRITELN;

     FOR I:=1 TO N DO

                         BEGIN
                              WRITE (' Bitte Zahl Nr.',I,' eingeben :  ');
                              READLN (A[I]);
                         END;
```

```
    FOR I:=1 TO N-1 DO
       BEGIN

          FOR K:=1 TO N-I DO
                BEGIN

                           IF A[I]>A[I+K] THEN

                       BEGIN
                           B:=A[I+K];
                           A[I+K]:=A[I];
                           A[I]:=B;
                       END;

                END;

       END;

    WRITELN;WRITELN;
    WRITELN ('Reihenfolge der Zahlen :'); WRITELN;

    FOR I:=1 TO N DO
                    WRITELN (' A(',I,')=',A[I]);

END.
```

2.3.4.3 Übungsaufgabe: Sortierverfahren nach dem Shell-Sort-Algorithmus (SHELL.PAS)

Dieses Sortierverfahren wurde von D. L. Shell vorgeschlagen und fängt mit einer Grobsortierung an, die immer weiter verfeinert wird. Dazu wird die gesamte Zahlenmenge halbiert und eine Distanz D ausgerechnet (ganzzahliger Wert von D = N/2), über die jeweils zwei Elemente der beiden Felder miteinander verglichen und eventuell vertauscht werden. Die Felder werden solange halbiert und die jeweiligen Elemente verglichen und bei Bedarf getauscht, bis nur noch zwei benachbarte Elemente verglichen werden müssen. Dieses Verfahren ist bei sehr großen Datenmengen, die teilweise vorsortiert sind (da in Abständen Sortierläufe stattgefunden haben), äußerst effizient. Das zugehörige Struktogramnm und das Programm in QuickPascal befindet sich im Anhang A 5.4.

3 Unterprogrammtechnik

Ein Programmierer sollte immer darauf achten, daß er seine Probleme durch möglichst übersichtliche, möglicherweise mit einem Kommentar versehene Programme löst. Sind die Probleme sehr umfangreich, so ist es sinnvoll, diese Probleme in eine Vielzahl kleinere, voneinander möglichst unabhängige Teilprobleme zu zerlegen. Die Programme, die diese Teilprobleme lösen, sind die einzelnen *Moduln*, aus denen das Programm zusammengesetzt wird. Die Technik, mit der diese Moduln programmiert werden, wird *Unterprogrammtechnik* genannt. Der Vorteil liegt auf der Hand: Neben der Übersichtlichkeit und klaren Strukturierung umfangreicher Probleme kann jeder Modul (jedes Unterprogramm) von einer anderen Person programmiert und auf seine Richtigkeit überprüft werden. Durch diese Arbeitsteilung können komplexe Programme wirtschaftlich und in vertretbarer Zeit erstellt werden.

In QuickPascal ist jedes Unterprogramm eine selbstständige Einheit und wird als *Prozedur* oder *Funktion* vereinbart.

3.1 Unterprogramme (Prozeduren)

An dieser Stelle sollen die Unterprogramme, die als Prozeduren geschrieben werden, vorgestellt und erläutert werden. Generell gesagt ist eine Prozedur ein "*Programm im Programm*", d.h. eine selbstständige Einheit von Anweisungen, die ebenso wie das Hauptprogramm einen Namen besitzt und über einen Vereinbarungs- und einen Anweisungsteil verfügt. Genau wie das Hauptprogramm, wird auch das Unterprogramm durch Aufrufen seines Namens aktiviert. Bild 3-1 zeigt das Syntaxdiagramm einer Prozedur.

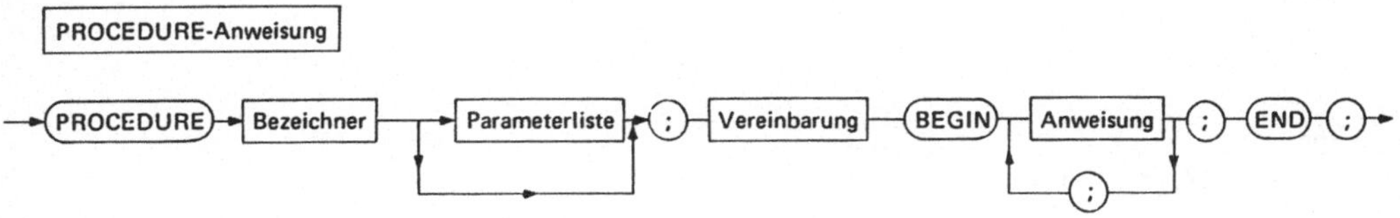

Bild 3-1 Syntaxdiagramm einer Prozedur

Um einen ersten Eindruck von der Wirkungsweise der Prozeduren und ihr Zusammenspiel in einem Programm zu vermitteln, gliedern wir ein einfaches Programm MITTELWE.PAS, das die Mittelwerte zweiere Zahlen berechnet, in Unterprogramme auf, die wir als Prozeduren schreiben. Zum direkten Vergleich zeigen wir zuerst das Gesamtprogramm:

3.1.1 Programm Mittelwertbildung ohne Unterprogramm (MITTELWE.PAS)

```
(* Vereinbarungsteil *)

USES
  Crt;

VAR     Z1, Z2, X, Y: REAL;

        (* Anweisungsteil *)

BEGIN
              WRITE ('Bitte erste Zahl eingeben : ');
              READLN (Z1);

              WRITE ('Bitte zweite Zahl eingeben : ');
              READLN (Z2);

              X := Z1 + Z2;
              Y := 0.5 * X;

              WRITE ('Der Mittelwert beträgt : '); WRITELN (Y)

END.
```

3.1.2 Programm Mittelwertbildung in Unterprogrammtechnik (MITTELW2.PAS)

```
(* Vereinbarungsteil *)

USES
  Crt;

VAR
    Z1, Z2, X, Y : REAL;
(* Anweisungsteil *)
(* Modul Eingabe *)

PROCEDURE Eingabe;
```

```
       BEGIN

            WRITE ('Bitte erste Zahl eingeben  : ');
            READLN (Z1);

            WRITE ('Bitte zweite Zahl eingeben : ');
            READLN (Z2);
       END;

(* Modul Verarbeitung *)

PROCEDURE Verarbeitung;

       BEGIN

            X := Z1 + Z2;
            Y := 0.5 * X;

       END;

(* Modul Ausgabe *)

PROCEDURE Ausgabe;

       BEGIN

            WRITE ('Der Mittelwert beträgt : ',Y);

       END;

(* Hauptteil *)

BEGIN

     Eingabe;
     Verarbeitung;
     Ausgabe;

END.
```

Wie aus diesem Programm ersichtlich ist, steht der Name des Unterprogramms unmittelbar nach der Anweisung PROCEDURE. Unsere drei Unterprogramme sind die Prozeduren "Eingabe", "Verarbeitung" und "Ausgabe". Im Hauptprogramm werden diese Prozeduren aufgerufen, indem der Name an die entsprechende Stelle geschrieben wird. Das

Hauptprogramm selbst fängt wie üblich mit BEGIN an, besteht diesmal aber lediglich aus dem Aufrufen der Unterprogramme "Eingabe", "Verarbeitung" und "Ausgabe".

Daß zwischen den beiden Programmen ohne und mit Unterprogrammtechnik im Grunde kein Unterschied besteht, wird spätestens klar, wenn man sich die jeweilige Ausführung der Programme durch Eingabe von **R** (d. h. **R**un) ansieht. In beiden Fällen erscheint genau die gleiche Bildschirmausgabe.

Auch wenn in unserem Fall das Programm mit den Unterprogrammen länger ist als das ohne Unterprogramme, so sollten doch die oben erwähnten Vorteile der Unterprogrammtechnik erkennbar sein:

1. Programmteile müssen nur *einmal* programmiert werden und können dann an verschiedenen Stellen desselben Programms oder in unterschiedlichen Programmen Verwendung finden.

2. Die einzelnen Unterprogramme können von verschiedenen Personen entwickelt und getestet werden. Damit kann ein großes Programmiervorhaben in kürzerer Zeit fertiggestellt werden.

3. Große Programme werden übersichtlich gegliedert; sie dürften zuverlässig sein, wenn sie aus einzelnen, bereits getesteten Unterprogrammen zusammengesetzt sind.

3.2 Lokale und globale Variable (Konstante)

Dem aufmerksamen Leser wird natürlich das Wort "Vereinbarungsteil" etwas seltsam erscheinen; denn normalerweise sind Variable ja im Hauptprogramm bereits definiert. Das ist auch bei Programmen mit Unterprogrammen der Fall, nur daß hier ein Unterschied zwischen den Gültigkeitsbereichen der einzelnen Variablen bzw. Konstanten besteht.

Diejenigen Variablen bzw. Konstanten, die im *Hauptprogramm* vereinbart werden, behalten ihre Gültigkeit während des *ganzen Programmablaufs* bei. Mit ihnen kann überall im Programm gearbeitet werden; sie haben *globale* Gültigkeit und werden deshalb als *globale Variablen* bzw. *globale Konstanten* bezeichnet.

Variablen und Konstanten, die nur im *Unterprogramm* vereinbart werden, haben ausschließlich dort Gültigkeit. Ihre Gültigkeit ist *lokal* auf das jeweilige Unterprogramm beschränkt; sie werden *lokale* Variable bzw. Konstante genannt. Werden im Hauptprogramm lokale Variable bzw. Konstante aufgerufen, so reagiert das System mit einer Fehlermeldung.

Um die Gültigkeitsbereiche von lokalen und globalen Variablen zu zeigen, wird das Programm "KREISZYL.PAS" (s. Abschn. 2.2.2.1.3) in Unterprogrammtechnik mit globalen und lokalen Variablen programmiert.

Die Konstante sowie der Radius r müssen in *allen* Programmteilen verfügbar sein; sie werden deshalb im Hauptprogramm als *globale* Variablen definiert. Die übrigen Variablen M, V und O brauchen nur in den jeweiligen Unterprogrammen bekannt zu sein; sie werden deshalb als *lokale* Variablen festgelegt.

Programm KREISZYL.PAS

```
USES
  Crt;

LABEL
        4,5;

VAR
             r,h  :  REAL;
               W  :  CHAR;
         Auswahl  :  BYTE;

CONST
        Pi = 3.1415926;


PROCEDURE Volumen;

       VAR
          V : REAL;

   BEGIN

          WRITELN; WRITELN ('Volumenberechnung');
          V := h*SQR(r)*Pi;
          WRITELN('Das Volumen beträgt : ',V:10:2,' m3');

   END;
```

```
PROCEDURE Mantelflaeche;

      VAR
         M : REAL;

   BEGIN

         WRITELN; WRITELN ('Mantelflächenberechnung');
         M := h*2*Pi*r;
         WRITELN ('Die Mantelfläche beträgt : ',M:10:2,' m2');

   END;

PROCEDURE Gesamtoberflaeche;

      VAR
         O : REAL;

   BEGIN

         WRITELN; WRITELN ('Berechnung der Gesamtoberfläche');
         O := 2*Pi*r*(r+h);
         WRITELN ('Die Gesamtoberfläche beträgt : ',O:10:2,' m2');
   END;

BEGIN

   4:  CLRSCR; WRITELN; WRITELN;
       WRITELN ('     Programm zu wahlweisen Berechnungen an senkrechten
                Kreiszylindern');
       WRITELN; WRITELN;
   5:  WRITELN ('Es kann gewählt werden zwischen :');
       WRITELN;
       WRITELN ('    1. Berechnung des Volumens');
       WRITELN ('    2. Berechnung der Manteloberfläche');
       WRITELN ('    3. Berechnung der Gesamtoberfläche');
       WRITELN;
       WRITELN ('Um den Programmablauf zu starten,');
       WRITE   ('bitte die gewünschte Nummer eingeben : ');
       READLN (Auswahl);

       IF (Auswahl<>1) AND (Auswahl<>2) AND (Auswahl<>3) THEN
```

```
        BEGIN
            CLRSCR; WRITELN; WRITELN;
            WRITELN ('Falsche Eingabe! Bitte korrigieren!'); WRITELN; WRITELN;
            GOTO 5;
        END;

      WRITELN; WRITE ('Höhe des Zylinders in Meter : '); READLN (h);
      WRITE          ('Radius des Zylinders in m   : '); READLN (r);

      CASE  Auswahl  OF

        1: Volumen;

        2: Mantelflaeche;

        3: Gesamtoberflaeche

      END;

      WRITELN;WRITELN;
      WRITE ('Soll noch eine Berechnung durchgeführt werden (j/n) ? ');
      READLN (W);

      IF W = 'j' THEN GOTO 4
      ELSE
END.
```

3.3 Prozeduren mit Parameterübergabe

Ein sehr wesentlicher Vorteil bei der Verwendung von Unterprogrammstrukturen wird deutlich, wenn ein bestimmter Ablauf in einem Programm mehrmals benötigt wird, d.h. wenn beispielsweise eine Rechenoperation mehrmals ausgeführt werden muß. In diesem Fall genügt es, ein einziges Unterprogramm zu schreiben und dieses jeweils aufzurufen. Dadurch können die Anzahl der Programmzeilen und die Fehlermöglichkeiten erheblich verringert werden.

Die Hauptschwierigkeit beim mehrmaligen Aufrufen einzelner Unterprogramme an verschiedenen Stellen des Hauptprogramms liegt in der *Parameterübergabe*, d. h. in der Übergabe der richtigen Werte für die Variablen vom Hauptprogramm ins Unterprogramm und nach der Berechnung vom Unterprogramm wieder zurück ins Hauptprogramm. Es gibt mehrere Möglichkeiten, den Austausch von Variablen aus unterschiedlichen Programmteilen vorzunehmen. Sie werden anschließend vorgestellt.

Als Beispiel wird eine einfache Multiplikation gewählt, wie sie in folgendem Unterprogramm durchgeführt wird:

```
PROCEDURE Multiplikation

    BEGIN

        X := X * 2;

    END;
```

"X" ist eine festgelegte Variable, die mit 2 multipliziert wird.

Bild 3-2 zeigt schematisch den Datenaustausch zwischen Haupt- und Unterprogramm.

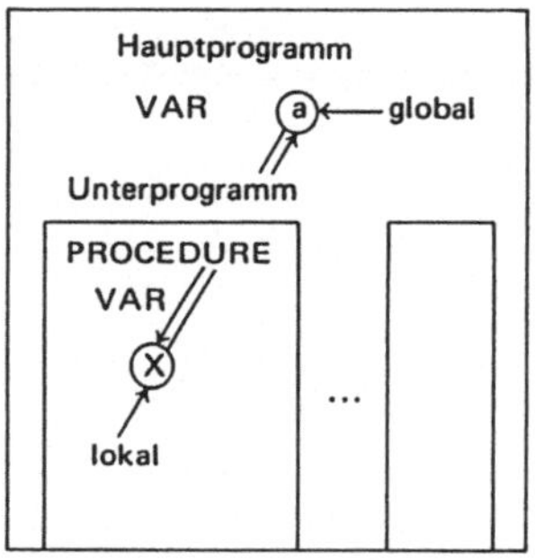

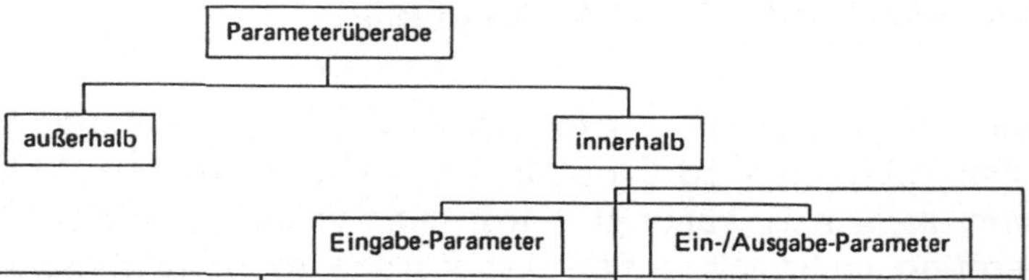

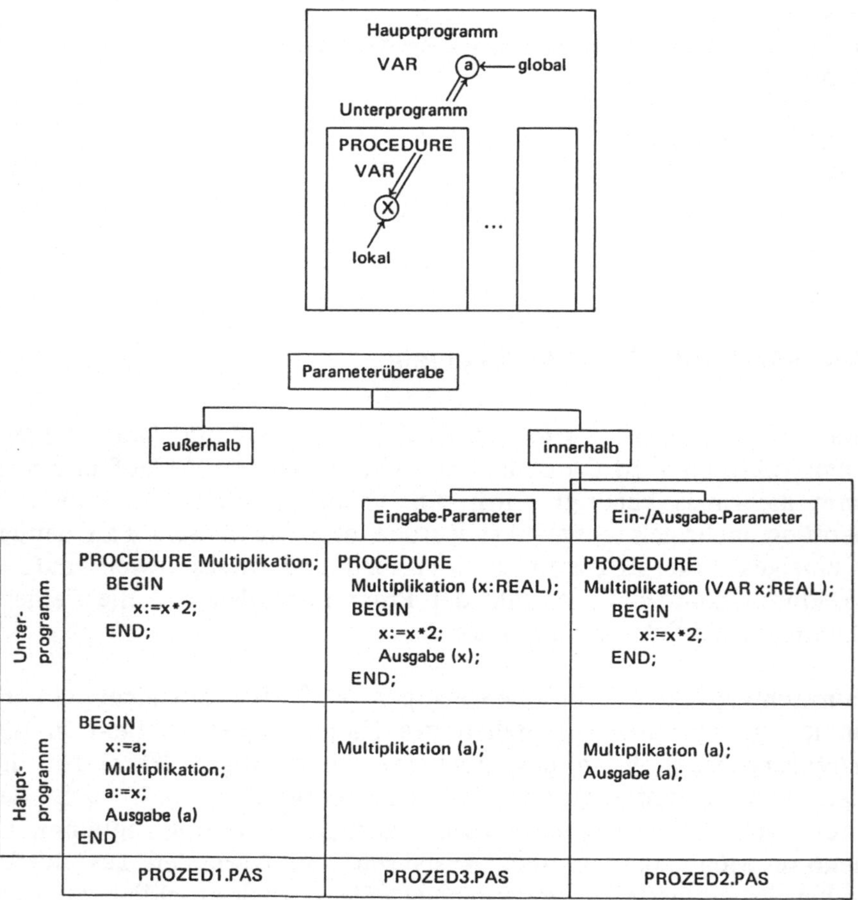

Unter-programm	PROCEDURE Multiplikation;
	BEGIN
	x:=x*2;
	END;
		PROCEDURE
		Multiplikation (x:REAL);
		BEGIN
		x:=x*2;
		Ausgabe (x);
		END;
			PROCEDURE
			Multiplikation (VAR x;REAL);
			BEGIN
			x:=x*2;
			END;

Haupt-programm	BEGIN
	x:=a;
	Multiplikation;
	a:=x;
	Ausgabe (a)
	END
		Multiplikation (a);	Multiplikation (a);
			Ausgabe (a);

	PROZED1.PAS	PROZED3.PAS	PROZED2.PAS

Bild 3-2 Parameterübergabe zwischen Haupt- und Unterprogramm

Die prinzipielle Schwierigkeit beim Arbeiten mit Unterprogrammen liegt darin, daß Unterprogramme vom Hauptprogramm aufgerufen werden, um mit unterschiedlichen Variablen Rechenoperationen auszuführen. Wie Bild 3-2 zeigt, gibt es generell die Möglichkeit, Parameter *außerhalb* oder *innerhalb* des Unterprogramms auszutauschen. Die Möglichkeit, Parameter außerhalb des Unterprogramms, d. h. im Hauptprogramm auszutauschen, wird kaum verwendet, da sie nur für die vorher festgelegten Zuordnungen ausgeführt wird. In den meisten Fällen findet die Parameterübergabe innerhalb des Unterprogramms statt, die Ausgabe der entsprechenden Variablen dagegen im Hauptprogramm.

3.3.1 Parameterübergabe außerhalb der Prozedur

Wie bereits erwähnt, sind die globalen Variablen im gesamten Programm verfügbar, d.h. wenn eine Variable im Vereinbarungsteil des Hauptprogramms festgelegt worden ist, kann mit ihr auch im Unterprogramm gearbeitet werden. Soll nun ein entsprechendes Unterprogramm mehrmals aufgerufen werden, können die Variablen jeweils vor Beginn bzw. nach Beendigung des Unterprogramms ausgetauscht werden.

Das Programm PROZED1.PAS zeigt das entsprechende Vorgehen beim Programmieren. Die Variable X, die in der Prozedur "Multiplikation" vorkommt, wird im Hauptprogramm definiert. Bevor das Unterprogramm aufgerufen wird, werden die Inhalte der im jeweiligen Abschnitt des Hauptprogramms einzugebenden Variablen (in diesem Fall die Variablen a und b) mit der in der Prozedur verwendeten Variablen (X) ausgetauscht:

```
X := a; Multiplikation; a := X;

X := b; Multiplikation; b := X;
```

Nach Abschluß des Unterprogramms tauscht man, wie oben angegeben, die Werte wieder zurück.

Das Programm PROZED1.PAS zeigt das Vorgehen:

Programm PROZED1.PAS

```
USES
  Crt;

VAR
     a,b : REAL;
       X : REAL;

PROCEDURE  Multiplikation;

   BEGIN

        X := X * 2;

   END;


BEGIN

     CLRSCR; WRITELN; WRITELN;

     WRITELN ('          Zweimaliger Aufruf des Unterprogramms "Multiplikation"');
     WRITELN;WRITELN;

     WRITE ('Eingabe der ersten Zahl :  ');  READLN (a);
     X := a; Multiplikation; a := X;
     WRITELN; WRITELN ('Ergebnis : ',a:5:2);

     WRITELN;WRITELN;

     WRITE ('Eingabe der zweiten Zahl : '); READLN (b);
     X := b; Multiplikation; b := X;
     WRITELN; WRITELN ('Ergebnis : ',b:5:2);

END.
```

Der Nachteil dieser Methode liegt darin, daß bei jedem Aufrufen des Unterprogramms die Variablen durch direkte Anweisungen ausgetauscht werden müssen, d.h. der Programmierer muß in diesem Fall jeden Tausch ausdrücklich in das Programm hineinschreiben. Wie man sich diese Mühe sparen kann, erklärt der nächste Abschnitt.

3.3.2 Direkte Parameterübergabe innerhalb der Prozedur

In den Programmen PROZED2.PAS und PROZED3.PAS wird das Unterprogramm "Multiplikation" wiederum jeweils zweimal aufgerufen. Um dabei die Variablen direkt übergeben zu können, wird eine sogenannte *formale* Variable (X) im Unterprogramm definiert, die die Aufgabe hat, beim späteren Programmablauf die Inhalte der *aktuellen* Variablen (a und b) zu übernehmen. Als *aktuelle* Variable bezeichnet man diejenige Variable, mit der das *Hauptprogramm* zum Zeitpunkt des Unterprogramm-Aufrufs *gerade arbeitet.*

Eine formale Variable wird folgendermaßen vereinbart: Hinter dem Unterprogrammnamen steht in Klammern die Variable und der entsprechende Datentyp. Dabei kann festgelegt werden, ob es sich bei der formalen Variablen um einen Ein- und Ausgabeparameter handeln soll oder nur um einen Eingabeparameter.

Im Programm PROZED2.PAS wird "X" folgendermaßen definiert:

```
PROCEDURE Multiplikation  (VAR  X:REAL);

   BEGIN ...
```

Durch die Festlegung von "VAR" wird dem Hauptprogramm mitgeteilt, daß es sich bei der Variablen "X" sowohl um einen Ein- als auch um einen Ausgabeparameter handelt. Vom Hauptprogramm aus kann die Variable "X" also eingelesen und abgerufen werden.

Im Programm PROZED3.PAS wird "X" ohne den Zusatz "VAR" definiert. In diesem Fall kann "X" vom Hauptprogramm aus nur eingelesen, nicht aber ausgegeben werden. "X" ist somit ein reiner Eingabeparameter.

```
PROCEDURE Multiplikation  (X:REAL);

    BEGIN ...

          WRITELN ('Ausgabe : ',X);...
```

Der Unterschied der Variablendefinition im Unterprogrammteil ist folgender:

Wird eine Variable im Unterprogramm als Ein- und Ausgabeparameter vereinbart, findet die Ein- und Ausgabe dieser Variablen im *Hauptprogramm* statt. Bei einer Prozedur, bei der eine Variable nur als *Eingabeparameter* definiert ist, findet die *Eingabe* dieser Variablen im *Haupt-*

programm, die *Ausgabe* jedoch im *Unterprogramm* selbst statt. Die beiden folgenden Abschnitte zeigen den Unterschied beider Variablendeklarationen im einzelnen.

3.3.2.1 Festlegung der Variablen als Ein- und Ausgabeparameter (PROZED2.PAS)

```
USES
  Crt;

VAR
     a,b : REAL;


PROCEDURE  Multiplikation (VAR  X:REAL);


   BEGIN

        X := X * 2;

   END;


BEGIN

     CLRSCR; WRITELN; WRITELN;

     WRITELN ('          Zweimaliger Aufruf des Unterprogramms "Multiplikation"');
     WRITELN;WRITELN;

     WRITE ('Eingabe der ersten Zahl :  ');  READLN (a);
     Multiplikation (a);
     WRITELN; WRITELN ('Ergebnis : ',a:5:2);

     WRITELN;WRITELN;

     WRITE ('Eingabe der zweiten Zahl : '); READLN (b);
     Multiplikation (b);
     WRITELN; WRITELN ('Ergebnis : ',b:5:2);

END.
```

3.3.2.2 Festlegen der Variablen als Eingabe-Parameter (PROZED3.PAS)

```
USES
  Crt;

VAR
     a,b : REAL;


PROCEDURE  Multiplikation (X : REAL);


   BEGIN

        X := X * 2;

        WRITELN; WRITELN ('Ergebnis : ', X:5:2);

   END;


BEGIN

     CLRSCR; WRITELN; WRITELN;

     WRITELN ('           Zweimaliger Aufruf des Unterprogramms "Multiplikation"');
     WRITELN;WRITELN;

     WRITE ('Eingabe der ersten Zahl :  ');  READLN (a);
     Multiplikation (a);

     WRITELN;WRITELN;

     WRITE ('Eingabe der zweiten Zahl : '); READLN (b);
     Multiplikation (b);

END.
```

Wie aus diesem Programm zu erkennen ist, wird das Unterprogramm durch die Anweisung "Multiplikation (a)" bzw. "Multiplikation (b)" aktiviert. Die aktuellen Variablen a und b werden dabei automatisch durch die formale Variable X ersetzt.

3.2.2.3 Definition mehrerer formaler Variablen

Selbstverständlich kann eine Prozedur mehrere dieser formalen Variablen enthalten, die analog den gegebenen Beispielen definiert werden. Das Programm PROZED4.PAS zeigt ein solches Programm.

Programm PROZED4.PAS

```
USES
  Crt;

VAR
     a,b : REAL;


PROCEDURE  Multiplikation (VAR  X,Y:REAL);


   BEGIN
        X := X * Y;
   END;

BEGIN

     CLRSCR; WRITELN; WRITELN;

     WRITELN ('         Zweimaliger Aufruf des Unterprogramms "Multiplikation"');
     WRITELN;WRITELN;

     WRITE ('Eingabe der ersten Zahl  :  ');  READLN (a);
     WRITE ('Eingabe der zweiten Zahl :  ');  READLN (b);

     Multiplikation (a,b);

     WRITELN; WRITELN ('Ergebnis : ',a:5:2);

     WRITELN;WRITELN;

     WRITE ('Eingabe der dritten Zahl : '); READLN (a);
     WRITE ('Eingabe der vierten Zahl : '); READLN (b);

     Multiplikation (a,b);

     WRITELN; WRITELN ('Ergebnis : ',a:5:2);

END.
```

3.4 Funktionen

Unterprogramme, die nur *ein einziges* Ergebnis ermitteln sollen, können in QuickPascal als *Funktionen* vereinbart werden. Der Name kommt vom mathematischen Funktionsbegriff, bei der durch Einsetzen von Werten für die unabhängigen Variablen in eine Funktionsgleichung der Wert für die Funktion errechnet wird. Bild 3-3 zeigt das entsprechende Syntaxdiagramm.

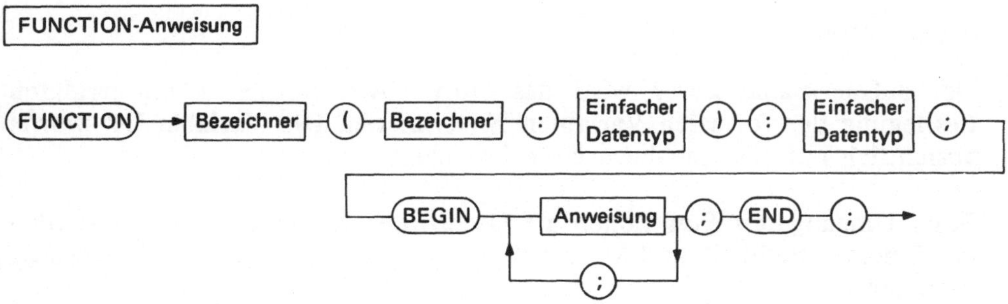

Bild 3-3 Syntaxdiagramm des Unterprogrammtyps FUNCTION

Unsere in den Programmen PROZED1.PAS bis PROZED3.PAS beschriebenen Unterprogramme erfüllen diese Bedingung, so daß sie ohne weiteres auch als Funktion definiert werden können. Der Aufbau der Funktion "Multiplikation" weicht nur unwesentlich von demjenigen der Prozedur "Multiplikation" ab. Ein wichtiger Unterschied ist in der Kopfzeile zu erkennen:

```
FUNCTION  Multiplikation : REAL;
```

Bei der Bestimmung von Funktionen muß angegeben werden, welchen Datentyp das Ergebnis der Funktion haben wird. In unserem Fall ist das Ergebnis der Funktion "Multiplikation" eine Zahl vom Datentyp REAL. Für das durch "FUNCTION" definierte Wort "Multiplikation" muß also nach Ablauf dieser Funktion ein konkretes Ergebnis vorliegen, d.h. mindestens eine Wertzuweisung muß an die Funktion selbst erfolgen, wie folgender Programmausschnitt zeigt:

```
FUNCTION  Multiplikation  : REAL;

    BEGIN

        Multiplikation := ...;

    END;
```

Soll eine Funktion mehrere Male aufgerufen werden, sind die jeweils auszutauschenden Variablen wiederum eingeklammert direkt nach dem Namen der Funktion aufzuführen:

```
FUNCTION Multiplikation (X:REAL) : REAL;

    BEGIN

        Multiplikation := X * 2;

    END;
```

Der aufmerksame Leser wird das Wort VAR bei der oben erfolgten Festlegung der formalen Variablen X vermissen. Die Variable "X" wurde absichtlich nur als Eingabevariable festgelegt.

Beim Umgang mit Funktionen als Unterprogrammen ist es aus Gründen der Übersichtlichkeit und Strukturiertheit sinnvoll, folgenden Hinweis zu beachten:

Hinweis! In einer Funktion kann die Vereinbarung VAR stehen und somit Variablenwerte Werte sowohl als Ein-, als auch als Ausgabeparameter definieren. Da bei einer Funktion aber aus Eingabewerten immer ein Funktionswert als Ausgabewert errechnet wird, genügt es, sich auf Funktionen mit Eingabeparametern zu beschränken, d.h. Sie sollten nur diejenigen globalen Variablen verändern, die unmittelbar zur Ermittlung des Funktionsergebnisses notwendig sind.

Der Aufruf einer Funktion im Hauptprogramm unterscheidet sich ebenfalls nur geringfügig von dem der Prozedur. Allerdings kann ein Funktionsaufruf keine eigenständige Anweisung darstellen, sondern ist immer *Bestandteil* eines Befehls, wie folgende Beispiele zeigen:

```
X := Multiplikation (X);
```

oder

```
IF Multiplikation (X) < 10 THEN...
```

Zum Schluß dieses Abschnitts wird ein Programm mit einem Unterprogramm vom Typ Funktion vorgestellt:

Programm FUNKTION.PAS

```
USES
  Crt;

VAR
     a,b : REAL;


FUNCTION  Multiplikation (X:REAL) : REAL;


   BEGIN

        Multiplikation := X * 2;

   END;


BEGIN

     CLRSCR; WRITELN; WRITELN;

     WRITELN ('         Zweimaliger Aufruf des Unterprogramms "Multiplikation"');
     WRITELN;WRITELN;

     WRITE ('Eingabe der ersten Zahl :  ');  READLN (a);

     a := Multiplikation (a);

     WRITELN; WRITELN ('Ergebnis : ',a:5:2);

     WRITELN;WRITELN;

     WRITE ('Eingabe der zweiten Zahl : '); READLN (b);

     b := Multiplikation (b);

     WRITELN; WRITELN ('Ergebnis : ',b:5:2);

END.
```

3.5 Rekursive Abläufe (Rekursionen)

Alle Unterprogramme können prinzipiell aufgerufen werden, sobald sie vereinbart worden sind. Es ist daher auch möglich, ein Unterprogramm in anderen Unterprogrammen oder *während des eigenen Ablaufs* aufzurufen, d.h. das Unterprogramm kann sich immer wieder selbst aufrufen. Dabei entsteht durch eine immer weitergehende Schachtelung eine Wiederholungsstruktur, die genau wie eine Schleife durch Festlegen einer Abbruchbedingung beendet werden muß, da sonst die Programmausführung endlos fortgesetzt werden würde. Dieses "Sich-selbst-Aufrufen" eines Unterprogramms wird *Rekursion* genannt.

Jedes Problem, das über eine Rekursion (Wiederholung mittels Schachtelung von Unterprogrammen) abgehandelt wird, kann auch durch Einsatz einer Iteration (Wiederholung mittels Schleife) gelöst werden.

Zur Demonstration einer Rekursion wird im Programm FAKUL1.PAS die Fakultät einer eingegebenen Zahl berechnet. Anschließend wird im Programm FAKUL2.PAS die iterative Lösung dieses Problems gezeigt. Der Wert der Fakultät wird einer ganzen Zahl (INTEGER) zugewiesen. Da INTEGER-Zahlen nur bis 32 767 definiert sind, dürfen Fakuläten nur bis zur Zahl 33 berechnet werden.

3.5.1 Rekursives Programm zur Fakultätsermittlung (FAKUL1.PAS)

```
USES
  Crt;

VAR

    Zahl : INTEGER;


FUNCTION Fakultaet (Zahl:INTEGER) : REAL;

BEGIN

     IF Zahl = 0 THEN Fakultaet := 1

                  ELSE Fakultaet := Zahl * Fakultaet(Zahl-1);

END;
```

```
BEGIN
    CLRSCR; WRITELN; WRITELN;
    WRITELN ('           Berechnung der Fakultät über eine Rekursion');
    WRITELN; WRITELN;

    WRITE ('  Eingabe einer Zahl<34, deren Fakultät berechnet werden soll : ');
    READLN (Zahl);

    WRITELN; WRITELN;
    WRITELN ('  ',Zahl,'! ergibt ',Fakultaet(Zahl),'.');
    WRITELN; WRITELN ('Programmende');
END.
```

3.5.2 Iteratives Programm zur Fakultätsermittlung (FAKUL2.PAS)

```
USES
  Crt;

VAR

   Zahl,I    : BYTE;
   Fakultaet : REAL;

BEGIN
    CLRSCR; WRITELN; WRITELN;
    WRITELN ('           Berechnung der Fakultät über eine Iteration');
    WRITELN; WRITELN;

    WRITE ('  Eingabe einer Zahl<34, deren Fakultät berechnet werden soll : ');
    READLN (Zahl);

    Fakultaet := 1;

    IF Zahl = 0 THEN Fakultaet := 1

            ELSE BEGIN

                    FOR I := 1 TO Zahl DO

                        Fakultaet := Fakultaet * (Zahl+1-I);
                END;

    WRITELN; WRITELN;
    WRITELN ('  ',Zahl,'! ergibt ',Fakultaet,'.');
    WRITELN; WRITELN ('Programmende');
END.
```

4 Weiterführende Möglichkeiten zum Umgang mit Datentypen und Datenstrukturen

Die Möglichkeiten, Datentypen festzulegen sind in QuickPascal äußerst vielfältig, wie nachstehendes Syntaxdiagramm zeigt.

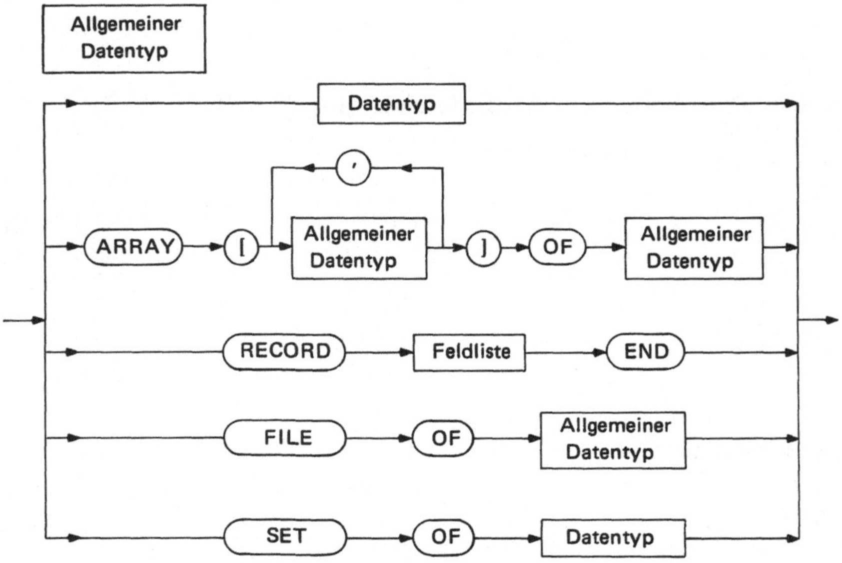

Bild 4-1 Syntaxdiagramm eines allgemeinen Datentyps

Die meisten von ihnen wurden bereits besprochen (s. Bild 2-7 a und b sowie Bild 2-13). In diesem Kapitel werden die für eine Dateiverwaltung notwendigen Datentypen besprochen.

4.1 Definition von Datentypen durch den Benutzer (TYPE-Anweisung)

In den vorangegangenen Kapiteln sind uns die Datentypen BYTE, CHAR, STRING, INTEGER, REAL und BOOLEAN immer wieder begegnet. Kein Programm, das in QuickPascal geschrieben ist, kommt ohne die im Vereinbarungsteil definierten Variablen und ihren Datentypen aus.

Der Benutzer von QuickPascal kann jedoch auch selbstständig neue Datentypen festlegen, d.h. er kann abweichend von den oben genannten, fest vorgegebenen Möglichkeiten Datentypen vereinbaren, die in seinem Programm benötigt werden. Hierzu dient die Anweisung "TYPE", die vor allem bei Vergleichen und zum vereinfachten Zugriff auf die noch zu besprechende Datenstruktur RECORD Verwendung findet. Das Syntaxdiagramm zeigt Bild 4-2.

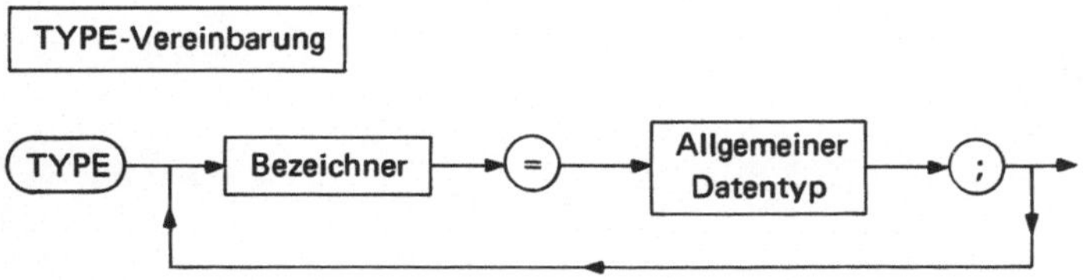

Bild 4-2 Syntaxdiagramm des Datentyps TYPE

Im Programm "TYP1.PAS" wird beispielsweise ein Datentyp namens "Ersatzteil" durch Aufzählung seiner Elemente vereinbart, d.h. genau wie der Datentyp BYTE in QuickPascal für alle ganzen Zahlen zwischen 0 und 255 verwendet wird, so steht der Datentyp "Ersatzteil" für "Keilriemen, Batterie, Zündkerzen usw.".

Bei der Variablendeklaration wird dann einer Variablen dieser Datentyp zugeordnet. Mit dem Inhalt dieser Variablen kann dann wie gewöhnlich verfahren werden, wobei es allerdings genau wie bei einem ARRAY auf die Reihenfolge der Elemente ankommt, d.h. die Elemente werden mit dem ersten beginnend abgearbeitet.

Wie man diese Eigenschaften ausnutzen kann, läßt sich aus dem Programm "TYP1.PAS" ersehen. Gewünscht wird eine Ersatzteilliste, in die für namentlich vorgegebene Ersatzteile jeweils Preis und vorhandene Lagermenge eingegeben werden kann. Zunächst wird der Datentyp "Ersatzteil" festgelegt, in dem die einzelnen Ersatzteilarten aufgezählt sind. Für Preis und Lagermenge wird je ein ARRAY definiert, dessen Inhalt durch den Datentyp "Ersatzteil" festgelegt wird. In die zur Vereinbarung des ARRAY nötigen eckigen Klammern trägt man deshalb "Ersatzteil" ein. So werden, auch bei einer später erfolgenden Änderung des Inhalts von "Ersatzteil" die ARRAYs automatisch an die aktuelle Liste angepaßt. Anstelle der Dimensionierung der ARRAYs durch "Ersatzteil" können auch die Namen des ersten und letzten Elements von "Ersatzteil" (in unserem Fall "Batterie" bzw. "Zuendkerzen", siehe ARRAY "Ersatzteilname" im Unterprogramm "Listenausgabe") eingegeben werden, bzw. diejenigen Elemente verwendet werden, die einen bestimmten Bereich innerhalb von "Ersatzteil" abgrenzen. Man kann also sowohl die ganzen, in "Ersatzteil" vereinbarten Elemente zur Definition eines ARRAY heranziehen, als auch nur Teile davon.

Bei der oben angesprochenen, eventuell erforderlichen Änderung müßten nur das erste und letzte Element von "Ersatzteil" gleichbleiben, da über sie die beiden Eingabeschleifen gesteuert werden. Hintenangestellte Änderungen würden bei Ausführung des Programms nicht beachtet, da die Schleifen nur bis "Zuendkerzen" laufen.

Programm TYP1.PAS

```
USES
  Crt;

TYPE

    Ersatzteil = (Batterie,Keilriemen,Oelfilter,Turbolader,Zuendkerzen);

VAR
    Preis       : ARRAY [Ersatzteil] OF REAL;
    Lagermenge  : ARRAY [Ersatzteil] OF REAL;
    I           : Ersatzteil;

PROCEDURE Listenausgabe;

CONST
   Ersatzteilname : ARRAY [Batterie..Zuendkerzen] OF STRING [11] =
   ('Batterie','Keilriemen','Oelfilter','Turbolader','Zuendkerzen');

BEGIN
     CLRSCR;
     WRITELN; WRITELN;
     WRITELN ('                          Lagerliste :'); WRITELN; WRITELN;
     WRITELN ('                       Anzahl :        Stückpreis :');
     WRITELN;

     FOR I := Batterie TO Zuendkerzen DO
      WRITELN (Ersatzteilname [I], '': 16-LENGTH (Ersatzteilname [I]),
              Lagermenge [I]:5:0,'              ',Preis [I]:5:2);

END;

PROCEDURE Gesamtwertberechnung;

VAR
   Gesamtwert : REAL;
```

```
BEGIN
    FOR I := Batterie TO Zuendkerzen DO
         Gesamtwert := Gesamtwert + Preis [I] *  Lagermenge [I];
    WRITELN;
    WRITELN (' Gesamtwert aller gelagerten Ersatzteile : ',Gesamtwert:9:2,' DM');
END;


BEGIN
    CLRSCR; WRITELN; WRITELN;
    WRITELN ('                    Lagerliste'); WRITELN;

    FOR I := Batterie TO Zuendkerzen DO
      BEGIN
         WRITE (' Eingabe des Stückpreises in DM        : ');
         READLN (Preis[I]);
         WRITE (' Eingabe der gelagerten Menge in Stück : ');
         READLN (Lagermenge[I]);
         WRITELN;
      END;

    Listenausgabe;
    Gesamtwertberechnung;

END.
```

4.2 Strukturierung von Daten als RECORD

In der Verwendung von ARRAYs liegt nach bisherigem Kenntnisstand die einzige Möglichkeit, bestimmte Datentypen zu strukturieren, d.h. zu einem Verbund zusammenzufassen. Man kann dabei ein- oder mehrdimensionale ARRAYs (Vektoren bzw. Matrizen) definieren, deren Elemente jedoch alle vom gleichen Datentyp sein müssen. Durch die Festlegung:

X : ARRAY [1..10] OF INTEGER

werden für X nur Eingaben vom INTEGER-Typ akzeptiert, bei anderen Datentypen reagiert das System mit einer Fehlermeldung.

Dieser Nachteil kann durch Verwendung eines RECORDs (Datensatz) als Datenstruktur aufgehoben werden. Bild 4-2 zeigt das Syntaxdiagramm der Vereinbarung RECORD.

Bild 4-3 Syntaxdiagramm des Datentyps RECORD

Im Gegensatz zum ARRAY können im RECORD auch Daten verschiedenen Typs abgelegt werden (s. Abschn. 1.2, Bild 1-1). Im folgenden wird dies gezeigt.

```
Datensatz = RECORD
              Name        : STRING [25];
              Strasse     : STRING [25];
              Ort         : STRING [25];
              Telefon     : REAL;
              Umsatz      : REAL;
              Kundennr.   : INTEGER;
         END;
```

Wie der oben wiedergegebene RECORD zeigt, der z.B. Bestandteil einer Kundendatei sein könnte, ist der Einsatz aller Datentypen in dieser Datenstruktur möglich. Bei Ablauf des entsprechenden Programms wird mindestens ein Datensatz, bestehend aus Name, Strasse usw., als Eingabe verlangt. Die Definition eines RECORDs erfolgt entweder im Vereinbarungsteil des Programms oder vor demselben:

```
VAR

   Datensatz : RECORD
                  Name  : STRING [25] ...
               END;
```

oder:

```
TYPE
   Datensatz : RECORD
                  Name  : STRING [25] ...
               END;
```

Im Programm "RECORD1.PAS" wird der Umgang mit einem RECORD aufgezeigt. Die Eingabe der einzelnen Komponenten erfolgt im Unterprogramm "Eingabe" durch vier aufeinanderfolgende READ-Anweisungen. Dabei wird in die READ-Anweisung zunächst der Variablenname des RECORDS notiert und, durch einen Punkt "." getrennt, der Name der einzugebenden Komponente geschrieben:

```
READ (Ein.Name);
```

Der Komponente "Name" des RECORDs "Datensatz" wird bei Ablauf des Programms dann z. B. "Maier" zugeordnet. Die Eingabe in einen RECORD kann also immer nur komponentenweise erfolgen, genauso die Ausgabe, d. h. jede Komponente muß namentlich einzeln aufgeführt werden.

Durch die REPEAT..UNTIL-Schleife können maximal 100 Datensätze eingegeben werden; durch Eingabe von "0" für die Komponente "Name" ist ein Abbruch auch vor dieser Grenze möglich. Die in "Datensatz" eingegebenen Werte werden im ARRAY "Speicher" abgelegt. Hier kann man eine mögliche Verknüpfungen zwischen ARRAY und RECORD deutlich erkennen:

Während im ARRAY eigentlich keine Daten verschiedenen Typs stehen dürfen, kann man durch Definition des RECORDs als Datentyp dennoch verschiedene Datentypen in einen ARRAY schreiben. In jeder "Schublade" des ARRAY ist zwar derselbe Datentyp, nämlich "Datensatz" abgelegt. Da aber "Datensatz" als RECORD definiert ist, enthält der ARRAY verschiedene Datentypen (STRING, INTEGER usw.).

Im Unterprogramm "Ausgabe" soll der Zugriff auf die Datensätze über die Komponente "Name" erfolgen, d.h. der gesamte Datensatz, in dem der einzugebende Vergleichsname mit der Komponente "Name" übereinstimmt, wird ausgegeben. Wie man erkennen kann, sind auch Vergleichsoperationen in RECORDs, genau wie Ein- und Ausgaben, nur komponentenweise möglich.

Das Programm "RECORD1.PAS" wird später Bestandteil des Dateiprogramms "Datei" sein, bei dem es nicht mehr nötig ist, nach jedem Programmstart die einzelnen Datensätze einzugeben. Diese werden als Datei auf Externspeichern (Diskette) bereits vorliegen.

Programm RECORD1.PAS

```
USES
  Crt;

TYPE

    Datensatz = RECORD
                       Name    : STRING [25];
                       Strasse : STRING [25];
                       Ort     : STRING [25];
                       Telefon : REAL;

                 END;
```

```
VAR
    Speicher : ARRAY [1..100] OF Datensatz;
           n : BYTE;

PROCEDURE Eingabe;

VAR
    Ende  :  BOOLEAN;

BEGIN
     CLRSCR;
     Ende := FALSE;
     GOTOXY (20,3); WRITELN ('Eingabe der Datensätze:');
     GOTOXY ( 2,6); WRITELN ('Ende durch Eingabe von "0" für "Name".');
     GOTOXY ( 2,7); WRITELN ('Telefonnummer ohne Schrägstrich nach Vorwahl
                             eingeben!');
     WRITELN;

     REPEAT
           n := n+1;
           WRITE ('  Name        : '); READLN (Speicher [n].Name);

           IF Speicher [n].Name = '0' THEN BEGIN
                                               n := n-1;
                                            Ende := TRUE;
                                              END

                                       ELSE BEGIN
           WRITE ('  Strasse     : '); READLN (Speicher [n].Strasse);
           WRITE ('  Ort         : '); READLN (Speicher [n].Ort);
           WRITE ('  Telefonnr. : '); READLN (Speicher [n].Telefon);
           WRITELN;
                                            END;
     UNTIL Ende;


END;

PROCEDURE Ausgabe;

VAR
    Vergleichsname : STRING [25];
                 I : BYTE;
```

```
BEGIN
     CLRSCR;
     GOTOXY (15,3); WRITELN ('Zugriff auf die Datensätze:');
     GOTOXY ( 2,6); WRITE  ('Eingabe des Vergleichnamens : ');
                 READLN (Vergleichsname);

     FOR I := 1 TO n DO
           BEGIN

           IF Vergleichsname = Speicher [I].Name THEN
              BEGIN
                 WRITELN; WRITELN;
                 WRITELN ('  Datensatz zu ',Vergleichsname);
                 WRITELN;
                 WRITELN ('  Wohnort    : ',Speicher [I].Ort);
                 WRITELN ('  Strasse    : ',Speicher [I].Strasse);
                 WRITELN ('  Telefonnr. : ',Speicher [I].Telefon:10:0);
              END;

           END;
     WRITELN;
     WRITELN ('  Programmende');

END;

BEGIN
     n := 0;
     Eingabe;
     Ausgabe;
END.
```

4.3 Vereinfachte Bearbeitung von RECORDs (WITH-Anweisung)

Das Syntaxdiagramm zur WITH-Anweisung zeigt Bild 4-4.

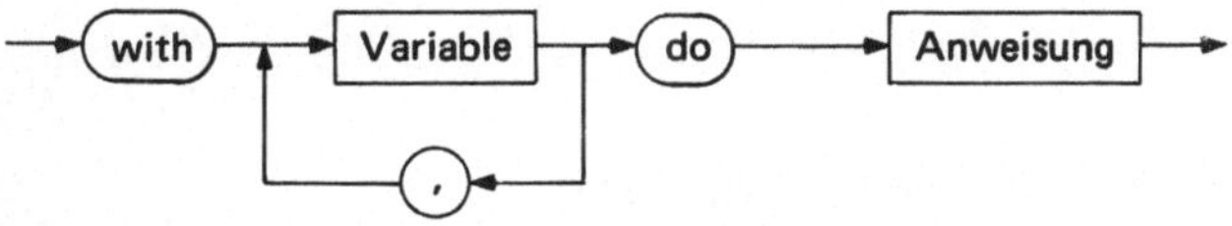

Bild 4-4 Syntaxdiagramm der WITH-Anweisung

Durch die Anweisung WITH wird der Zugriff auf RECORD-Komponenten vereinfacht. Soll beispielsweise ein bestimmter Name aus dem bereits beschriebenen RECORD "Datensatz" ausgegeben werden, so müßte man normalerweise folgende Befehlskombination verwenden:

```
WRITELN (Datensatz.Name);
WRITELN (Datensatz.Strasse);
```

Für jede Komponente aus dem RECORD "Datensatz" müßte eine solche Schreibweise verwendet werden. Um auf die Wiederholung der RECORD-Bezeichnung (in unserem Fall "Datensatz") verzichten zu können, wurde die QuickPascal-Anweisung WITH eingeführt.

```
WITH Datensatz DO

WRITELN (Name);
WRITELN (Strasse);  usw.
```

Verwendung findet diese Anweisung auch in den nachfolgenden Dateiprogrammen. Zunächst soll die Wirkungsweise der WITH-Anweisung an folgendem Programm gezeigt werden.

Programm RECORD2.PAS

```
USES
  Crt;

VAR

     Datensatz : RECORD
                       Name     :  STRING [25];
                       Strasse  :  STRING [25];
                       Ort      :  STRING [25];
                       Telefon  :  REAL;

                 END;

     n : BYTE;

     Ende  :  BOOLEAN;

BEGIN
      n := 0;
      CLRSCR;
      Ende := FALSE;
      GOTOXY (20,3); WRITELN ('Eingabe der Datensätze:');
      GOTOXY ( 2,6); WRITELN ('Ende durch Eingabe von "0" für "Name".');
      GOTOXY ( 2,7); WRITELN ('Telefonnummer ohne Schrägstrich nach Vorwahl
                              eingeben!');
      WRITELN;

      WITH Datensatz DO
```

```
        REPEAT
                n := n+1;
                WRITE ('  Name        : '); READLN (Name);
                IF Name = '0' THEN BEGIN
                                        n := n-1;
                                        Ende := TRUE;
                                   END

                             ELSE BEGIN
                WRITE ('  Strasse     : '); READLN (Strasse);
                WRITE ('  Ort         : '); READLN (Ort);
                WRITE ('  Telefonnr.  : '); READLN (Telefon);
                WRITELN;
                                   END;

        UNTIL Ende;

        WRITELN; WRITELN ('  Eingabe der Datensätze beendet.'); WRITELN;
        WRITELN ('  Programmende.');

END.
```

4.4 Strukturierung von Daten als FILE (Datei)

Nachdem nun fast alle Möglichkeiten zur Definition von Datentypen und zur Strukturierung von Daten erläutert wurden, soll in diesem Abschnitt die Anordnung von Daten in einer Datei (FILE) besprochen werden. Bild 4-5 zeigt das zugehörige Syntaxdiagramm:

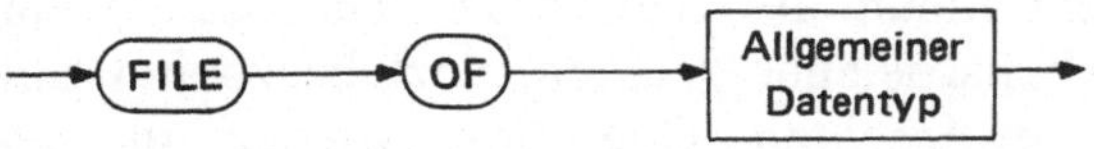

Bild 4-5 Syntaxdiagramm des Datentyps FILE

Das Anlegen von Dateien und ihre Verwaltung gehört zu den vordringlichsten Aufgaben der Datenverarbeitung. Der Einsatz von Rechnern als Unterstützung hierbei ist in nahezu allen Bereichen zur Selbstverständlichkeit geworden. In diesem Abschnitt soll nur ein bescheidener Einblick in das Anlegen und Verwalten von Dateien gegeben werden; denn dieses Thema könnte mühelos ein eigenes Buch füllen.

Das Ziel ist die Erstellung und Bearbeitung einer sequentiellen Datei und deren Umgestaltung zu einer Direktzugriff-Datei. Die Bedeutung dieser Begriffe werden im Laufe der nächsten Abschnitte klar.

4.4.1 Organisationsformen von Dateien

Grundsätzlich unterscheidet man vier Arten von Dateien:

- Sequentielle Datei
- Direktzugriff-Datei
- Verkettete Datei
- Index-sequentielle Datei

Wie bereits erwähnt, werden die sequentielle und die Direktzugriff-Datei in diesem Abschnitt anhand eines Programmbeispiels besprochen.

Worin bestehen nun die Unterschiede zwischen den einzelnen Dateiformen?

Arbeitet man mit einer sequentiellen Datei, dann wird nach dem Starten des Programms die gesamte Datei von Externspeichern (Diskette, Festplatte) aus in den Arbeitsspeicher des Rechners geladen. Der Umfang einer solchen Datei wird deshalb von der Kapazität des Arbeitsspeichers bestimmt.

Überschreitet die Datenmenge den Hauptspeicherplatz, muß eine satzweise arbeitende Dateiverwaltung angewendet werden. Dies bedeutet, daß nur einzelne Datensätze (z.B. ein Inhalt des RECORDs "Datensatz") von den Externspeichern in den Arbeitsspeicher geladen, dort bearbeitet und sofort nach Ausführen der gewünschten Operation wieder in den Externspeicher zurückübertragen werden. Es findet also ein ständiger Dialog statt. Diese Art der Dateiverwaltung wird durch Direktzugriff-Dateien verwirklicht. Der Vorteil dieser Methode liegt darin, daß die Dateigröße unabhängig vom Platzangebot im Hauptspeicher des Rechners ist.

Eine Gegenüberstellung verdeutlicht die Unterschiede (s. Bild 4-6):

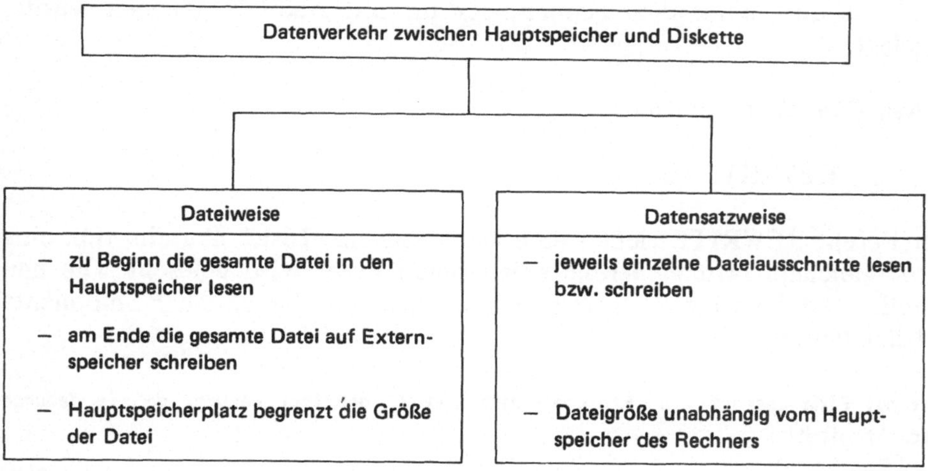

Bild 4-6 Dateiweiser und datensatzweiser Verkehr zwischen Hauptspeicher und Diskette

4.4.2 Arbeit mit Dateien

4.4.2.1 Anweisungen

Zum Erstellen und Bearbeiten von Dateien werden in QuickPascal folgende Befehle benötigt:

a) Im Vereinbarungsteil

Bei der Festlegung der Variablen steht beispielsweise:

```
Liste : FILE OF INTEGER;
```

Durch die Kennzeichnung der Variablen "Liste" als FILE wird bei Ablauf des Programms eine Datei namens "Liste" vereinbart, die Datensätze vom Typ INTEGER enthält.

b) Im Programmteil

Folgende Schritte sind erforderlich:

1. Zuweisung eines Namens

```
ASSIGN (Liste,'Fertigungsstückliste');
```

Der als "Liste" vereinbarten Datei wird der Name "Fertigungsstückliste" zugewiesen. Überträgt man die Datei jetzt auf einen externen Speicher, so ist sie dort unter dem Namen, der ihr mit ASSIGN gegeben wurde, abgelegt.

2. Neu Einrichten der Datei

REWRITE (Liste);

Der Befehl REWRITE richtet eine Datei namens "Liste" neu ein, d.h. eine unter gleichem Namen bereits existierende Datei wird gelöscht. Die neu erstellte Datei ist leer, der Dateizeiger steht auf der ersten Komponente mit der Nummer 0.

Achtung! Eine Lesedatei darf niemals mit REWRITE geöffnet werden, da sie dadurch gelöscht wird!

3. Springen zum Anfang der Datei

RESET (Liste);

Die Datei mit Namen "Fertigungsstückliste" wird im angewählten externen Speicher gesucht, der Dateizeiger wird auf die Komponente 0 gesetzt.

4. Schließen der Datei

CLOSE (Liste);

Mit der Anweisung CLOSE wird eine Datei nach Abschluß der gewünschten Arbeiten geschlossen.

5. Feststellen der Anzahl der Elemente der Datei

N := FILESIZE (Liste);

Die Anweisung FILESIZE ermöglicht es, die Anzahl der Elemente einer Datei genau zu ermitteln. "N" wird in dem oben angegebenen Beispiel die Anzahl der Einträge, die in die Datei "Liste" vorgenommen wurden, zugeordnet. Diese Anweisung wird bevorzugt beim Einlesen von Dateien in den Arbeitsspeicher angewendet, da sich mit FILESIZE die Eingabeschleife exakt dimensionieren läßt.

4.4.2.2 Schematische Darstellung von Dateiaufbau und Dateiverwaltung

Bild 4-7 zeigt das grobe Schema und Bild 4-8 die einzelnen Schritte für die Dateierstellung (1), für die externe Speicherung der Daten (2) und für das Einlesen der Daten vom externen Speicher in den Rechner (3).

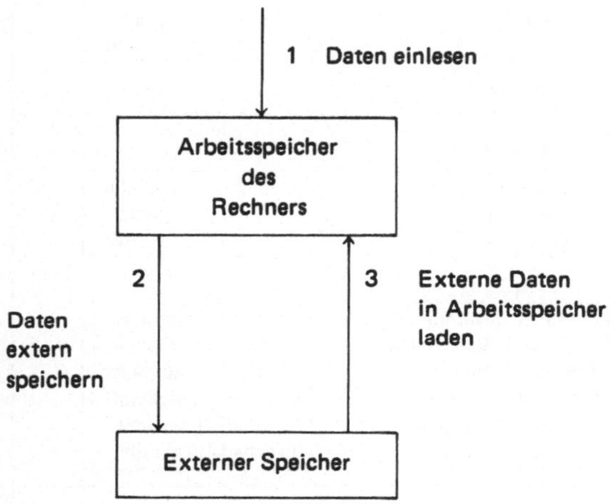

Bild 4-7 Übersichtsschema Datenverkehr

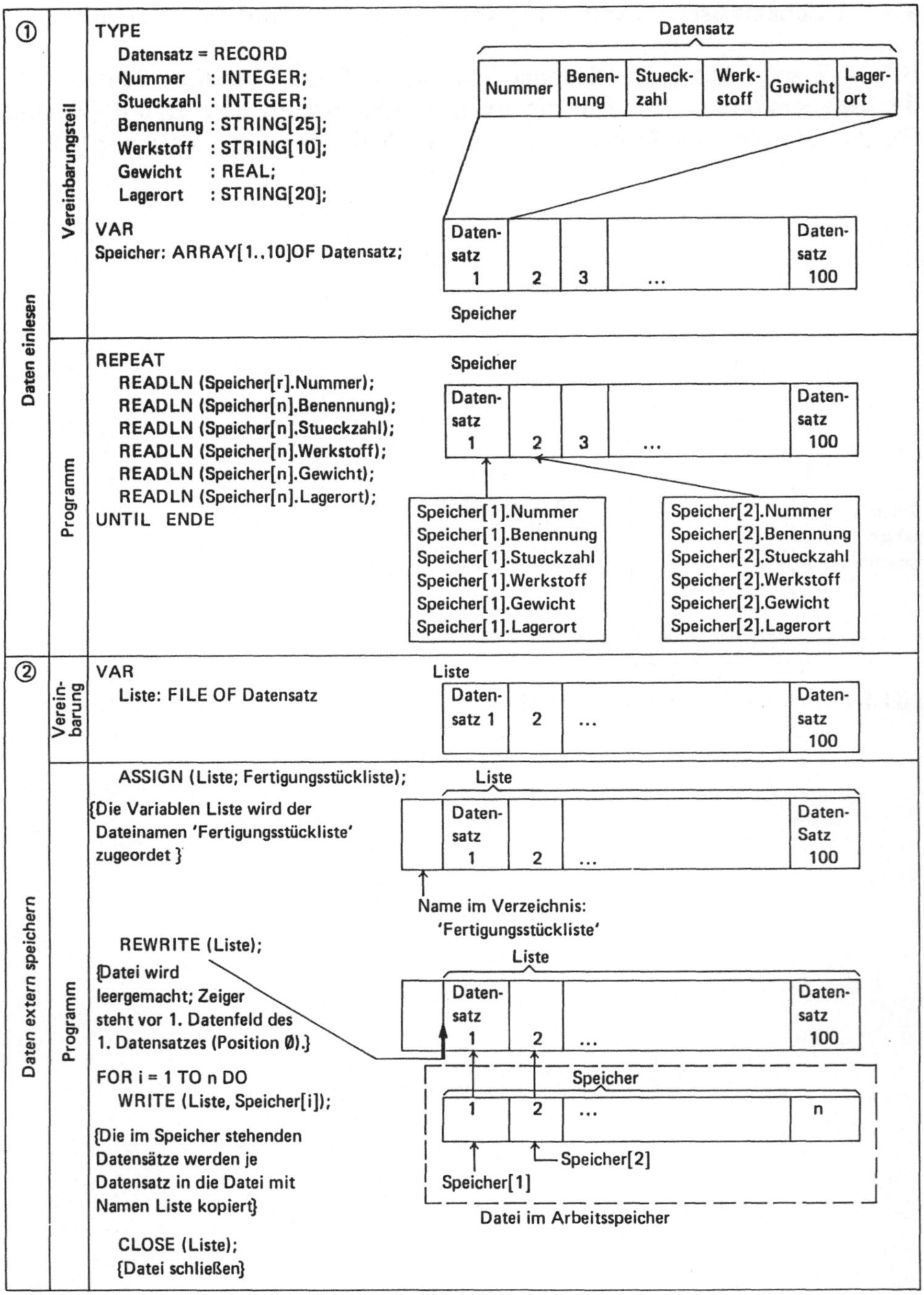

Bild 4-8 Übersichtsschema Dateiverwaltung

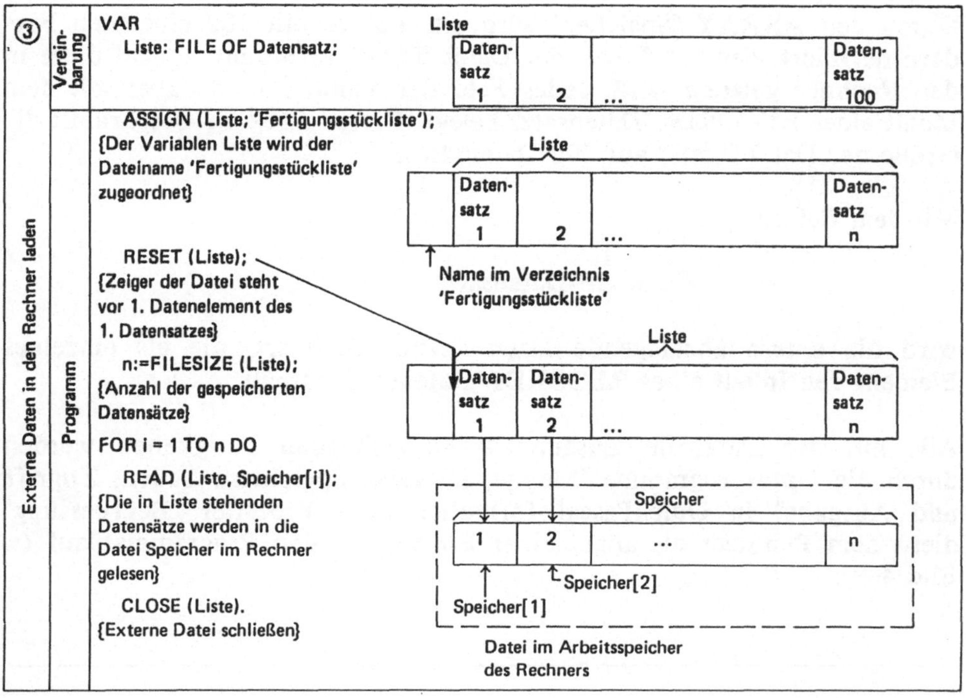

4.4.3 Aufstellen einer Datei mit dateiweisem Datenverkehr

Um eine sequentielle Datei einzugeben, zu laden und zu speichern sind nun keine weiteren Kenntnisse mehr notwendig. Deshalb erläutern wir an dieser Stelle das Programm "DATEI1.PAS".

Der RECORD "Datensatz" besteht, wie Bild 4-8 zeigt, aus folgenden Feldern:

```
Datensatz = RECORD

            Nummer:      INTEGER;
            Stueckzahl:  INTEGER;
            Benennung:   STRING[25];
            Werkstoff:   STRING[10];
            Gewicht:     REAL;
            Lagerort:    STRING[20];
END;
```

Durch den ARRAY "Speicher" wird ein Vektor mit 100 einzelnen Feldern definiert, der den Inhalt der Datei "Liste" aufnimmt, sobald diese in den Rechner geladen wird. Jedes Feld des Vektors wird dabei mit dem Inhalt eines RECORDs "Datensatz" belegt. Dieser ARRAY beschränkt die Größe der Datei "Liste" auf 100 Datensätze.

Mit dem Befehl:

Liste : FILE OF Datensatz;

wird die extern abzulegende Datei "Liste" definiert, die als einzelnes Element den Inhalt eines RECORDs "Datensatz" enthält.

Alle mit der Datei im Zusammenhang stehenden Tätigkeiten werden durch die Unterprogramme "Menue, Eingabe, Speichern, Laden, Zugriff und Ausgabe" in QuickPascal formuliert. Die Prozedur "Begruessung" dient dem Benutzer als allgemeiner Einstieg in den Programmablauf (s. Bild 4-9).

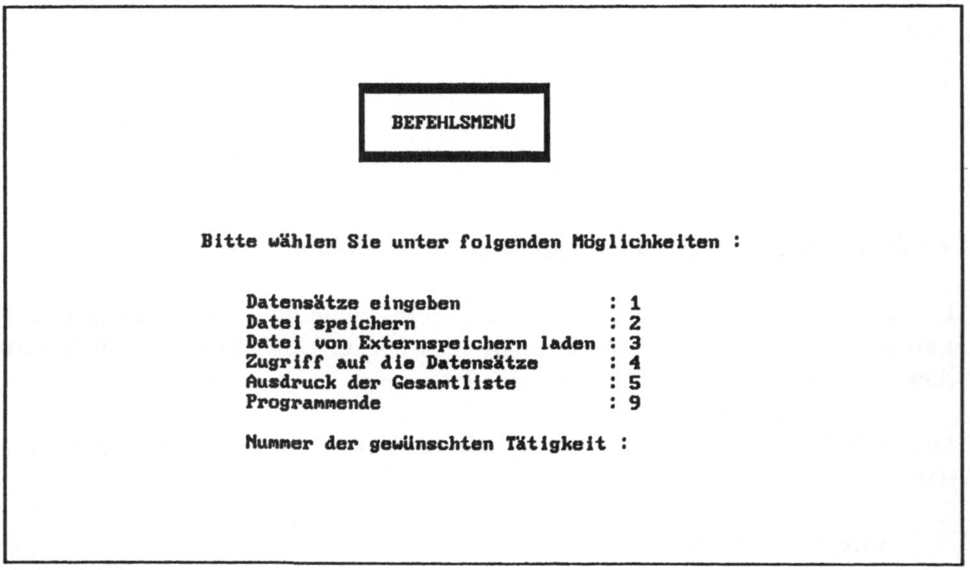
BEFEHLSMENÜ
Bitte wählen Sie unter folgenden Möglichkeiten :
Datensätze eingeben : 1
Datei speichern : 2
Datei von Externspeichern laden : 3
Zugriff auf die Datensätze : 4
Ausdruck der Gesamtliste : 5
Programmende : 9
Nummer der gewünschten Tätigkeit :

Bild 4-9 Befehlsmenü

Mit Hilfe des Unterprogramms "Eingabe" werden die einzelnen Datensätze, bestehend aus "Laufende Nummer, Benennung, Stückzahl, Werkstoff, Gewicht und Lagerort" in den RECORD "Datensatz" eingegeben. Jeder RECORD wird seinerseits dann im ARRAY "Speicher" abgelegt. Dieser Eingabevorgang dauert solange an, bis entweder 100 Datensätze eingelesen wurden oder die "0" für "Laufende Nummer" eingetippt worden ist.

Soll die Fertigungsstückliste später komplett ausgegeben werden, so ist unbedingt als "Laufende Nummer" des vorletzten Datensatzes "999" einzugeben (s. Bild 4-10).

```
                    Eingabe der Datensätze:

Die Datensatzeingabe kann durch Eingabe von "0" unter "Laufende Nummer"
unterbrochen werden.
Bitte beenden Sie die Dateneingabe in jedem Fall mit "999" im Eingabefeld
"Laufende Nummer" ! In die anderen Felder schreiben Sie "0".

Laufende Nummer      : 1
Benennung            : Zylinderschraube
benötigte Stückzahl  : 125
Werkstoff            : St.37
Gewicht (kg/Stück)   : 0.05
Lagerort             : Geislingen/Steige

Laufende Nummer      : 999
Benennung            : 0
benötigte Stückzahl  : 0
Werkstoff            : 0
Gewicht (kg/Stück)   : 0
Lagerort             : 0

Laufende Nummer      : 0
 Nach der Eingabe der Datensätze bitte speichern!

 Zurück zum Menü durch Drücken einer beliebigen Taste.
```

Bild 4-10 Eingabe der Datensätze

Nach Ablauf dieses Unterprogramms wird der Benutzer aufgefordert, die Prozedur "Speichern" aufzurufen, denn seine eingegebenen Daten sind noch nicht in der Datei "Liste" abgelegt worden. Bei Abbruch des Programms wären die Daten sonst verloren.

Das Unterprogramm "Speichern" eröffnet die Datei "Liste" durch den Befehl "REWRITE", d.h. die Datei "Liste" wird völlig neu vereinbart. Eine bisher bereits bestehende Datei gleichen Namens wird dabei gelöscht.

Durch die Anweisung:

...WRITE (Liste,Speicher[i]);

wird der Inhalt des ARRAY "Speicher" in die Datei "Liste" geschrieben.

Das Aufrufen des Unterprogramms "Laden" ist nur sinnvoll, wenn sich bereits eine Datei auf einem externen Speicher befindet; denn dieses Unterprogramm lädt die Datei "Liste" in den Arbeitsspeicher des Rechners. Dabei darf, wie bereits erwähnt, der Befehl "REWRITE" nicht angewandt werden (da die Datei gelöscht wird), sondern man muß mit "RESET" arbeiten.

Das Unterprogramm "Zugriff" ermöglicht die Ausgabe eines bestimmten Datensatzes, der über die Eingabe der "Bauteilbenennung" angesprochen wird. Gibt man als Bauteilbenennung z. B. "Schraube" ein, dann wird der Datensatz mit Speicher[i].Benennung = Schraube ausgegeben.

Das Hauptprogramm besteht wieder "nur" aus dem Aufrufen der oben genannten Unterprogramme in definierter Reihenfolge.

Wenn Sie im Befehlsmenü "Ausdruck der Gesamtliste" anwählen (Nr. 5), erscheint folgender Ausdruck für die Fertigungsstückliste:

Lfd. Nr.	Benennung	Stück- zahl	Werkstoff	Gewicht (kg/Stück)	Lagerort
1	Zylinderschraube	1000	St.37	0.050	Lautern
2	Dichtring	1250	Papier	0.010	Geislingen/Steige
3	Sprengring	2500	Federstahl	0.010	Böbingen/Rems
4	Vorderachse	50	V2A	135.000	Degerloch
5	Kurbelwelle	55	verg.Stahl	12.000	Waldhausen
6	Planetengetr.	11	geh.Stahl	1.370	Mögglingen
7	Hinterachse	50	V2A	140.000	Stuttgart

Dies sind alle in der Liste vorhandenen Daten.
1. Blatt der Fertigungsstückliste
Zur Fortsetzung beliebige Taste drücken !

Bild 4-11 Fertigungsstückliste

Programm DATEI1.PAS

```
USES
  Crt;

TYPE

     Datensatz = RECORD

                          Nummer     : INTEGER;
                          Stueckzahl : INTEGER;
                          Benennung  : STRING [25];
                          Werkstoff  : STRING [10];
                          Gewicht    : REAL;
                          Lagerort   : STRING [20];

                    END;


VAR

     Liste            : FILE OF Datensatz;
     Speicher         : ARRAY [1..100] OF Datensatz;
     Auswahl,n,i,j,k  : BYTE;



PROCEDURE Begruessung;


BEGIN

     CLRSCR;

     GOTOXY (20, 7); WRITELN ('VERWALTUNG EINER FERTIGUNGSSTÜCKLISTE');
     GOTOXY ( 3,15); WRITELN ('Beim erstmaligen Programmstart ist im nachfolgenden
                               Auswahlmenü die "1"');
     GOTOXY ( 3,16); WRITELN ('für "Eingabe" einzugeben.');
     GOTOXY ( 3,18); WRITELN ('Zur Fortsetzung des Programmablaufs bitte beliebige
                                Taste drücken!');
     GOTOXY (70,18);

     REPEAT UNTIL KEYPRESSED;

END;
```

```
PROCEDURE Menue;

BEGIN

     CLRSCR;

     GOTOXY (30, 3); WRITELN ('▄▄▄▄▄▄▄▄▄▄▄▄▄▄▄▄▄▄');
     GOTOXY (30, 4); WRITELN ('█                █');
     GOTOXY (30, 5); WRITELN ('█  BEFEHLSMENÜ   █');
     GOTOXY (30, 6); WRITELN ('█                █');
     GOTOXY (30, 7); WRITELN ('▀▀▀▀▀▀▀▀▀▀▀▀▀▀▀▀▀▀');

     GOTOXY (16,11); WRITELN ('Bitte wählen Sie unter folgenden Möglichkeiten :');
     GOTOXY (20,14); WRITELN ('Datensätze eingeben               : 1');
     GOTOXY (20,15); WRITELN ('Datei speichern                   : 2');
     GOTOXY (20,16); WRITELN ('Datei von Externspeichern laden : 3');
     GOTOXY (20,17); WRITELN ('Zugriff auf die Datensätze        : 4');
     GOTOXY (20,18); WRITELN ('Ausdruck der Gesamtliste          : 5');
     GOTOXY (20,19); WRITELN ('Programmende                      : 9');
     GOTOXY (20,21); WRITE ('Nummer der gewünschten Tätigkeit : ');
                     READLN  (Auswahl);

END;


PROCEDURE Eingabe;

VAR

     Ende  :  BOOLEAN;


BEGIN
      CLRSCR;

      Ende := FALSE;
      GOTOXY (20,3); WRITELN ('Eingabe der Datensätze:');
      GOTOXY ( 2,6); WRITELN ('Die Datensatzeingabe kann durch Eingabe von "0" un
                              ter "Laufende Nummer"');
      GOTOXY ( 2,7); WRITELN ('unterbrochen werden.');
      GOTOXY ( 2,8); WRITELN ('Bitte beenden Sie die Dateneingabe in jedem Fall
                              mit "999" im Eingabefeld');
      GOTOXY ( 2,9); WRITELN ('"Laufende Nummer" ! In die anderen Felder schreiben
                              Sie "0".');
      WRITELN;
```

```
    REPEAT
          n := n+1;

          WRITE (' Laufende Nummer      : '); READLN (Speicher [n].Nummer);

          IF Speicher [n].Nummer = 0  THEN BEGIN

                                            n := n-1;
                                         Ende := TRUE;

                                            END

                                        ELSE BEGIN

     WRITE (' Benennung            : '); READLN (Speicher [n].Benennung);
     WRITE (' benötigte Stückzahl : '); READLN (Speicher [n].Stueckzahl);
     WRITE (' Werkstoff            : '); READLN (Speicher [n].Werkstoff);
     WRITE (' Gewicht (kg/Stück)  : '); READLN (Speicher [n].Gewicht);
     WRITE (' Lagerort             : '); READLN (Speicher [n].Lagerort);
     WRITELN;
                                             END;
     UNTIL Ende;

     WRITELN; WRITELN;
     WRITELN ('  Nach der Eingabe der Datensätze bitte speichern!');
     WRITELN;
     WRITE ('  Zurück zum Menü durch Drücken einer beliebigen Taste. ');

     REPEAT UNTIL KEYPRESSED;


END;



PROCEDURE Speichern;


BEGIN

    CLRSCR;

    ASSIGN  (Liste,'Fertigungsstückliste');
    REWRITE (Liste);
```

```
    FOR i := 1 TO n DO WRITE (Liste,Speicher[i]);

    WRITELN; WRITELN;
    WRITELN ('      ',n,' Einträge vom Arbeitsspeicher in die Kundendatei vorge
          nommen.');
    WRITELN;
    WRITE ('      Zurück zum Menü durch Drücken einer beliebigen Taste.  ');

    CLOSE (Liste);

    REPEAT UNTIL KEYPRESSED;

END;



PROCEDURE Laden;


BEGIN

    CLRSCR;

    ASSIGN (Liste,'Fertigungsstückliste');

    RESET  (Liste);

    n := FILESIZE (Liste);


    FOR i := 1 TO n DO

                    READ (Liste,Speicher[i]);

    WRITELN; WRITELN;
    WRITELN ('    ',n,' Einträge von der Kundendatei in den Arbeitsspeicher.');
    WRITELN;
    WRITE ('    Zurück zum Menü durch Drücken einer beliebigen Taste.  ');

    CLOSE (Liste);

    REPEAT UNTIL KEYPRESSED;

END;
```

```
PROCEDURE Zugriff;

VAR

    Vergleichsname : STRING [25];

BEGIN

      CLRSCR;
      GOTOXY (15,3); WRITELN ('Zugriff auf die Datensätze:');
      GOTOXY ( 2,6); WRITE  ('Eingabe der Bauteilbenennung: ');
                     READLN (Vergleichsname);


      FOR i := 1 TO n DO
                                           BEGIN

          IF Speicher [i].Benennung = Vergleichsname THEN
                                                             BEGIN

      WRITELN; WRITELN;
      WRITELN ('   Ausgabe Datensatz ',Vergleichsname);
      WRITELN;
      WRITELN ('  laufende Nummer      : ',Speicher [i].Nummer);
      WRITELN ('  Benennung            : ',Speicher [i].Benennung);
      WRITELN ('  benötigte Stückzahl  : ',Speicher [i].Stueckzahl);
      WRITELN ('  Werkstoff            : ',Speicher [i].Werkstoff);
      WRITELN ('  Gewicht (kg/Stück)   : ',Speicher [i].Gewicht:4:3);
      WRITELN ('  Lagerort             : ',Speicher [i].Lagerort);

                                                             END;

                                           END;

      WRITELN; WRITELN;
      WRITE (' Zurück zum Menü durch Drücken einer beliebigen Taste.  ');

      REPEAT UNTIL KEYPRESSED;

END;
```

```
PROCEDURE Ausgabe;

LABEL 1,2;

VAR
     Ende : BOOLEAN;

BEGIN

     j:=1; k:=1;

1:   CLRSCR;
     GOTOXY ( 3, 2); WRITELN ('Lfd.');
     GOTOXY (10, 2); WRITELN ('Benennung');
     GOTOXY (26, 2); WRITELN ('Stück-');
     GOTOXY (35, 2); WRITELN ('Werkstoff');
     GOTOXY (48, 2); WRITELN ('Gewicht');
     GOTOXY (61, 2); WRITELN ('Lagerort');
     GOTOXY ( 3, 3); WRITELN ('Nr.');
     GOTOXY (26, 3); WRITELN ('zahl');
     GOTOXY (47, 3); WRITELN ('(kg/Stück)');

     FOR i := 5 TO 20 DO
                         BEGIN

     IF Speicher[k].Nummer = 999 THEN BEGIN

         Ende:= TRUE; i:=20;
         WRITELN; WRITELN;
         WRITELN ('   Dies sind alle in der Liste vorhandenen Daten.');
         GOTO 2;

                                     END;

     GOTOXY ( 3, i); WRITELN (Speicher[k].Nummer);
     GOTOXY (10, i); WRITELN (Speicher[k].Benennung);
     GOTOXY (27, i); WRITELN (Speicher[k].Stueckzahl);
     GOTOXY (35, i); WRITELN (Speicher[k].Werkstoff);
     GOTOXY (48, i); WRITELN (Speicher[k].Gewicht:3:3);
     GOTOXY (61, i); WRITELN (Speicher[k].Lagerort);

     k:=k+1;

                         END;
```

```
2:   WRITELN ('    ',j,'. Blatt der Fertigungsstückliste');
     WRITE   ('   Zur Fortsetzung beliebige Taste drücken ! ');

     i:=5; j:=j+1;
     IF NOT Ende THEN GOTO 1;

     REPEAT UNTIL KEYPRESSED;

END;


BEGIN

     n := 0;
     Begruessung;

     REPEAT

          Menue;

          CASE Auswahl OF

                              1 : Eingabe;
                              2 : Speichern;
                              3 : Laden;
                              4 : Zugriff;
                              5 : Ausgabe;

          END;

     UNTIL Auswahl = 9;

     CLRSCR; WRITELN; WRITELN;
     WRITELN (' Programmende')

END.
```

4.4.4 Aufstellen einer Direktzugriff-Datei

Um aus einer sequentiellen Datei eine Datei mit datensatzweisem Datenverkehr zu machen, ist nur die Kenntnis eines weiteren Befehls erforderlich:

SEEK

Mit dieser Anweisung läßt sich der Dateizeiger, der bisher durch den Benutzer nicht beeinflußt werden konnte, manipulieren. Der Dateizeiger kann also eine vom Benutzer selbst festgelegte Position einnehmen und den jeweils gewünschten Datensatz direkt ansprechen. Der Vorteil einer Direktzugriff-Datei liegt, um es noch einmal zu betonen, darin, daß durch den datensatzweisen Zugriff auf die externe Datei die Größe der Datei unabhängig vom Arbeitsspeicher des Rechners ist.

Im Programm DATEI2 verarbeiten die Unterprogramme also nicht wie im Programm DATEI1 Datenelemente eines internen ARRAYs, sondern Datensätze einer externen Datei. Hierzu sind, außer der Verwendung der Anweisung "SEEK", noch einige Änderungen im Hauptprogramm und in den Unterprogrammen notwendig:

Im Hauptprogramm wird zu Beginn des Programmablaufs die Verbindung zwischen dem Namen 'Fertigungsstückliste' auf dem externen Speicher und dem Arbeitsspeicher (Dateivariable "Liste") hergestellt:

```
ASSIGN (Liste,'Fertigungsstückliste');
```

Da in jeder Prozedur jetzt auf die externe Datei zugegriffen werden soll, muß die Fertigungsstückliste in jedem Unterprogramm des Programms "Datei2" durch RESET bzw. REWRITE geöffnet werden. Der dann jeweils anzusprechende Datensatz muß durch SEEK festgelegt, mit READ eingelesen, bearbeitet und mit WRITE wieder zurückgeschrieben werden.

Mit der Prozedur "Loeschen" kann die externe Datei "Liste" komplett gelöscht werden. Man sollte daher mit dem Aufruf dieses Unterprogramms sehr vorsichtig sein; die Datei "Liste" ist im Arbeitsspeicher ja nicht vorhanden und somit nach Ablauf von "Loeschen" verloren.

Durch Einsatz der Direktzugriff-Datei verkürzt sich das Programm "DATEI2.PAS" bei gleichbleibendem Leistungsangebot gegenüber dem Programm "Datei1" erheblich. Die Unterprogramme "Laden und Speichern" aus "Datei1" werden durch die Prozedur "Eingabe" in "Datei2" ersetzt.

Der Nachteil von Direktzugriff-Dateien gegenüber sequentiellen Dateien liegt in der längeren Zeit, die beim Ablauf von Sortierroutinen benötigt wird. Normalerweise wird verlangt, daß die Datensätze eines Dateiprogramms in alphabetischer Reihenfolge vorliegen müssen. Der Programmierer muß also Sortierroutinen in seinem Programm vorsehen, die z.B. vorgenommene Änderungen an der richtigen Stelle einfügen. Solche Sortierroutinen sind mit den Programmen "BUBBLE.PAS" (s. Abschn. 2.3.4.2.2) und "SHELL.PAS" (s. Anhang A 4.4) bereits vorgestellt worden.

Da bei Direktzugriff-Dateien die Datensätze im dauernden Dialog mit dem Externspeicher abgerufen, verglichen und zurückgeschrieben werden müssen, ist für das Sortieren natürlich mehr Zeit nötig, als wenn die Datensätze komplett im Arbeitsspeicher vorliegen.

Programm DATEI2.PAS

```
USES
  Crt;

TYPE

    Datensatz = RECORD

                       Nummer      :  INTEGER;
                       Stueckzahl  :  INTEGER;
                       Benennung   :  STRING [25];
                       Werkstoff   :  STRING [10];
                       Gewicht     :  REAL;
                       Lagerort    :  STRING [20];

                END;


VAR

    Liste              : FILE OF Datensatz;
    Auswahl,n,i,j,k    : BYTE;
    Satz               : Datensatz;




PROCEDURE Begruessung;

BEGIN

    CLRSCR;

    GOTOXY (23, 7); WRITELN ('VERWALTUNG EINER FERTIGUNGSSTÜCKLISTE');
    GOTOXY ( 3,15); WRITELN ('Beim erstmaligen Programmstart ist im nachfolgenden
                             Auswahlmenü die "2"');
    GOTOXY ( 3,16); WRITELN ('für "Eingabe" einzugeben.');
    GOTOXY ( 3,18); WRITELN ('Zur Fortsetzung des Programmablaufs bitte beliebige
                             Taste drücken!');
    GOTOXY (70,18);

    REPEAT UNTIL KEYPRESSED;

END;
```

```
PROCEDURE Menue;

BEGIN

    CLRSCR;

    GOTOXY (30, 3); WRITELN ('▄▄▄▄▄▄▄▄▄▄▄▄▄▄▄');
    GOTOXY (30, 4); WRITELN ('█             █');
    GOTOXY (30, 5); WRITELN ('█  BEFEHLSMENÜ █');
    GOTOXY (30, 6); WRITELN ('█             █');
    GOTOXY (30, 7); WRITELN ('▀▀▀▀▀▀▀▀▀▀▀▀▀▀▀');

    GOTOXY (16,11); WRITELN ('Bitte wählen Sie unter folgenden Möglichkeiten :');
    GOTOXY (20,14); WRITELN ('Alte Datei löschen              : 1');
    GOTOXY (20,15); WRITELN ('Datensätze eingeben             : 2');
    GOTOXY (20,16); WRITELN ('Zugriff auf die Datensätze      : 3');
    GOTOXY (20,17); WRITELN ('Programmende                    : 9');
    GOTOXY (20,20); WRITE ('Nummer der gewünschten Tätigkeit : ');
                    READLN  (Auswahl);

END;



PROCEDURE Loeschen;

BEGIN

    REWRITE (Liste);

    CLRSCR; WRITELN; WRITELN; WRITELN;
    WRITE ('  Alte Datei gelöscht!  ');

    DELAY (2000);

END;



PROCEDURE Eingabe;

VAR

    Ende  :  BOOLEAN;
```

```
BEGIN
     CLRSCR;

     Ende := FALSE;

     GOTOXY (25,3); WRITELN ('Eingabe der Datensätze:');
     GOTOXY (10,6); WRITELN ('Die Datensatzeingabe kann durch Eingabe von "0"
                              unter ');
     GOTOXY (10,7); WRITELN ('"Laufender Nr." unterbrochen werden.');
     WRITELN;

     RESET (Liste);

     SEEK (Liste,FILESIZE(Liste));

     WITH Satz DO

     REPEAT

           WRITE ('  Laufende Nummer        : '); READLN (Nummer);

           IF Nummer = 0  THEN Ende := TRUE

                          ELSE BEGIN

           WRITE ('  Benennung              : '); READLN (Benennung);
           WRITE ('  benötigte Stückzahl    : '); READLN (Stueckzahl);
           WRITE ('  Werkstoff              : '); READLN (Werkstoff);
           WRITE ('  Gewicht  (kg/Stück)    : '); READLN (Gewicht);
           WRITE ('  Lagerort               : '); READLN (Lagerort);
           WRITELN;

           WRITE (Liste,Satz);

                               END;

     UNTIL Ende;

     CLOSE (Liste);

     WRITELN; WRITELN;
     WRITE ('  Zurück zum Menü durch Drücken einer beliebigen Taste. ');

     REPEAT UNTIL KEYPRESSED;

END;
```

```
PROCEDURE Zugriff;

LABEL 10;

VAR

    Vergleichsname : STRING [25];

BEGIN

      CLRSCR;
      GOTOXY (15,3); WRITELN ('Zugriff auf die Datensätze:');
      GOTOXY ( 2,6); WRITE  ('Eingabe der Bauteilbezeichnung : ');
                     READLN (Vergleichsname);

      RESET (Liste);

      FOR i := 0 TO FILESIZE (Liste) DO
                                            BEGIN

          SEEK (Liste,i);

          READ (Liste,Satz);

          WITH Satz DO

          IF Benennung = Vergleichsname THEN
                                            BEGIN

               WRITELN; WRITELN;
               WRITELN ('   Ausgabe Datensatz ',Vergleichsname);
               WRITELN;
               WRITELN ('   Laufende Nr.  : ',Nummer);
               WRITELN ('   Stückzahl     : ',Stueckzahl);
               WRITELN ('   Werkstoff     : ',Werkstoff);
               WRITELN ('   Gewicht       : ',Gewicht:4:3);
               WRITELN ('   Lagerort      : ',Lagerort);

               CLOSE (Liste);
               GOTO 10;

                                            END;

                                            END;
```

```
10:   WRITELN; WRITELN;
      WRITE (' Zurück zum Menü durch Drücken einer beliebigen Taste.  ');

      REPEAT UNTIL KEYPRESSED;

END;

BEGIN

     ASSIGN (Liste,'Fertigungsstückliste');

     n := 0;
     Begruessung;

     REPEAT

          Menue;

          CASE Auswahl OF

                                   1 : Loeschen;

                                   2 : Eingabe;

                                   3 : Zugriff;

          END;

     UNTIL Auswahl = 9;

     CLRSCR; WRITELN; WRITELN;
     WRITELN (' Programmende')

END.
```

5 Anwendungsprogramme

Nachdem alle Daten- und Programmstrukturen bekannt und besprochen sind, sollen im Anschluß noch einige Programme aus naturwissenschaftlichen und technischen Bereichen die Anwendung des Besprochenen vertiefen. Die in diesem Kapitel vorgestellten Programme sind auch Beispiele für die verschiedenen Möglichkeiten der Bildschirmgestaltung, der Datenverwaltung und der Absicherung der Programme gegen unerlaubte Eingaben. Diese Beispielprogramme stammen aus der Chemie, der Mathematik, der Physik und der Statistik. Sie sind alle in der Praxis voll einsatzfähig.

5.1 Chemie

Mit folgenden drei Beispielen werden chemische Anwendungen programmiert:

- Radioaktiver Zerfall (RADIOZER.PAS)

- Wasserstoff-Spektrum (SPEKTRUM.PAS)

- Titrationsauswertung (TITRATIO.PAS).

5.1.1 Radioaktiver Zerfall (RADIOZER.PAS)

Das erste Programm behandelt den radioaktiven Zerfall chemischer Elemente. Nach dem Start des Programms werden wie üblich zunächst die zum reibungslosen Ablauf nötigen Informationen auf dem Bildschirm ausgegeben. Bei der Ausführung dieses Programms wird die Anzahl der nach jedem Tag noch nicht zerfallenen Atomkerne ausgegeben. Es empfiehlt sich daher, keine Elemente mit langen Zerfallszeiten einzugeben, da sonst eine wahre Zahlenflut in Form der Ausgabetabelle vorbeirauscht.

Ansonsten handelt es sich hierbei um ein Standardprogramm ohne größere Raffinessen.

Bild 5-1 zeigt die Möglichkeiten des Programms und Bild 5-2 die Zerfallsreihe für I_{131} (Halbwertszeit von 8 Tagen) für die ersten 11 Tage.

```
  Dieses Programm behandelt den radioaktiven Zerfall bestimmter Elemente


Bitte geben Sie nacheinander folgende Werte ein :

  1. Anzahl der Kerne
  2. (wenn bekannt) Zerfallskonstante (zum Beispiel 0.0002)
     (wenn Zerfallskonstante unbekannt) Halbwertszeit

Die genannten Werte können für max.20 Elemente eingegeben werden.

Das Programm berechnet die Anzahl der Kerne, die nach einer vom Benutzer
festzulegenden Anzahl von Tagen noch nicht zerfallen sind.


Fortsetzen des Programmablaufs mit < RETURN >
```

Bild 5-1 Programm Radioaktiver Zerfall

```
System Nr. 1

Anfangszahl der Kerne : 100000.00

Zerfallskonstante : 0.0866433976

       Tage      |      Anzahl vorhandener Kerne
-----------------+------------------------------
          1      |      91700.40
          2      |      84089.64
          3      |      77110.54
          4      |      70710.68
          5      |      64841.98
          6      |      59460.36
          7      |      54525.39
          8      |      50000.00
          9      |      45850.20
         10      |      42044.82
         11      |      38555.27

Ergebnis notiert ? Weiter mit beliebiger Taste
```

Bild 5-2 Zerfallsreihe für I_{131}

Programm RADIOZER.PAS

```
USES
  Crt;

LABEL 1,2;


VAR

   s,t,i,j,l,Ende : INTEGER;
                a : ARRAY[1..20] OF REAL;
                k : ARRAY[1..20] OF REAL;
                z : ARRAY[1..20,1..146] OF REAL;
          Abfrage : CHAR;


BEGIN
     CLRSCR; WRITELN; WRITELN;
     WRITELN ('   Dieses Programm behandelt den radioaktiven Zerfall bestimmter
              Elemente');
     WRITELN; WRITELN;
     WRITELN (' Bitte geben Sie nacheinander folgende Werte ein :');
     WRITELN; WRITELN ('   1. Anzahl der Kerne');
     WRITELN ('   2. (wenn bekannt) Zerfallskonstante (zum Beispiel 0.0002)');
     WRITELN ('      (wenn Zerfallskonstante unbekannt) Halbwertszeit');
     WRITELN;
     WRITELN (' Die genannten Werte können für max.20 Elemente eingegeben
              werden.');
     WRITELN;
     WRITELN (' Das Programm berechnet die Anzahl der Kerne, die nach einer vom
              Benutzer');
     WRITELN (' festzulegenden Anzahl von Tagen noch nicht zerfallen sind.');
     WRITELN; WRITELN; WRITE (' Fortsetzen des Programmablaufs mit < RETURN > ');
     READLN;

     CLRSCR; WRITELN; WRITELN;
     WRITE (' Bitte geben Sie die Zerfallsdauer in Tagen ein : ');
     READLN (Ende);

     WRITELN;
     WRITELN (' Die folgende Eingabeschleife kann durch "999" abgebrochen
              werden !');

     FOR i:=1 TO 20 DO
                     BEGIN
```

```
          WRITELN; WRITELN;
          WRITE (' Bitte geben Sie die Anfangszahl der Kerne des ',i,'.
                Systems ein : ');
          READLN (a[i]);

          IF a[i] = 999 THEN GOTO 1;

          WRITE (' Ist die Zerfallskonstante bekannt (j/n) ? ');
          READLN (Abfrage);

          IF (Abfrage='J') OR (Abfrage='j') THEN BEGIN

              WRITE (' Bitte geben Sie die Zerfallskonstante des ',i,'.
                    Systems ein : ');
              READLN (k[i]);
                                          END

                                      ELSE BEGIN

              WRITE (' Bitte geben Sie die Halbwertszeit des ',i,'. Systems
                    in Tagen ein : ');
              READLN (k[i]);
              k[i] := ln(2)/k[i];
                                          END;
                END;

1:  FOR l:=1 TO i-1 DO
                BEGIN

      FOR j:=1 TO Ende DO   z[l,j] := a[l]*EXP(-k[l]*j);

                END;

    FOR l:=1 TO i-1 DO
                BEGIN
          s:=1; t:=10;
2:        CLRSCR; WRITELN; WRITELN;
          WRITELN (' System Nr.',l:2); WRITELN; WRITELN;
          WRITELN (' Anfangszahl der Kerne : ',a[l]:8:2); WRITELN;
          WRITELN (' Zerfallskonstante : ',k[l]:8:10); WRITELN;
          WRITELN ('        Tage      |    Anzahl vorhandener Kerne');
          WRITELN (' ─────────────────┼──────────────────────────────');
          FOR j:=s TO Ende DO BEGIN

            WRITELN ( j:12,'      |',z[l,j]:12:2);
```

```
                IF j>t THEN BEGIN

                 WRITELN;
                 WRITE (' Ergebnis notiert ? Weiter mit beliebiger Taste  ');
                 REPEAT UNTIL KEYPRESSED;
                 t:= t+10; s:=s+1; GOTO 2;
                        END;

                 s:=s+1;

                           END;

                WRITELN; WRITE (' Ergebnis notiert ? Weiter mit beliebiger Taste
');
              REPEAT UNTIL KEYPRESSED;

                   END;

WRITELN; WRITELN; WRITELN (' Programmende.');

END.→
```

5.1.2. Wasserstoff-Spektrum (SPEKTRUM.PAS)

Beim Programm "Spektrum" sind Erläuterungen zu den einzelnen Definitionen und Abläufen eingefügt. QuickPascal ignoriert ja bekanntlich alle mit "{" oder "(*" eingerahmten Zeichen.

Dieses Programm simuliert den Sprung von Elektronen des Wasserstoffatoms von einzelnen Schalen auf andere und errechnet die dabei frei werdende Energie sowie die Wellenlänge des ausgesandten Lichts. Die entsprechenden Serien sind nach ihren Entdeckern (Lyman, Balmer, Paschen, Brackett und Pfund) benannt.

Programm SPEKTRUM.PAS

```
USES
  Crt;

CONST
    c = 2.997925e8;          { Lichtgeschwindigkeit }
    h = 6.6e-34;             { Plancksches Wirkungsquantum }
    R = 1.0967758e7;         { Rydberg-Konstante }
```

```
VAR
    a,                      { Laufvariable }
    m,                      { Serie }
    n,                      { Schalen-Nr. }
    z         : BYTE;       { Sprung-Zähler }
    e,                      { Energie }
    lambda,                 { Wellenlänge }
    v         : ARRAY [1..5] OF REAL;     { Wellenzahl }

BEGIN                       { Bildschirmeinweisung }
  CLRSCR; WRITELN; WRITELN;
  WRITELN ('                        Wasserstoffspektrum');
  WRITELN; WRITELN;
  WRITELN; WRITELN;
  WRITELN (' Mit diesem Programm können Sie Sich die verschiedenen Serien des');
  WRITELN (' Wasserstoffspektrums in Form der Wellenzahl und Wellenlänge der
          einzelnen');
  WRITELN (' Übergangsmöglichkeiten errechnen lassen. Zusätzlich erfolgt die
           Ausgabe ');
  WRITELN (' des entsprechenden Energiebetrages.');
  WRITELN; WRITELN (' Geben Sie je nach gewünschter Serie die angegebene Ziffer
                  ein:');
  WRITELN;

  WRITELN ('   1: LYMAN-Serie');
  WRITELN ('   2: BALMER-Serie');
  WRITELN ('   3: PASCHEN-Serie');
  WRITELN ('   4: BRACKETT-Serie');
  WRITELN ('   5: PFUND-Serie');
  WRITELN;

  REPEAT                    { Eingabeteil }
                     WRITE (' Eingabe: ');READLN (m);
  UNTIL m IN [1..5];

  WRITELN;
  WRITELN (' Geben Sie an, von welcher Schale n Sie die Wellenzahlen der ');
  WRITELN (' möglichen Sprünge haben möchten (n darf nicht größer als 6 gewählt
          werden).');
  WRITELN;

  REPEAT
                     WRITE (' Eingabe: ');READLN (n);
  UNTIL n IN [1..6];
```

```
IF n>m THEN BEGIN        { Verarbeitungsteil }
                  WRITELN;
                  a:=m;
                  z:=0;

                  WHILE a<n DO BEGIN
                                 a:=a+1;
                                 z:=z+1;
                                 v[z]:=(1/SQR(m)-1/SQR(a)) * R;
                                 lambda[z]:=(1/v[z])*1e8;
                                 e[z]:=h*c*v[z]*1e4;
                              END;
              END

     ELSE BEGIN
                  WRITELN;
                  WRITELN (' Der Sprung ist in dieser Serie nicht möglich !');
                  WRITELN;
                  WRITELN (' Starten Sie erneut.');
              END;

 a:=m;
 z:=0;
 CLRSCR; WRITELN; WRITELN;

 WHILE a<n DO BEGIN        { Ausgabeteil }
                  a:=a+1;
                  z:=z+1;
   WRITELN (' Die Wellenzahl des ',z,'. Sprunges beträgt      : ',v[z]:8:2);
   WRITELN;
   WRITELN (' Wellenlänge des ausgesandten Lichts          : ',lambda[z]:5:2,'
        nm');
   WRITELN;
   WRITELN (' Diesem Sprung entspricht eine Energie von  : ',e[z],' J');
   WRITELN; WRITELN;
        END;

END.
```

5.1.3 Auswertung von Titrationen (TITRATIO.PAS)

Mit Hilfe dieses Programms können Titrationsergebnisse schnell bearbeitet werden. Es erspart die bei der Auswertung normalerweise anfallenden Berechnungen und kann als Beispiel für rechnerunterstützten Laborbetrieb herangezogen werden. Programme dieser Art werten beispielsweise die Ergebnisse einer Versuchsreihe im Titriprozessor grafisch aus.

Programm TITRATIO.PAS

```
USES
  Crt;

VAR
     Molmasse,c,f,t,S,W,m : REAL;
                        i : INTEGER;
                        V : ARRAY [1..20] OF REAL;
                  Stoff,X : STRING [20];
                        n : BYTE;

BEGIN
   CLRSCR;
   WRITELN; WRITELN;
   WRITELN ('         Programm zur Auswertung von Titrationsergebnissen');
   WRITELN; WRITELN;
   WRITELN (' Welcher Stoff (z.B. Eisen) wurde durch die Titrationen bestimmt ?');
   WRITELN; WRITE (' Bitte um Eingabe des Stoffnamens : ');
   READLN (Stoff);
   WRITELN; WRITE (' Eingabe der Molmasse von ',Stoff,' in g : ');
   READLN (Molmasse);
   WRITELN; WRITE (' Eingabe der Konzentration der Maßlsg. in mol/l : ');
   READLN  (c);
   WRITELN; WRITE (' Anzahl der durchgeführten Titrationen : ');
   READLN  (n);
   WRITELN; WRITELN;

   FOR i:=1 TO n DO
                BEGIN
         WRITE ('  Verbrauch der ',i,'. Titration in ml : ');
         READLN (V[i]);
                END;

    WRITELN; WRITE (' Eingabe des aliquoten Faktors : ');
    READLN (f);
    WRITELN; WRITE (' Titer der Maßlösung t=1.00 (j/n) : ');
    READLN (X);

     IF (X='J') OR (X='j') THEN t:=1

                            ELSE
                               BEGIN
       WRITELN; WRITELN (' Titer eingeben : '); READLN (t);
                               END;
```

```
    S:=0;

    FOR i:=1 TO n DO
                    S:=S+V[i];
                    W:=S/n;
                    m:=c*Molmasse*t*W*f;

    CLRSCR;
    GOTOXY(10,5); WRITELN ('Maßanalytische Bestimmung von ',Stoff);
    GOTOXY(10,8); WRITELN ('Verbrauch an Maßlsg.');

    FOR i:= 1 TO n DO
                    BEGIN
                         GOTOXY(10,10+i);
                         WRITELN ('Verbrauch (',i,') = ',V[i]:4:2 ,' ml');
                    END;

    GOTOXY(10,12+n); WRITELN ('mittl. Verbrauch = ',W:4:2,' ml');
    GOTOXY(10,14+n); WRITELN ('In der Probe befinden sich ',m:5:2,' mg ',Stoff)

END.→
```

5.2 Mathematik

Die Anwendungsprogramme zur Mathematik sollen an dieser Stelle nicht ausführlicher erläutert werden - die notwendige Theorie kann jeder in der Fachliteratur nachlesen. Folgende Programme stehen zur Verfügung:

- Lösung quadratischer Gleichungen (QUADRAT.PAS)

- Addition zweier Matrizen (MATRADD.PAS)

- Multiplikation zweier Matrizen (MATRMULT.PAS)

- Inverse einer Matrix (INVERSE.PAS)

- Lösung linearer Gleichungssysteme nach Gauss-Jordan (GAUSSJOR.PAS).

5.2.1 Lösung quadratischer Gleichungen (QUADRAT.PAS)

Programm QUADRAT.PAS

```
USES
  Crt;

LABEL 1;

VAR
      a,b,c,D,X1,X2 : REAL;

BEGIN
      CLRSCR;
      WRITELN; WRITELN;
      WRITELN (' Programm zur Lösung quadratischer Gleichungen der Form :');
      WRITELN; WRITELN ('                  y = ax²+bx+c');

      WRITELN; WRITE (' Bitte den Wert von a eingeben : '); READLN (a);
      WRITELN; WRITE (' Bitte den Wert von b eingeben : '); READLN (b);
      WRITELN; WRITE (' Bitte den Wert von c eingeben : '); READLN (c);
      WRITELN; WRITELN;

      IF a = 0 THEN BEGIN
       WRITELN (' Für die eingegebenen Werte ergibt sich eine Gerade');
       WRITELN (' mit der Steigung ',b:5:2,' und dem X-Achsenabstand ',c:5:2);
       WRITELN;
       WRITELN (' Sie schneidet die X-Achse im Punkt (',-c/b:5:2,'|0)');
       WRITELN;
       GOTO 1;
                     END;

      D := SQR(b) - 4*a*c;

      IF D = 0 THEN BEGIN
       WRITELN (' Für die eingegebenen Werte ergibt sich eine Parabel,');
       WRITELN (' die die X-Achse im Punkt (',-b/(2*a):5:2,'|0) berührt');
       WRITELN;
                     END;

      IF D > 0 THEN BEGIN
       X1 := -b + SQRT(SQR(b) - 4*a*c)/(2*a);
       X2 := -b - SQRT(SQR(b) - 4*a*c)/(2*a);
       WRITELN (' Für die eingegebenen Werte ergibt sich eine Parabel,');
       WRITELN (' die die X-Achse in den Punkten');
```

```
      WRITELN (' P1 (',X1:5:2,'|0) und P2 (',X2:5:2,'|0) schneidet');
                    END;

     IF D < 0 THEN BEGIN
      WRITELN (' Mit den eingegebenen Werten gibt es für die oben aufgeführte');
      WRITELN (' Gleichung nur komplexe Lösungen');
                    END;

1: END.→
```

5.2.2 Addition zweier Matrizen (MATRADD.PAS)

Programm MATRADD.PAS

```
USES
  Crt;

VAR
   A,B,C   : ARRAY [1..20,1..20] OF REAL;
   X,Y,S,Z : BYTE;

BEGIN
     CLRSCR;
     WRITELN; WRITELN;
     WRITELN ('       Programm zum Addieren zweier Matrizen'); WRITELN;
     WRITELN; WRITELN;
     WRITELN (' Um zwei Matrizen zu addieren, muß sowohl ihre Spaltenanzahl');
     WRITELN (' als auch ihre Zeilenanzahl übereinstimmen.');
     WRITELN;
     WRITE (' Eingabe der Zeilenanzahl : '); READLN (Z);
     WRITE (' Eingabe der Spaltenanzahl: '); READLN (S);
     WRITELN; WRITELN (' Eingabe der ersten Matrix :'); WRITELN;

     FOR X:=1 TO Z DO
                    BEGIN
     FOR Y:=1 TO S DO
                    BEGIN
     WRITE (' A[',X,',',Y,'] = '); READLN (A[X,Y]);
                    END;
                    END;

     WRITELN; WRITELN (' Eingabe der zweiten Matrix :'); WRITELN;
```

```
    FOR X:=1 TO Z DO
                    BEGIN
    FOR Y:=1 TO S DO
                    BEGIN
    WRITE (' B[',X,',',Y,'] = '); READLN (B[X,Y]);
                    END;
                    END;

    FOR X:=1 TO Z DO
                    BEGIN
    FOR Y:=1 TO S DO C[X,Y]:= A[X,Y] + B[X,Y];
                    END;

    WRITELN; WRITELN (' Ergebnis der Matrizenaddition :'); WRITELN;

    FOR X:=1 TO Z DO
                    BEGIN
    FOR Y:=1 TO S DO
                    BEGIN
    WRITELN (' C [',X,',',Y,'] = ', C[X,Y]:6:2 );
                    END;
                    END;
END.
```

5.2.3 Multiplikation zweier Matrizen (MATRMULT.PAS)

Programm MATRMULT.PAS

```
USES
  Crt;

VAR
   Z1,Z2,S1,S2 : BYTE;
         A,B,C : ARRAY [1..20,1..20] OF BYTE;
       i,j,k,S : INTEGER;

BEGIN
   CLRSCR;
   WRITELN; WRITELN;
   WRITELN ('         Multiplikation zweier Matrizen');
   WRITELN; WRITELN;
   WRITELN (' Um zwei Matrizen miteinander zu multiplizieren, müssen die');
   WRITELN (' Zeilenanzahl der ersten Matrix und die Spaltenanzahl');
   WRITELN (' der zweiten oder umgekehrt übereinstimmen !'); WRITELN;
```

```
WRITE (' Zeilenanzahl  der ersten  Matrix: '); READLN (Z1);
WRITE (' Spaltenanzahl der ersten  Matrix: '); READLN (S1);
WRITE (' Zeilenanzahl  der zweiten Matrix: '); READLN (Z2);
WRITE (' Spaltenanzahl der zweiten Matrix: '); READLN (S2);
WRITELN; WRITELN;

IF (Z1<>S2) AND (S1<>Z2)  THEN  WRITELN
(' Die beiden Matrizen A und B lassen sich nicht miteinander multiplizieren. ')

           ELSE  BEGIN
  WRITELN (' Geben Sie die Matrix Nr.1 ein :'); WRITELN;

  FOR i:=1 TO Z1 DO
                    BEGIN
  FOR k:=1 TO S1 DO
                    BEGIN
  WRITE ('    A[',i,',',k,'] = '); READLN (A[i,k]);
                    END;
                    END;

  WRITELN; WRITELN (' Geben Sie die Matrix Nr.2 ein :'); WRITELN;

  FOR k:=1 TO Z2 DO
                    BEGIN
  FOR j:=1 TO S2 DO
                    BEGIN
  WRITE ('    B[',k,',',j,'] = '); READLN (B[k,j]);
                    END;
                    END;

  IF S1=Z2 THEN BEGIN

      FOR i:=1 TO S2 DO
                        BEGIN
      FOR j:=1 TO Z1 DO
                        BEGIN
      S:=0;

      FOR k:=1 TO Z2 DO
                        BEGIN
                              S:=S+A[j,k]*B[k,i];
                        END;
      C[i,j]:=S;

                        END;
                        END;
```

```
        WRITELN; WRITELN (' Ergebnis der Matrizenmultiplikation :'); WRITELN;

        FOR i:=1 TO S2 DO
                          BEGIN
        FOR j:=1 TO Z1 DO
                          BEGIN
        WRITELN (' C[',i,j,'] = ',C[i,j]);
                          END;
                          END;

                  END;

     IF Z1=S2 THEN BEGIN

        FOR i:=1 TO Z2 DO
                          BEGIN
        FOR j:=1 TO S1 DO
                          BEGIN
        S:=0;

        FOR k:=1 TO Z1 DO
                          BEGIN
                                S:=S+B[j,k]*A[k,i];
                          END;

        C[i,j]:=S;

                          END;
                          END;

        WRITELN; WRITELN (' Ergebnis der Matrizenmultiplikation :'); WRITELN;

        FOR i:=1 TO S1 DO
                          BEGIN
        FOR j:=1 TO Z2 DO
                          BEGIN
        WRITELN (' C[',i,j,'] = ',C[i,j]);
                          END;
                          END;

                  END;

                   END;

   WRITELN; WRITELN (' Programmende.');

END.
```

5.2.4 Inverse einer Matrix (INVERSE.PAS)

```
USES
  Crt;


LABEL 1,2;

VAR
        b,i,j,z : BYTE;
        Mat,Inv : ARRAY [1..3,1..3] OF REAL;
            Det : REAL;


PROCEDURE Inverse;

BEGIN

      Inv[1,1] := Mat[2,2]*Mat[3,3]-Mat[2,3]*Mat[3,2];
      Inv[1,2] := Mat[2,1]*Mat[3,3]-Mat[2,3]*Mat[3,1];
      Inv[1,3] := Mat[2,1]*Mat[3,2]-Mat[2,2]*Mat[3,1];
      Inv[2,1] := Mat[1,2]*Mat[3,3]-Mat[1,3]*Mat[3,2];
      Inv[2,2] := Mat[1,1]*Mat[3,3]-Mat[1,3]*Mat[3,1];
      Inv[2,3] := Mat[1,1]*Mat[3,2]-Mat[1,2]*Mat[3,1];
      Inv[3,1] := Mat[1,2]*Mat[2,3]-Mat[1,3]*Mat[2,2];
      Inv[3,2] := Mat[1,1]*Mat[2,3]-Mat[1,3]*Mat[2,1];
      Inv[3,3] := Mat[1,1]*Mat[2,2]-Mat[1,2]*Mat[2,1];

END;


PROCEDURE Determinante;

VAR
          a,c : REAL;

BEGIN

      a := (Mat[1,1]*Mat[2,2]*Mat[3,3])+(Mat[2,1]*Mat[3,2]*Mat[1,3])+
                     (Mat[3,1]*Mat[1,2]*Mat[2,3]);

      c := (Mat[1,3]*Mat[2,2]*Mat[3,1])+(Mat[2,3]*Mat[3,2]*Mat[1,1])+
                     (Mat[3,3]*Mat[1,2]*Mat[2,1]);

      Det := a-c;

END;
```

```
BEGIN        (* Hauptprogramm *)


1:     CLRSCR;
       WRITELN; WRITELN;
       WRITELN (' Programm zur Erstellung einer inversen Matrix');
       WRITELN; WRITELN (' Bitte beachten Sie, daß eine inverse Matrix nur aus
                          einer regulären');
       WRITELN (' (quadratischen) Matrix gebildet werden kann.');
       WRITELN (' Dieses Programm ist auf Matrizen mit 3 Zeilen/Spalten
                 begrenzt.');
       WRITELN; WRITELN;
       WRITE (' Bitte geben Sie die Zeilenanzahl der Ausgangsmatrix ein : ');
       READLN (z);

       IF z>3 THEN BEGIN

       WRITELN (' Bitte nicht mehr als 3 Zeilen/Spalten eingeben !');
       WRITE; DELAY (2541);
       GOTO 1;

                   END;

       WRITELN;
       WRITELN (' Eingabe der zu invertierenden Matrix :');
       WRITELN (' Startpunkt ist der 1.Wert im Matrixfeld 1.1 oben links.');
       WRITELN (' Die Eingabe erfolgt zeilenweise.'); WRITELN;
       b:=17;


       FOR i:=1 TO z DO
                         BEGIN

       FOR j:=1 TO z DO
                         BEGIN

       GOTOXY (25,b); WRITE ('X[',i,'.',j,'] := ');
                      READ (Mat[i,j]);
                      b:=b+1;

                         END;

                         END;
```

```
      Determinante;
      Inverse;

      CLRSCR; WRITELN; WRITELN;
      WRITELN (' Ausgabe der inversen Matrix :');

      GOTOXY (26,10); WRITE (Inv[1,1]:4:2,'  ',-Inv[2,1]:4:2,'  ',Inv[3,1]:4:2);
      GOTOXY (10,12); WRITE ('Inv = ',Det:4:2,' * ');
      GOTOXY (26,12); WRITE (-Inv[1,2]:4:2,'  ',Inv[2,2]:4:2,'  ',-Inv[3,2]:4:2);
      GOTOXY (26,14); WRITE (Inv[1,3]:4:2,'  ',-Inv[2,3]:4:2,'  ',Inv[3,3]:4:2);
      WRITELN;

END.
```

5.2.5 Lösung linearer Gleichungssysteme nach Gauss-Jordan (GAUSSJOR.PAS)

Programm GAUSSJOR.PAS

```
USES
  Crt;

LABEL    1;

CONST
         m=10;

TYPE
         vektor = ARRAY [1..m] OF REAL;
         matrix = ARRAY [1..m] OF vektor;

VAR
           n,i,j : INTEGER;
         zaehler : REAL;
               a : matrix;
             b,x : vektor;

BEGIN
         CLRSCR;
         WRITELN; WRITELN;
         WRITELN ('         Programm zur Lösung linearer Gleichungssysteme');
         WRITELN ('             mit Dreiecksgestalt nach Gauss-Jordan :');
         WRITELN; WRITELN;
```

```
1:      WRITE (' Geben Sie die Anzahl der Unbekannten n (10≤n≤1) ein : ');
        READLN (n);

        IF (n<1) OR (n>m) THEN
                              BEGIN
           WRITELN (' Fehler! ungültiger Wert für n eingegeben!');
           GOTO 1;
                              END

                          ELSE
                              BEGIN
           WRITELN;

           FOR i:=1 TO n DO
                           BEGIN
                                WRITELN (' ',i,'. Koeffizienteneingabe');
                                WRITELN;

           FOR j:=1 TO n DO
                           BEGIN
                                WRITE (' a[',i,j,'] = '); READLN (a[i,j]);
                                WRITE (' b[',i,']  = ');  READLN (b[i]);
                           END;
                                WRITELN;
                           END;

           FOR i:=n DOWNTO 1 DO
                               BEGIN
                                      zaehler:=b[i];

           FOR i:=i+1 TO n DO
                               BEGIN
                                      zaehler:=zaehler - a[i,j]*x[i];
                                         x[i]:=zaehler/a[i,i];
                               END;

                               END;

        WRITELN; WRITELN;
        WRITELN (' Das Gleichungssystem hat die Lösung : '); WRITELN;

        FOR i:=1 TO n DO WRITELN (' x[',i,']=',x[i]:5:2);

                              END

END.→
```

5.3 Physik

Aus der Physik werden drei Programme vorgestellt, die aus der Optik, der Wärmelehre und der Mechanik stammen. Es sind dies:

- Abbildungsgleichung der geometrischen Optik (LINSENGL.PAS)

- Allgemeine Gasgleichung (GASGLEI.PAS).

- Statische Berechnungen (RESULT.PAS)

5.3.1 Abbildungsgleichung der geometrischen Optik (LINSENGL.PAS)

Gegenstände können durch Linsen vergrößert oder verkleinert werden. Entscheidend dafür ist die Brennweite f der Linse, die Gegenstandsweite g (Abstand des Gegenstandes von der Hauptachse der Linse) und die Bildweite b (Entfernung des Bildes von der Hauptachse der Linse). Die Abbildungsgleichung lautet:

$$1/f = 1/g + 1/b.$$

Je nach Eingabe zweier Größen kann die dritte errechnet werden.

Programm LINSENGL.PAS

```
USES
  Crt;

LABEL 4;

VAR

       W: BYTE;
   g,b,f: REAL;

BEGIN

4:     CLRSCR; WRITELN; WRITELN;
       WRITELN ('              BERECHNUNGEN MIT DER LINSENGLEICHUNG');
       WRITELN; WRITELN;
       WRITELN (' Zu beachten ist folgendes :');
       WRITELN;
       WRITELN ('  Bildweiten, die auf der Gegenstandsseite der Linse liegen,
                sind negativ.');
```

```
WRITELN ('  Es handelt sich um virtuelle Bilder.');
WRITELN; WRITELN ('  Bei Konkavlinsen sind Brennweite und Bildweite
                negativ.'); WRITELN;
WRITELN ('  Bei Eingabe von gleichen Brenn-, Bild- bzw. Gegenstandsweiten
         erfolgt');
WRITELN ('  Berechnungsabbruch !'); WRITELN;
WRITELN ('  Die einzugebenden Werte müssen ungleich Null sein !');
WRITELN;  WRITELN (' Fall 1: Berechnung der Brennweite');
WRITELN (' Fall 2: Berechnung der Bildweite');
WRITELN (' Fall 3: Berechnung der Gegenstandsweite');
WRITELN;
WRITE (' Geben Sie die Nummer des gewünschten Falles ein : ');
READLN (W);
CLRSCR; WRITELN; WRITELN;

CASE W OF

          1: BEGIN
                  WRITE (' Geben Sie die Gegenstandsweite in mm ein : ');
                  READLN (g);
                  WRITE (' Geben Sie die Bildweite in mm ein        : ');
                  READLN (b);
                  WRITELN;
                  WRITELN;
                  IF g=0 THEN GOTO 4;
                  IF b=0 THEN GOTO 4;
                  IF g=b THEN GOTO 4;
                  f:=1/(1/g+1/b);
                  WRITELN;
                  WRITELN (' Ergebnis :    Brennweite = ',f:8:2,' mm');
             END;

          2: BEGIN
                  WRITE (' Geben Sie die Brennweite in mm ein       : ');
                  READLN (f);
                  WRITE (' Geben Sie die Gegenstandsweite in mm ein : ');
                  READLN (g);
                  WRITELN;
                  WRITELN;
                  IF f=0 THEN GOTO 4;
                  IF g=0 THEN GOTO 4;
                  IF f=g THEN GOTO 4;
                  b:=1/(1/f-1/g);
                  WRITELN;
                  WRITELN (' Ergebnis :     Bildweite = ',b:8:2,' mm');
              END;
```

```
            3:  BEGIN
                     WRITE (' Geben Sie die Brennweite in mm ein       : ');
                     READLN (f);
                     WRITE (' Geben Sie die Bildweite in mm ein        : ');
                     READLN (b);
                     WRITELN;
                     WRITELN;
                     IF f=0 THEN GOTO 4;
                     IF b=0 THEN GOTO 4;
                     IF f=b THEN GOTO 4;
                     g:=1/(1/f-1/b);
                     WRITELN;
                     WRITELN (' Ergebnis :     Gegenstandsweite = ',g:8:2,'
                               mm');
                END;

    ELSE
                BEGIN
                      CLRSCR; WRITELN; WRITELN;
                      WRITE (' Bitte 1, 2 oder 3 eingeben ! ');
                      DELAY (2489);
                END;

                GOTO 4;
    END;

    WRITELN; WRITE (' Programmende.'); WRITELN;

END.
```

5.3.2 Allgemeine Gasgleichung (GASGLEI.PAS)

Drei Größen bestimmen den Zustand der idealen Gase: Der Druck p, das Volumen V und die Temperatur T gemäß folgender Formel:

$$p*V = m*R*T$$

Dabei ist m die Anzahl der Mole und R die allgemeine Gaskonstante. Aus zwei bekannten Werten für den Zustand (und der Molzahl) läßt sich die fehlende dritte Größe errechnen.

Programm GASGLEI.PAS

```
USES
  Crt;

LABEL 4,5,6;

VAR
     V,P,T : REAL;
   Zeichen : CHAR;
      Wahl : BYTE;

CONST    R = 8314;

PROCEDURE Eingabe;
         BEGIN
              WRITELN;
              WRITELN (' Falsche Eingabe! Bitte korrigieren Sie!');
              WRITELN;
         END;

BEGIN
  6: CLRSCR;
     WRITELN; WRITELN;
     WRITELN ('                Allgemeine Gasgleichnung');
     WRITELN; WRITELN;
     WRITELN (' Nach den Bedingungen der Zustandsgleichung der Gase ist das
               Produkt');
     WRITELN (' aus Druck und Volumen dividiert durch die absolute Temperatur
              bei');
     WRITELN (' einer bestimmten Masse eines Gases konstant.');
     WRITELN (' Dadurch kann man bei Vorgabe zweier Parameter auf den dritten
               schließen :');
     WRITELN; WRITELN; WRITELN;
  4: WRITELN ('   Druckberechnung       ( 1 wählen )');
     WRITELN ('   Volumenberechnung     ( 2 wählen )');
     WRITELN ('   Temperaturberechnung ( 3 wählen )');
     WRITELN; WRITE ('   Bitte ausgewählte Nummer eingeben : ');
     READLN (Wahl);
     WRITELN; WRITELN;

     CASE WAHL OF

                1: BEGIN
                        WRITE (' Geben sie die Temperatur in Kelvin ein : ' );
                        READLN (T);
```

```
                  5: WRITE (' Geben sie das Volumen in Litern ein    : ' );
                     READLN (V);
                     IF V=0 THEN BEGIN
                                    Eingabe;
                                    GOTO 5
                                 END
                            ELSE
                     P:=T*R/V;
                     WRITELN;
                     WRITELN (' Der Druck beträgt : ',P:4:3,' Pascal.');
                     WRITELN;
                 END;

              2: BEGIN
                     WRITE (' Geben sie den Druck in Pascal ein       : ' );
                     READLN (P);
                     WRITE (' Geben sie die Temperatur in Kelvin ein : ' );
                     READLN (T);
                     V:=T*R/P;
                     WRITELN;
                     WRITELN (' Das Volumen beträgt : ',V:4:3,' Liter.');
                     WRITELN;
                 END;

              3: BEGIN
                     WRITE (' Geben Sie den Druck in Pascal ein   : ');
                     READLN (P);
                     WRITE (' Geben Sie das Volumen in Litern ein : ');
                     READLN (V);
                     T:=P*V/R;
                     WRITELN;
                     WRITELN (' Die Temperatur beträgt : ',T:8:2,' Kelvin oder
                              ',T-273.15:8:2,' °C');
                     WRITELN;
                 END

   ELSE
       BEGIN
           Eingabe;
           GOTO 4;
       END;

   END;
```

```
    WRITE (' Sollen noch weitere Rechnungen ausgeführt werden (j/n) ? ');
    READLN (Zeichen);
    WRITELN; WRITELN;

    IF Zeichen = 'j' THEN GOTO 6

                     ELSE IF Zeichen = 'J' THEN GOTO 6
                          ELSE WRITELN (' Programmende');

END.
```

5.3.3 Berechnung einer Statik (RESULT.PAS)

Bild 5-3 zeigt die Möglichkeiten des Programms, Bild 5-4 den Eingabe- und Bild 5-5 den Ausgabeteil.

```
            Willkommen beim Programm "RESULT.PAS" !

Wirken mehrere Kräfte in einer Ebene auf einen Körper, so kann man diese
Kräfte durch eine resultierdende Kraft R ersetzen.
Alle Kräfte zusammen bestimmen also Richtung, Lage und Größe der
Resultierenden.

Zum Programm selbst :
Nachdem ein geeignetes Koordinatensystem mit dem Nullpunkt in der
Nachweisstelle A gewählt worden ist, werden vom Anwender folgende
Eingaben erwartet :
                        - Anzahl der Kräfte
                        - Betrag
                        - Koordinaten (x/y)
                        - Richtungswinkel α

Weiter im Programm durch Drücken einer beliebigen Taste !
```

Bild 5-3 Programm RESULT.PAS

```
EINGABETEIL :

Bitte geben Sie die gewünschten Daten ein !

Anzahl der wirkenden Kräfte :  5

Betrag der Kraft F1 in kN                           : 200
Lage der Kraft in X-Richtung in m vom Nullpunkt aus : 0
Lage der Kraft in Y-Richtung in m vom Nullpunkt aus : 0
Winkel α zwischen F1 und der X-Achse
in positiver Drehrichtung in Grad                   : 287

Betrag der Kraft F2 in kN                           : 250
Lage der Kraft in X-Richtung in m vom Nullpunkt aus : 6
Lage der Kraft in Y-Richtung in m vom Nullpunkt aus : 1
Winkel α zwischen F2 und der X-Achse
in positiver Drehrichtung in Grad                   : 0

Betrag der Kraft F3 in kN                           : 500
Lage der Kraft in X-Richtung in m vom Nullpunkt aus : 4
Lage der Kraft in Y-Richtung in m vom Nullpunkt aus : 2
Winkel α zwischen F3 und der X-Achse
in positiver Drehrichtung in Grad                   : 47

Betrag der Kraft F4 in kN                           : 180
Lage der Kraft in X-Richtung in m vom Nullpunkt aus : 0
Lage der Kraft in Y-Richtung in m vom Nullpunkt aus : 2
Winkel α zwischen F4 und der X-Achse
in positiver Drehrichtung in Grad                   : 215
```

Bild 5-4 Eingabeteil

```
AUSGABETEIL :

Horizontalanteil der Resultierenden R in kN :   502.03
Vertikalanteil                              :    71.17

Betrag von R in Wirkungsrichtung in kN      :   507.05

Moment, das R um den
Koordinatennullpunkt erzeugt in kNm         :  -825.60

Winkel zur pos. X-Achse, unter dem R wirkt  :     8.07°

Schnittpunkt von R mit der X-Achse bei      :    11.60 m
Schnittpunkt von R mit der Y-Achse bei      :    -1.64 m

rechtwinkliger Abstand von R zum
Koordinatennullpunkt in m                   :     1.63
```

Bild 5-5 Ausgabeteil

```
USES
  Crt;

VAR

                        a : ARRAY [1..100,1..10] OF REAL;
       i,j,k,t,sgnk,sgnn : INTEGER;
     x,y,z,r,w,ax,ay,ar,u : REAL;
     sfv,sfh,smx,smy,hoe,h : REAL;



PROCEDURE Initialisierung;

BEGIN

     FOR i := 1 TO k DO
                         BEGIN

     FOR j := 1 TO k DO  a[i,j] := 0;

                         END;

     sfv:=0; sfh:=0; smx:=0; smy:=0; z:=0; ax:=0; ay:=0; ar:=0;

END;


BEGIN

     CLRSCR;
     GOTOXY (20, 2); WRITE ('┌────────────────────────────────────┐');
     GOTOXY (20, 3); WRITE ('│                                    │');
     GOTOXY (20, 4); WRITE ('│ Willkommen beim Programm "RESULT.PAS" ! │');
     GOTOXY (20, 5); WRITE ('│                                    │');
     GOTOXY (20, 6); WRITE ('└────────────────────────────────────┘');
     GOTOXY ( 2, 9); WRITE ('Wirken mehrere Kräfte in einer Ebene auf einen
                              Körper, so kann man diese');
     GOTOXY ( 2,10); WRITE ('Kräfte durch eine resultierdende Kraft R
                              ersetzen.');
     GOTOXY ( 2,11); WRITE ('Alle Kräfte zusammen bestimmen also Richtung, Lage
                              und Größe der');
     GOTOXY ( 2,12); WRITE ('Resultierenden.');
     GOTOXY ( 2,14); WRITE ('Zum Programm selbst :');
     GOTOXY ( 2,15); WRITE ('Nachdem ein geeignetes Koordinatensystem mit dem
                               Nullpunkt in der ');
```

```
GOTOXY ( 2,16); WRITE ('Nachweisstelle A gewählt worden ist, werden vom
                        Anwender folgende');
GOTOXY ( 2,17); WRITE ('Eingaben erwartet :');
GOTOXY ( 2,18); WRITE ('                      - Anzahl der Kräfte');
GOTOXY ( 2,19); WRITE ('                      - Betrag');
GOTOXY ( 2,20); WRITE ('                      - Koordinaten (x/y)');
GOTOXY ( 2,21); WRITELN ('                      - Richtungswinkel α');
GOTOXY ( 2,23); WRITE ('Weiter im Programm durch Drücken einer beliebigen
                       Taste ! ');

REPEAT UNTIL KEYPRESSED;

CLRSCR;

WRITELN; WRITELN;
WRITELN (' EINGABETEIL :');
WRITELN; WRITELN;
WRITELN (' Bitte geben Sie die gewünschten Daten ein !'); WRITELN;
WRITELN; WRITE (' Anzahl der wirkenden Kräfte : ');
READLN (k);
Initialisierung;

FOR i := 1 TO k DO
                   BEGIN

WRITELN;
WRITE (' Betrag der Kraft F',i,' in kN                        : ');
READLN (a[i,1]);
WRITE (' Lage der Kraft in X-Richtung in m vom Nullpunkt aus : ');
READLN (a[i,2]);
WRITE (' Lage der Kraft in Y-Richtung in m vom Nullpunkt aus : ');
READLN (a[i,3]);
WRITELN (' Winkel α zwischen F',i,' und der X-Achse');
WRITE (' in positiver Drehrichtung in Grad                   : ');
READLN (a[i,4]); WRITELN;

                   END;

FOR i := 1 TO k DO
                   BEGIN

                         u := a[i,4]*2*Pi/360;

                         a[i, 5] := SIN (u);
                         a[i, 6] := COS (u);
                         a[i, 7] := a[i,1]*a[i,5];
```

```
                    a[i, 8] := a[i,1]*a[i,6];
                    a[i, 9] := a[i,7]*a[i,2];
                    a[i,10] := a[i,8]*a[i,3];

               END;

FOR i := 1 TO k DO
               BEGIN

                    sfv := sfv + a[i, 7];
                    sfh := sfh + a[i, 8];
                    smx := smx + a[i, 9];
                    smy := smy + a[i,10];

               END;

r := SQRT ( SQR(sfv) + SQR(sfh) );

IF sfv>0 THEN sgnk:=1

         ELSE IF sfv=0 THEN sgnk:=0

                   ELSE sgnk:=-1;

IF sfh>0 THEN sgnk:=1

         ELSE IF sfh=0 THEN sgnn:=0

         ELSE sgnn:=-1;

IF sfh=0 THEN z := Pi/2 + (Pi/2)*ABS(sgnn-1)

         ELSE z := ARCTAN (sfv/sfh);


IF z<0   THEN z := Pi + z;

IF sfv=0 THEN z := Pi * ABS(1.5*sgnk+0.5);

z := 360*z/Pi*0.5;
w := smy-smx;

IF r<0.0001  THEN ar := 1

             ELSE  h := w/r;
```

```
hoe := ABS (h);

IF sfv<0.0001 THEN ax := 1

         ELSE  x := w/-sfv;

IF sfh<0.0001 THEN ay := 1

         ELSE  y := w/sfh;

CLRSCR;
WRITELN; WRITELN;
WRITELN (' AUSGABETEIL :');
WRITELN; WRITELN;

IF ar = 1 THEN WRITELN (' Die Resultierende ist Null, d.h. die wirkenden
                        Kräfte heben sich auf.')

          ELSE BEGIN

WRITELN (' Horizontalanteil der Resultierenden R in kN : ',sfh:8:2);
WRITELN (' Vertikalanteil                              : ',sfv:8:2);
WRITELN;
WRITELN (' Betrag von R in Wirkungsrichtung in kN      : ',  r:8:2);
WRITELN; WRITELN;
WRITELN (' Moment, das R um den');
WRITELN (' Koordinatennullpunkt erzeugt in kNm         : ',  w:8:2);
WRITELN;
WRITELN (' Winkel zur pos. X-Achse, unter dem R wirkt  : ',  z:8:2,'°');
WRITELN;

IF ax = 1 THEN BEGIN

         WRITELN;
         WRITELN (' Die Resultierende verläuft parallel zur X-Achse.');
         WRITELN;
              END

         ELSE
         WRITELN (' Schnittpunkt von R mit der X-Achse bei       : ',
                 x:8:2,' m');

IF ay = 1 THEN BEGIN

         WRITELN;
         WRITELN (' Die Resultierende verläuft parallel zur Y-Achse.');
```

```
                WRITELN;

                    END

                ELSE BEGIN

        WRITELN (' Schnittpunkt von R mit der Y-Achse bei       : ',  y:8:2,' m');
        WRITELN;
        WRITELN (' rechtwinkliger Abstand von R zum');
        WRITELN (' Koordinatennullpunkt in m                    : ',hoe:8:2);

                    END;
                    END;

END.
```

5.4 Statistik

Bei vielen Experimenten läßt sich aus den Meßergebissen auf einen entsprechenden Kurvenverlauf schließen. Die bestmögliche Anpassung, d. h. Regression an eine Gerade, eine exponentielle, eine logarithmische oder eine polynome Funktion läßt sich durch ein Rechenprogramm ohne Schwierigkeiten ermitteln. Bei einer multilinearen Regression können die für die Meßergebnisse wesentlichen Bestimmungsgrößen (idealisiert als Geraden angenommen) ermittelt werden. Beim Ausreißertest nach Grubbs werden die Ausreißer einer Meßreihe ihrer Wahrscheinlichkeit nach festgestellt und die statistischen Größen ohne die Ausreißer neu berechnet. Dazu dienen folgende Programme:

- Lineare, exponentielle und logarithmische Regression (REGRESS.PAS)

- Polynome Regression (POLYREGR.PAS)

- Multilineare Regression (MULTI.PAS)

- Ausreißertest nach Grubbs (GRUBBS.PAS).

5.4.1 Lineare, exponentielle und logarithmische Regression (REGRESS.PAS)

Programm REGRESS.PAS

```
(* Vereinbarungsteil *)

USES
  Crt;

LABEL 4,5,6,7;

VAR
        f1,f2,am,i,k,fm     :BYTE;
        s1,s2,s3,s4,a,b     :REAL;
        x,y,rx,ry           :ARRAY [1..100] OF REAL;
        t                   :CHAR;

(* Anweisungsteil *)

BEGIN
        (* Einleitung *)
4:      CLRSCR; WRITELN; WRITELN;
        WRITELN ('         Programm zur Erstellung von Regressionsgleichungen');
        WRITELN; WRITELN; WRITELN;
        WRITELN (' Auswahl :        1 ... Lineare Regression');
        WRITELN ('                  2 ... Exponentielle Regression');
        WRITELN ('                  3 ... Logarithmische Regression');

        (* Abfrageschleife des Menues *)

        REPEAT
               WRITELN; WRITELN;
               WRITE (' Berechnung nach Nr.: ');
               READ (f1);
               IF (f1<>1) AND (f1<>2) AND (f1<>3) THEN
                                                   BEGIN
                 WRITELN; WRITELN;
                 WRITELN ('  Falsche Eingabe !  Bitte korrigieren Sie !');
                                                   END;
        UNTIL (f1=1) OR (f1=2) OR (f1=3);

        WRITELN; WRITELN;
        WRITE (' Anzahl der Meßwerte ( bitte nur ganze Zahlen größer 1 ) : ');
```

```
        READLN (am);

        (* Eingabeschleife der Messwerte *)

        i:=1;

        FOR i:=1 TO am DO
                         BEGIN
6:          WRITELN;
            WRITE ('    ',i,'. X-Wert : '); READLN (x[i]);

            IF (f1=3) AND (x[i]<=0) THEN BEGIN
                      WRITELN; WRITELN (' Achtung !');
                      WRITELN (' Logarithmische Regression kann nur für X-Werte
                               > 0 durchgeführt werden.');
                      WRITELN;
                      GOTO 6;
                                         END

                                    ELSE BEGIN
7:          WRITE ('    ',i,'. Y-Wert : '); READLN (y[i]);

            IF (f1=2) AND (y[i]<=0) THEN BEGIN
                      WRITELN; WRITELN (' Achtung !');
                      WRITELN (' Exponentielle Regression kann nur für Y-Werte >
                               0 durchgeführt werden.');
                      WRITELN;
                      GOTO 7;
                                         END;

                                         END;
                         END;

        WRITELN; WRITELN;
        (* Rückführung auf lineare Regression *)

5:      i:=1;

        FOR i:=1 TO am DO
                         BEGIN
        CASE f1 OF

                  1: BEGIN
                            rx[i]:=x[i];
                            ry[i]:=y[i];
                     END;
```

```
            2: BEGIN
                     rx[i]:=x[i];
                     ry[i]:=ln(y[i]);
               END;

            3: BEGIN
                     rx[i]:=ln(x[i]);
                     ry[i]:=y[i];
               END;

END;   (* von CASE *)

                 END;   (* Schleife *)

(* Rücksprung nach Werte < 0 bei der Rückführung *)

IF f2=1 THEN BEGIN
                 WRITELN; WRITELN;
                 WRITELN (' Falsche Eingabe !  Bitte korrigieren Sie
                          !');
                 WRITELN; WRITELN (' Fortsetzung des Programmablaufs
                                    durch beliebige Taste');

                 REPEAT UNTIL KEYPRESSED;
                 GOTO 4;
             END;

(* Berechnung der einzelnen Summen *)

i:=1; s1:=0; s2:=0; s3:=0; s4:=0;

FOR i:=1 TO am DO
                 BEGIN
     s1:=s1+rx[i]*ry[i];
     s2:=s2+rx[i];
     s3:=s3+ry[i];
     s4:=s4+sqr(rx[i]);
                 END;

(* Berechnung der Werte für a und b *)

b:=(am*s1-s2*s3)/(am*s4-s2*s2);
a:=(s3-b*s2)/am;

(* Ausgabeteil mit Tabelle *)
```

```
CLRSCR; WRITELN; WRITELN;
WRITELN ('             Messung       x-Wert       y-Wert');
WRITELN ('             --------------------------------');
i:=1;

FOR i:= 1 TO am DO
                   BEGIN
       WRITELN ('               ',i,'              ',x[i]:5:2,'
               ',y[i]:5:2);
                   END;

WRITELN; WRITELN;

(* Fehlerabfrage *)

WRITE (' Sind alle Eingaben korrekt (j/n) ? ');
READLN (t);

IF (t='n') OR (t='N') THEN
                           BEGIN
    WRITELN;
    WRITE (' Wieviele Messwerte sind falsch ? ');
    READLN (fm);

 FOR I:=1 TO fm DO
                  BEGIN
    WRITELN;
    WRITE (' Welcher Meßwert ist falsch ? ');
    READLN (k); WRITELN;
    WRITE ('   Neueingabe ',k,'. X-Wert: ');
    READLN (x[k]);
    WRITE ('   Neueingabe ',k,'. Y-Wert: ');
    READLN (y[k]);
                  END;

GOTO 5;
                       END;

WRITELN; WRITELN;

CASE f1 OF

         1: BEGIN
    WRITELN (' Die Geradengleichung der linearen Regression lautet
            :');
    WRITELN;
```

```
         WRITE (' y = ',b:5:2,' * x + (',a:5:2,')');
         WRITELN;
              END;

            2: BEGIN
         a:=exp(a);
         WRITELN (' Die Gleichung der exponentiellen Regression lautet :');
         WRITELN;
         WRITE (' y = ',a:5:2,' * exp(',b:5:2,'x)');
         WRITELN;
               END;

            3: BEGIN
         WRITELN (' Die Gleichung der logarithmischen Regression lautet
                 :');
         WRITELN;
         WRITE (' y = ',b:5:2,' * ln(x) + (',a:5:2,')');
         WRITELN;
               END;

   END;  (* von CASE *)

         (* Verabschiedung *)

         WRITELN; WRITELN;
         WRITE (' Noch ein Durchgang  (j/n) ? ');
         READLN (t);
         WRITELN; WRITELN;

         IF (t='j') OR (t='J') THEN GOTO 4;

         WRITELN (' Programmende.');

  END.
```

5.4.2 Polynome Regression (POLYREGR.PAS)

```
USES
  Crt;

LABEL 1;
```

```
VAR
                                  B : CHAR;
                                sum : REAL;
              j,l,h,g,m,i,k,n,p,w : BYTE;
     px,pxy,pot,sumpx,sumpxy,x,y : ARRAY [0..100] OF REAL;
                                  a : ARRAY [1..10,0..10] OF REAL;
                                  z : ARRAY [1..10] OF REAL;


PROCEDURE Initialisierung;

BEGIN

     l:=0; h:=0; j:=0; g:=0; m:=0; i:=0; k:=0; n:=0; p:=0; w:=0; sum:=0;

     FOR j:= 1 TO 100 DO
                         BEGIN

     px[j]:=0; pxy[j]:=0; pot[j]:=0; sumpx[j]:=0; x[j]:=0; y[j]:=0;

                         END;
     j:=0;
     FOR j:= 1 TO 10  DO
                         BEGIN

                               z[j]:=0;

                         END;

     j:=0;
     FOR j:= 1 TO 10  DO
                         BEGIN

     FOR i:= 1 TO 10  DO a[i,j]:=0;

                         END;

END;


PROCEDURE Variablenuebergabe;

BEGIN

     FOR g:=1 TO m DO
```

```
                      BEGIN
      FOR h:=1 TO m DO

                      BEGIN
                            a[g,h] := sumpx[2*n-h-g+2];
                      END;
                      END;

      h:=0;

      FOR g:=1 TO m DO

                      BEGIN
                            a[g,h] := sumpxy[m-g];
                      END;
END;



PROCEDURE Gleichungssystem;

VAR
    d : BYTE;
    f : REAL;

BEGIN

      FOR d:=1 TO m DO
                      BEGIN

      FOR g:=1 TO m DO
                      BEGIN

      IF g<>d THEN
                      BEGIN

      IF a[g,d]<>0 THEN
                      BEGIN

                            f:=a[g,d]/a[d,d];
      FOR h:=0 TO m DO
                      BEGIN

                            a[g,h]:=a[g,h]/f;
                            a[g,h]:=a[g,h]-a[d,h];
```

```
                    END;
                    END;
                    END;
                    END;
                    END;

    FOR g:=1 TO m DO
                    BEGIN

                         z[g]:=a[g,0]/a[g,g];
                         l:=m-g;

                    END;
END;

                 (* Hauptprogramm *)

BEGIN

1:    Initialisierung;
      CLRSCR;

      WRITELN; WRITELN; WRITELN;
      WRITELN ('                   Polynome Regression');
      WRITELN; WRITELN;
      WRITELN (' Aufgabe des Programms:');
         WRITELN (' Durch experimentell ermittelte X- und Y-Werte soll die
bestmögliche');
        WRITELN (' Kurve  y = f(x) gelegt werden. Die höchste Potenz von x muß
vorher');
      WRITELN (' festgelegt werden.'); WRITELN; WRITELN;
      WRITE (' Geben Sie die Anzahl der ermittelten Wertepaare an : ');
      READLN (w);
      WRITELN;

      FOR i:=1 TO w DO
                    BEGIN

      WRITE (' Geben Sie den ',i,'.ten X-Wert ein : X',i,' = ');
      READLN (x[i]);
      WRITE (' Geben Sie den ',i,'.ten Y-Wert ein : Y',i,' = ');
      READLN (y[i]);

                    END;
```

```
WRITELN;
WRITE (' Wie groß soll die höchste Potenz des Polynoms sein ? ');
READLN (n);

m:=n+1;
WRITELN;

FOR p:=0 TO 2*n DO
                    BEGIN

IF p=0 THEN sumpx[p]:=w

        ELSE        BEGIN

FOR i:=1 TO w DO
                    BEGIN

                          pot[0]:=1;

FOR k:=1 TO p DO
                          pot[k]:=pot[k-1]*x[i];
                          px[i]:=pot[k];

                    END;
sum:=0;

FOR i:=1 TO w DO
                          sum:=sum + px[i];
                          sumpx[p]:=sum;

                    END;
                    END;

FOR p:=0 TO n DO
                    BEGIN

IF p=0 THEN         BEGIN

                          sum:=0;
FOR i:=1 TO w DO
                          sum:=sum + y[i];
                          sumpxy[p]:=sum;

                     END

        ELSE         BEGIN
```

```
FOR i:=1 TO w DO
                    BEGIN

                         pot[0]:=1;

FOR k:=1 TO p DO
                         pot[k]:=pot[k-1]*x[i];
                         px[i]:=pot[k];
                         pxy[i]:=y[i]*px[i];

                    END;
sum:=0;

FOR i:=1 TO w DO
                         sum:=sum + pxy[i];
                         sumpxy[p]:=sum;

                    END;
                    END;
CLRSCR;


Variablenuebergabe;

Gleichungssystem;

WRITELN; WRITELN;
WRITELN (' ERGEBNIS :'); WRITELN;
WRITELN (' Die Gleichung der besten Kurve ',p,'. Grades lautet :');
WRITELN; WRITELN;
WRITE ('  Y = ');

FOR g:=1 TO m DO
                 BEGIN

l:=m-g;

IF z[g]<0 THEN WRITE (' ',z[g]:5:2,'*X^',l)

          ELSE WRITE (' +',z[g]:5:2,'*X^',l);

                END;

WRITELN; WRITELN;
WRITE (' Wird noch ein Durchgang gewünscht (j/n) ? ');
READLN (B);
```

```
      IF (B='J') OR (B='j') THEN GOTO 1;
      WRITELN; WRITELN; WRITE (' Programmende.');

END.→
```

5.4.3 Multilineare Regression (MULTI.PAS)

```
USES
  Crt;


VAR
    x,b,c               : ARRAY [1..100,1..5] OF REAL;
    y,a,z               : ARRAY [1..100] OF REAL;
    D,e,f,g,h,k,l,o,p : REAL;
    i,j,n,m             : BYTE;
    t                   : CHAR;


LABEL
      5,6,12;


              (* Benutzerhinweise *)

BEGIN

12:   BEGIN;
      CLRSCR; WRITELN;

      WRITELN ('  Dieses Programm liefert Ihnen eine multilineare Regression.');
      WRITELN ('  Ich empfehle Ihnen, sich zuerst mathematisch fit zu machen !');
      WRITELN;
      WRITELN ('  Die Eingabe läuft wie folgt ab :');
      WRITELN ('  Als erstes werden die Anzahl der Einflußgrößen abgefragt (2 oder
              3).');
      WRITELN ('  Dann die Anzahl der Messungen, die Sie durchgeführt haben.');
      WRITELN;
      WRITELN ('   Bitte geben Sie genau das ein, was gefragt ist! Ansonsten wird
              keine');
      WRITELN ('   keine Gewähr für die Richtigkeit des Ergebnisses übernommen.');
      WRITELN;

      END;
```

```
          (* Einlesen der Werte *)

     WRITELN; WRITELN;
     WRITE ('  Bitte geben Sie die Anzahl der Einflußgrößen ein : ');
     READLN (m);

     CASE m OF

               1: BEGIN

      WRITELN;
 WRITELN (' Benutzen Sie bitte ein Programm für die lineare Regression.');

      GOTO 12;

                  END;


               2: BEGIN

      WRITELN ('    Ihre Eingabe war richtig.');

                  END;

               3: BEGIN

      WRITELN ('    Ihre Eingabe war richtig.');

                  END;

               ELSE BEGIN

      WRITELN;
      WRITELN ('  Das ist zu kompliziert. Bitte geben sie 2 oder 3 ein!      ');
      GOTO 12

     END;

     END;
```

```
5:    BEGIN

        WRITELN;
        WRITELN;
        WRITE ('  Bitte Anzahl der vorgrnommenen Messungen eingeben : ');
        READLN (n);

      END

      IF n < m THEN
                   BEGIN

        WRITELN;
        WRITELN ('  ┌────────────────────────┐');
        WRITELN ('  │  Zu wenig Meßreihen !  │');
        WRITELN ('  └────────────────────────┘');
        GOTO 5

                   END

               ELSE

        CLRSCR;

        FOR i:=1 TO n   DO
                           BEGIN

        FOR j:=1 TO m+1 DO
                           BEGIN

           x[i,j]:=0;  y[i]:=0;

                           END;
                           END;


        FOR i:=1 TO n DO
                         BEGIN

        FOR j:=1 TO m DO
                         BEGIN

           WRITE ('  x[',i,',',j,']= ');
           READ  (x[i,j]);

                         END;
```

```
      WRITE ('  y[',i,']= ');
      READ  (y[i]);
      WRITELN;

                   END;

   CLRSCR;
   WRITELN; WRITELN;
   WRITELN ('     y- Wert  x1- Wert  x2- Wert   x3-Wert');

   FOR i:=1 TO n DO
                 BEGIN

   WRITELN ('     ',y[i]:5:2,'      ',x[i,1]:5:2,'     ',x[i,2]:5:2,'
          ',x[i,3]:9:2);

                 END;

   WRITELN;
   WRITELN (' Wollen Sie noch Korrekturen vornehmen ? (j/n) : ');
   READLN (t);

   IF t='j' THEN

6:               BEGIN

   WRITELN (' Geben Sie den gewünschten x-Wert ein !  x[i,j] ');
   WRITE ('x['); READ (i); WRITE (','); READ (j); WRITE (']');
   WRITELN ('  Korrektur von x[',i,',',j,']= ');
   READ (x[i,j]);
   WRITELN;
   WRITELN (' Korrektur eines y-Wertes ! y[i] ');
   WRITE ('y['); READ (i); WRITE (']');
   WRITELN ('  Korrektur von y[',i,']= ');
   READ (y[i]);
   WRITELN; WRITELN;
   WRITE (' Wollen Sie noch weitere Korrekturen vornehmen ? (j/n) : ');
   READLN (t);

   IF t='j'THEN GOTO 6

               END;

   CLRSCR;
   WRITELN; WRITELN;
   WRITELN ('     y- Wert  x1- Wert  x2- Wert   x3-Wert');
```

```
FOR i:=1 TO n DO
              BEGIN

 WRITELN ('    ',y[i]:5:2,'     ',x[i,1]:5:2,'     ',x[i,2]:5:2,'
        ',x[i,3]:9:2);

              END;

FOR i:=1 TO n+1 DO
                BEGIN

FOR j:=1 TO m+1 DO
                BEGIN

  b[i,j]:=0;  z[i]:=0; a[i]:=0; c[i,j]:=0;

                END;
                END;

IF m = 3 THEN
            BEGIN

FOR i:=1 TO n DO
              BEGIN

      b[1,1]:=b[1,1] + x[i,1]*x[i,1];
      b[1,2]:=b[1,2] + x[i,2]*x[i,1];
      b[1,3]:=b[1,3] + x[i,3]*x[i,1];
      b[2,1]:=b[2,1] + x[i,1]*x[i,2];
      b[2,2]:=b[2,2] + x[i,2]*x[i,2];
      b[2,3]:=b[2,3] + x[i,3]*x[i,2];
      b[3,1]:=b[3,1] + x[i,1]*x[i,3];
      b[3,2]:=b[3,2] + x[i,2]*x[i,3];
      b[3,3]:=b[3,3] + x[i,3]*x[i,3];

      z[1]:=z[1] + y[i]*x[i,1];
      z[2]:=z[2] + y[i]*x[i,2];
      z[3]:=z[3] + y[i]*x[i,3];

              END;
```

```
        (* Berechnung der Determinante D *)

D:=0; g:=0; h:=0;

     g:= b[1,1]*b[2,2]*b[3,3];
     h:= b[1,2]*b[2,3]*b[3,1];
     k:= b[1,3]*b[2,1]*b[3,2];
     l:= b[1,2]*b[2,1]*b[3,3];
     o:= b[1,1]*b[2,3]*b[3,2];
     p:= b[1,3]*b[2,2]*b[3,1];

D:= g+h+k-l-o-p;

             END

        ELSE BEGIN

FOR i:=1 TO n DO
                BEGIN

    b[1,1]:=b[1,1] + x[i,1]*x[i,1];
    b[1,2]:=b[1,2] + x[i,2]*x[i,1];
    b[2,1]:=b[2,1] + x[i,1]*x[i,2];
    b[2,2]:=b[2,2] + x[i,2]*x[i,2];

    z[1]:=z[1] + y[i]*x[i,1];
    z[2]:=z[2] + y[i]*x[i,2];

                END;

BEGIN

        (* Berechnung der Determinante D *)

D:=0; e:=0; f:=0;

     e:= b[1,1]*b[2,2];
     f:= b[2,1]*b[1,2];

D:=e - f;

END;
             END;
```

```
CLRSCR;
WRITELN; WRITELN;

FOR i:=1 TO n DO
            BEGIN

FOR j:=1 TO m DO
            BEGIN

   WRITELN ('     b ',i,',',j,' = ',b[i,j]:9:2);

            END;
            END;


IF D=0 THEN
        BEGIN

WRITELN;
WRITELN (' Die Determinante ist gleich Null. Versuchen Sie es nochmal, ');
WRITELN ('indem Sie eine neue Messung aufnehmen oder eine Meßreihe    ');
WRITELN ('  weglassen');

GOTO 5;

        END

     ELSE BEGIN

     (* Berechnung der inversen Matrix *)

IF m=3 THEN
        BEGIN

c[1,1]:=  (b[1,1]*b[3,3])/D- (b[2,3]*b[3,2])/D;
c[1,2]:= -((b[2,1]*b[3,3])/D-(b[2,3]*b[3,1])/D);
c[1,3]:=  (b[2,1]*b[3,2])/D- (b[2,2]*b[3,1])/D;
c[2,1]:= -((b[1,2]*b[3,3])/D-(b[1,3]*b[3,2])/D);
c[2,2]:=  (b[1,1]*b[3,3])/D- (b[1,3]*b[3,1])/D;
c[2,3]:= -((b[1,1]*b[3,2])/D-(b[1,2]*b[3,1])/D);
c[3,1]:=  (b[1,2]*b[2,3])/D- (b[1,3]*b[2,2])/D;
c[3,2]:= -((b[1,1]*b[2,3])/D-(b[1,3]*b[2,1])/D);
c[3,3]:=  (b[1,1]*b[2,2])/D- (b[1,2]*b[2,1])/D;

        END
```

```
              ELSE BEGIN

         c[1,1]:= b[2,2]/D;
         c[1,2]:=-b[1,2]/D;
         c[2,1]:=-b[2,1]/D;
         c[2,2]:= b[1,1]/D;

                   END;

       a[1]:= z[1]*c[1,1]+z[2]*c[1,2]+z[3]*c[1,3];
       a[2]:= z[1]*c[2,1]+z[2]*c[2,2]+z[3]*c[2,3];
       a[3]:= z[1]*c[3,1]+z[2]*c[3,2]+z[3]*c[3,3];

                   END;


             (* Ausgabeteil *)

     CLRSCR;
     WRITELN;
     WRITELN;
     WRITELN;
     WRITELN ('  Determinante D = ',D:10:3);
     WRITELN ('  Als Gleichung für die multilineare Regression ergibt sich:');
     WRITELN (' y = ',a[1]:12:4,' *x1 + ',a[2]:12:4,' *x2 + ',a[3]:12:4,' *x3 ');

    WRITELN;
     WRITELN;
     WRITE (' Noch ein Durchgang ? (j/n) : ');
     READLN (t);

     IF t = 'n' THEN
                  BEGIN

       WRITELN;
       WRITELN ('Ich danke Ihnen für Ihre Aufmerksamkeit und verabschiede mich.');

                  END

              ELSE
       GOTO 12;

   END.
```

5.4.4 Ausreißertest nach GRUBBS (GRUBBS.PAS)

Beim Ausreißertest nach Grubbs werden Zahlenreihen mit einer statistischen Normalverteilung verglichen. Dabei wird die Wahrscheinlichkeit für den Ausreißer ermittelt und die neuen statistischen Werte ohne die Ausreißer ermittelt.

Bild 5-6 zeigt das Eröffnungsbild, Bild 5-7 die Eingabe von Meßwerten und Bild 5-8 das Ergebnis.

```
              WILLKOMMEN ZUM AUSREISSERTEST

                      NACH GRUBBS

Bitte beachten Sie, daß für dieses Programm statistische Vergleichsdateien
auf Ihrer Diskette vorhanden sein müssen.
Diese Dateien sind normalerweise z.B. mit GRUBBS90.DTA bezeichnet.

Zur Programmfortsetzung bitte beliebige Taste drücken !
```

Bild 5-6 Eröffnungsbild für den Grubbs Ausreißertest

```
Geben Sie die Anzahl der Meßwerte ein, wobei 3≤n≤30 :  5

  Geben Sie den 1. Meßwert ein : 2.13
  Geben Sie den 2. Meßwert ein : 2.13
  Geben Sie den 3. Meßwert ein : 2.135
  Geben Sie den 4. Meßwert ein : 2.25
  Geben Sie den 5. Meßwert ein : 2.14

  Geben Sie den Index des ausreißerverdächtigen Wertes ein : 4
```

Bild 5-7 Eingabe der Meßwerte

```
Der Mittelwert der eingegebenen Werten lautet :          2.157

Die Standardabweichung σ aus allen Werten beträgt :      0.052

Die errechnete Grubbszahl lautet :                       1.783
Dieser Wert wird mit den gespeicherten Tabellenwerten
dem Betrag nach verglichen :

              1.602          1.672          1.749

    2.250 ist mit 99%iger Wahrscheinlichkeit ein Ausreißer.
    Die Irrtumswahrscheinlichkeit beträgt 1%

Der neue Mittelwert ohne Ausreißer lautet :      2.134
Die neue Standardabweichung lautet        :      0.005

Soll der Test mit den gleichen Daten wiederholt werden (j/n)?
```

Bild 5-8 Ergebnis der Auswertung

```
USES
  Crt;

LABEL 1,2;


VAR
          G90,G95,G99 : ARRAY [3..30] OF REAL;
                    X : ARRAY [1..30] OF REAL;
                    C : 3..31;
          Gz,Stabw,Mw : REAL;
      NeuM,NeuS,Summe : REAL;
                 DATA : Text;
                  i,k : BYTE;
                  n,m : 3..30;
                  A,B : CHAR;
```

```
PROCEDURE Begruessung;

BEGIN
      CLRSCR;
      GOTOXY (20, 6); WRITELN ('┏━━━━━━━━━━━━━━━━━━━━━━━━━━━━━━━━━━━━━━━┓');
      GOTOXY (20, 7); WRITELN ('┃                                       ┃');
      GOTOXY (20, 8); WRITELN ('┃    WILLKOMMEN ZUM AUSREISSERTEST      ┃');
      GOTOXY (20, 9); WRITELN ('┃                                       ┃');
      GOTOXY (20,10); WRITELN ('┃              NACH GRUBBS              ┃');
      GOTOXY (20,11); WRITELN ('┃                                       ┃');
      GOTOXY (20,12); WRITELN ('┗━━━━━━━━━━━━━━━━━━━━━━━━━━━━━━━━━━━━━━━┛');


      GOTOXY ( 1,18); WRITELN;
      WRITELN (' Bitte beachten Sie, daß für dieses Programm statistische
              Vergleichsdateien');
      WRITELN (' auf Ihrer Diskette vorhanden sein müssen.');
      WRITELN (' Diese Dateien sind normalerweise z.B. mit GRUBBS90.DTA
              bezeichnet.');
      WRITELN; WRITE (' Zur Programmfortsetzung bitte beliebige Taste drücken !
                     ');

      REPEAT UNTIL KEYPRESSED;
END;



PROCEDURE Warnung;

      (* Warnhinweis bei falscher Dateneingabe *)

BEGIN
      WRITELN;
      WRITELN (' ACHTUNG !!');
      WRITELN (' Die eingelesene Vergleichstabelle enthält zu wenig Daten !');
      WRITELN;
END;
```

```
PROCEDURE Verkuerzung;

      (* Verkürzung des Datenausgabenfeldes *)

BEGIN
      n:=n-1;

      FOR i:=k TO n DO

        x[i]:=x[i+1];
        Summe:=0;

      FOR i:=1 TO n DO

        BEGIN
             Summe:=Summe+x[i];
        END;

      NeuM := Summe/n;
      Summe:=0;

      FOR i:=1 TO n DO

        BEGIN
             Summe:=Summe + SQR(x[i]-NeuM);
        END;

      NeuS := SQRT(Summe/(n-1));
      WRITELN;

END;


BEGIN

     Begruessung;


     (* Einlesen der statistischen Vergleichstabellen *)

     ASSIGN (DATA,'GRUBBS90.DAT');     (* 1.Tabelle *)
     RESET (DATA);
     c:=3;

     WHILE NOT (EOF(DATA)) DO
```

```
        BEGIN
             READLN (DATA,G90[c]);
             c:=c+1;
        END;

     IF c<30 THEN Warnung;


     ASSIGN (DATA,'GRUBBS95.DAT');     (* 2.Tabelle *)
     RESET (DATA);
     c:=3;

     WHILE NOT (EOF (DATA)) DO

        BEGIN
             READLN (DATA,G95[c]);
             c:=c+1;
        END;

     IF c<30 THEN Warnung;


     ASSIGN (DATA,'GRUBBS99.DAT');     (* 3.Tabelle *)
     RESET (DATA);
     c:=3;

     WHILE NOT (EOF (DATA)) DO

        BEGIN
             READLN (DATA,G99[c]);
             c:=c+1;
        END;

     IF c<30 THEN Warnung;


2:   (* Eingabe der Meßwerte *)

     CLRSCR;
     WRITELN; WRITELN;
     WRITE (' Geben Sie die Anzahl der Meßwerte ein, wobei 3≤n≤30 : ');
     READLN (n); WRITELN; WRITELN;

     FOR i:=1 TO n DO
```

```
      BEGIN
           WRITE ('    Geben Sie den ',i,'. Meßwert ein : ');
           READLN (x[i]);
      END;

1:   (* Berechnungen *)

   WRITELN;
   WRITE ('    Geben Sie den Index des ausreißerverdächtigen Wertes ein : ');
   READLN (k);
   CLRSCR;
   WRITELN; WRITELN; WRITELN;
   Summe:=0;

   FOR i:=1 TO n DO

      BEGIN
           Summe:=Summe+x[i];
      END;

   Mw := Summe/n;

   WRITELN (' Der Mittelwert der eingegebenen Werten lautet :      ',Mw:10:3);
   WRITELN;
   Summe:=0;

   FOR i:=1 TO n DO

      BEGIN
           Summe:=Summe+SQR(X[i]-Mw);
      END;

   Stabw := SQRT (Summe/(n-1));

   WRITELN (' Die Standardabweichung σ aus allen Werten beträgt : ',Stabw:10:3);
   WRITELN;

   Gz:=(x[k]-Mw)/Stabw;

   WRITELN (' Die errechnete Grubbszahl lautet :                   ',Gz:10:3);
   WRITELN (' Dieser Wert wird mit den gespeicherten Tabellenwerten ');
   WRITELN (' dem Betrag nach verglichen :');
   WRITELN; WRITELN (G90[n]:20:3,G95[n]:15:3,G99[n]:15:3);
   WRITELN;
```

```
Gz := ABS(Gz);

(* Auswertung der errechneten Daten *)
(* 1.Fall: Der Meßwert ist kein Ausreißer *)

IF Gz < G90[n] THEN
                        BEGIN
WRITELN (X[k]:10:3,' ist kein Ausreißer.');
WRITELN; WRITELN;
WRITE (' Soll der Test mit den gleichen Daten wiederholt werden (j/n)? ');
READLN (A);
IF (A='J') OR (A='j') THEN GOTO 1;
WRITE (' Möchten Sie einen neuen Test durchführen (j/n)? ');
READLN (B);
IF (B='j') OR (B='J') THEN GOTO 2;
                        END

                  ELSE

(* 2.Fall: 90%ige Wahrscheinlichkeit, daß Meßwert ein Ausreißer *)

IF Gz < G95[n] THEN
                        BEGIN
WRITELN (X[k]:10:3,' ist mit 90%iger Wahrscheinlichkeit ein Ausreißer.');
WRITELN ('     Die Irrtumswahrscheinlichkeit beträgt 10%');
Verkuerzung;

WRITELN (' Der neue Mittelwert ohne Ausreißer lautet : ',NeuM:10:3);
WRITELN (' Die neue Standardabweichung lautet       : ',NeuS:10:3);
WRITELN;

WRITE (' Soll der Test mit den gleichen Daten wiederholt werden (j/n)? ');
READLN (A);
IF (A='J') OR (A='j') THEN BEGIN  n:=n+1; GOTO 1; END;
WRITE (' Möchten Sie einen neuen Test durchführen (j/n)? ');
READLN (B);
IF (B='j') OR (B='J') THEN GOTO 2;
                        END

                  ELSE
```

```
     (* 3.Fall: 95%ige Wahrscheinlichkeit, daß Meßwert ein Ausreißer *)

     IF Gz < G99[n] THEN
                         BEGIN
     WRITELN (X[k]:10:3,' ist mit 95%iger Wahrscheinlichkeit ein Ausreißer.');
     WRITELN ('     Die Irrtumswahrscheinlichkeit beträgt 5%');
     Verkuerzung;

     WRITELN (' Der neue Mittelwert ohne Ausreißer lautet : ',NeuM:10:3);
     WRITELN (' Die neue Standardabweichung lautet        : ',NeuS:10:3);
     WRITELN;

     WRITE (' Soll noch ein Test mit den gleichen Daten durchgeführt werden (j/n)?
            ');
     READLN (A);
     IF (A='J') OR (A='j') THEN BEGIN  n:=n+1; GOTO 1; END;
     WRITE (' Möchten Sie einen neuen Test durchführen (j/n)? ');
     READLN (B);
     IF (B='j') OR (B='J') THEN GOTO 2
                         END

                    ELSE

     (* 4.Fall: 99%ige Wahrscheinlichkeit, daß Meßwert ein Ausreißer *)

     BEGIN

     WRITELN (X[k]:10:3,' ist mit 99%iger Wahrscheinlichkeit ein Ausreißer.');
     WRITELN ('     Die Irrtumswahrscheinlichkeit beträgt 1%');
     Verkuerzung;

     WRITELN (' Der neue Mittelwert ohne Ausreißer lautet : ',NeuM:10:3);
     WRITELN (' Die neue Standardabweichung lautet        : ',NeuS:10:3);
     WRITELN;

     WRITE (' Soll der Test mit den gleichen Daten wiederholt werden (j/n)? ');
     READLN (A);
     IF (A='J') OR (A='j') THEN BEGIN n:=n+1; GOTO 1; END;
     WRITE (' Möchten Sie einen neuen Test durchführen (j/n)? ');
     READLN (B);
     IF (B='j') OR (B='J') THEN GOTO 2;
     END;

END.
```

Anhang

A 1 Operatoren

A 1.1 Vergleichsoperatoren

Operator	Bedeutung
>	größer
>=	größer gleich
<	kleiner
<=	kleiner gleich
<>	ungleich
=	gleich

A 1.2 Arithmetische Operationen

Operator	Wirkung	Beispiel	Typ
+	Addition	6 + 3 = 9	Integer/Real
–	Subtraktion	6 – 3 = 3	Integer/Real
*	Multiplikation	6 * 3 = 18	Integer/Real
/	Division	6/3 = 2	Real
div	ganzzahlige Division	6 div 4 = 1	Integer
mod	Rest der ganzzahligen Division	6 mod 4 = 2	Integer

A 1.3 Logische Operatoren

Operator	Wirkung
and	sowohl als auch
not	Verneinung
or	inklusives ODER
xor	exklusiver ODER
* in	Prüfung auf Mengenzugehörigkeit

A 1.4 Adreß-Operatoren

Operator	Wirkung
@	Rückgabe der Adresse des Bezeichners
∧	Rückgabe des Inhalts der Speicherzelle

A 1.5 Mathematische Funktionen

Trigonometrische Funktionen			
Funktion	**Bedeutung**	**Beispiel**	**Ergebnis**
arctan	Winkel des Tangens im Bogenmaß	arctan (π)	9 (Real)
cos	Cosinus des Winkels im Bogenmaß	cos (π)	– 1 (Real)
sin	Sinus des Winkels im Bogenmaß	sin (π)/2)	1 (Real)
Arithmetische Funktionen			
exp	e hoch	exp (3)	20.085537
ln	Natürlicher Logarithmus	ln (3)	1.098612
odd	ungerade Zahl	odd (3)	wahr
pi	Zahl pi		3.14159 ..
pred	Vorgänger des Ausdrucks		
sqr	Quadrat	sqr (3.5)	12.25
sqrt	Quadratwurzel	sqrt (9)	3
succ	Nachfolger des Ausdrucks		
Umwandlungsfunktionen			
abs	Absolutwert	abs (– 3)	3
chr	Zeichen der ASCII-Code-Nummer	chr (64)	@
frac	Nachkommateil	frac (2.443)	0.443
int	ganzzahliger Teil als Real-Zahl	int (2.443)	2.000
round	kaufmännisches Runden	round (3.56)	4.00
ord	Codenummer eines ASCII-Zeichens	ord ('A')	65
trunc	Ganzzahliger Teil	truc (3.56)	3.00
Bit-Verschiebungs-Funktionen			
SHL	Anzahl Bits nach links verschieben		
SHR	Anzahl Bits nach rechts verschieben		

Beispiel für SHR und SHL

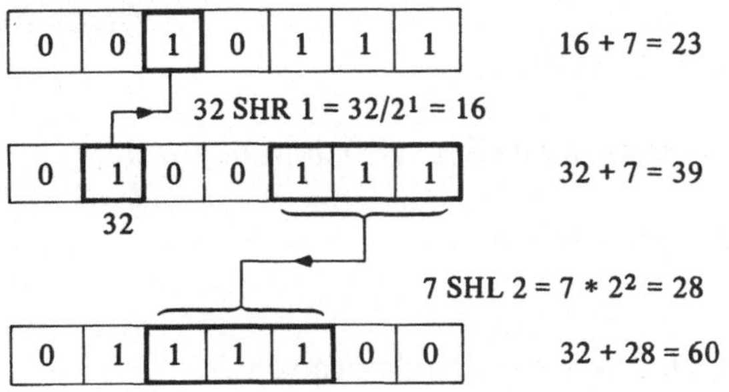

A 2 Alphabetische Reihenfolge der Befehle

Abs(<Ausdruck>) *mathematische Funktion*
Absolutwert (Betrag) eines Ausdrucks.

ABSOLUTE *Datentyp*
Absolute Speicheradresse einer Variablen.

Addr(<Ausdruck>**)** *Speicher-Operation*
Liefert die absolute Adresse eines Ausdrucks.

<Ausdruck> **AND** <Ausdruck> *logischer Operator*
Logische Verknüpfung UND (sowohl als auch).

Append *Datei-Funktion*
Anhängen weiterer Datensätze in einer Datei.

ArcTan *mathematische Funktion*
Bogenmaß für den Tangens eines Winkels.

ARRAY[<Index>**] OF** <Datentyp> *Datentyp*
Variablen vom Datentyp ARRAY (Feld mit gleichen Datentypen).

Assign(<Dateivariable>**)** *Datei-Funktion*
Zuordnen des Dateinamens (Namen der extern physikalisch gespeicherten Datei) einer Dateivariablen (logischer Name der Datei im Programm).

AssignCrt(<Text-Dateivariable>**)** *Bildschirm-Funktion*
Die Text-Dateivariable wird direkt, d. h. ohne Vergabe eines Dateinamens, mit dem Bildschirm verbunden.

BEGIN <Anweisungen> **END** *Anweisung*
Block von Anweisungen markieren.

BlockRead(<Dateivariable>,<Datenvariable>,<Datensatzanzahl>,
<Rückmeldung>**)** *Datei-Funktion*
Datensatz wird aus der Datei gelesen.

BlockWrite(<Dateivariable>,<Datenvariable>,<Datensatzanzahl>,
<Rückmeldung>**)** *Datei-Funktion*
Datensatz wird in die Datei geschrieben.

BOOLEAN *Datentyp*
Variable vom Datentyp BOOLEAN (wahr oder falsch).

BYTE *Datentyp*
Variable vom Datentyp BYTE (ganze Zahl von 0 bis 255).

CASE..OF..ELSE..END *Anweisung*
Auswahl einer Alternative aus mehreren mit Fehlerausgang.

CHAR *Datentyp*
Variable vom Datentyp CHAR (ein Zeichen).

ChDir(<Pfadname>) *Datei-Funktion*
Wechseln in das genannte Unterverzeichnis (wie MS-DOS-Befehl change directory: cd).

Chr(<ASCII-Codenummer>) *Umwandlungs-Funktion*
Der ASCII-Codenummer wird das entsprechende Zeichen zugeordnet.

CheckBreak *Bildschirm-Funktion*
Entspricht CBreak in Turbo Pascal 3. Prüfung, ob bei <Ctrl> <Break> abgebrochen wird. (Standardeinstellung: CheckBreak = wahr, d. h. Abbruch).

Close(<Dateivariable>) *Datei-Funktion*
Schließen einer externen Datei.

ClrEol *Bildschirm-Funktion*
Bis Zeilenende löschen.

ClrScr *Bildschirm-Funktion*
Bildschirm löschen.

COMP *Datentyp*
Dezimalzahl mit 8 Byte und 18 bis 19 Stellen.

Concat(<String1,String2,...>far *Zeichenketten-Funktion*
Verketten von Zeichenketten (Strings).

CONST *Vereinbarungs-Funktion*
Vereinbarung einer Variable als Konstante.

Copy(<Zielstring>,<Position>,<Zeichenzahl>)
Zeichenketten-Funktion
Kopieren von Zeichenketten.

Cos(<Ausdruck>) *mathematische Funktion*
Kosinus eines Winkelausdrucks im Bogenmaß.

Crt *Standard-Programmbibliothek (UNIT)*
Diese Standard-Programmbibliothek stellt alle Bildschirm-Funktionen zur Ein- und Ausgabe zur Verfügung. Wird mit USES in das Hauptprogramm eingebunden.

CSeg,DSeg,SSeg *Speicher-Operation*
Adresse des Code- (c), Daten- (d) und Stacksegments (s). Ergebnis ist vom Datentyp WORD (ganze Zahl von 2 Byte ohne Vorzeichen).

Dec(<x>,<n>) *mathematische Funktion*
Die Variable x wird um n vermindert.

Delay(<Millisekunden>) *Anzeige-Funktion*
Verzögern von Anzeigen (oder Tönen) um eine Anzahl Millisekunden.

Delete(<String>,<Position>,Zeichenanzahl>) *Zeichenketten-Funktion*
Löschen einer Anzahl Zeichen aus einer Zeichenkette ab einer Position.

DelLine *Bildschirm-Funktion*
Zeile beim aktuellen Cursorstand löschen.

DiskFree(<Laufwerknummer>) *DOS-Funktion*
Angabe des freien Speicherplatzes auf einem Laufwerk überprüfen.

DiskSize(<Laufwerknummer>) *DOS-Funktion*
Angabe des gesamten Speicherplatzes auf einem Laufwerk.

Dispose(<Zeigervariable>) *Heap-Funktion*
Freigabe des Speicherplatzes einer Zeigervariablen.

DIV *mathematische Funktion*
Division zweier ganzer Zahlen. Ergebnis ist ganzzahlig.

Dos *Standard-Programmbibliothek (UNIT)*
Diese Standard-Programmbibliothek stellt die Schnittstelle zum Betriebssystem DOS her. Sie wird mit USES in das Hauptprogramm eingebunden.

DosExitCode *DOS-Funktion*
Ende eines Unterprogramms.

DosVersion *DOS-Funktion*
Ausgabe der DOS-Versionsnummer als ganze Zahl (Datentyp: WORD).

DOUBLE *Datentyp*
Dezimalzahl mit 8 Byte und 15 bis 16 Stellen.

EnvCount *DOS-Funktion*
Ausgabe der Anzahl der Einträge in der Tabelle *Environment*, die jedem DOS-Programm automatisch vorangestellt ist (Datentyp: INTEGER).

EnvStr(<Index>) *DOS-Funktion*
Ausgabe der Einträge in der Tabelle *Environment* (Datentyp: STRING).

EOF(<Dateivariable>) *Datei-Funktion*
Ermitteln des Dateiendes (end of file).

EoLn(<Dateivariable>) *Datei-Funktion*
Ermitteln des Zeilenendes (end of line).

Erase(<Dateivariable>) *Datei-Funktion*
Löschen einer Datei.

Exec(<Pfad>,<Parameter>) *Anweisung*
Starten und Ausführen eines Programms innerhalb eines anderen.

EXIT *Anweisung*
Abbrechen einer Anweisung (z. B. Verlassen einer Schleife).

Exp(<Ausdruck>) *mathematische Funktion*
Berechnen des Wertes "e hoch".

EXTENDED *Datentyp*
Dezimalzahl mit 10 Byte und 19 bis 20 Stellen.

External *Datei-Funktion*
Einfügen eines in Maschinensprache geschriebenes Unterprogramms.

False *Konstante*
Der Wert eines Booleschen Ausdrucks ist falsch.

FExpand(<Path>) *DOS-Funktion*
Gibt zusätzlich den aktuellen Suchweg (*path*) an (Datentyp: string[79]).

FILE OF *Datenstruktur*
Festlegen einer Datei aus gleichen Datensätzen (auch RECORDS).

FilePos(<Dateivariable>) *Datei-Funktion*
Feststellen der Position des Dateizeigers in der Datei.

FileSize(<Dateivariable>) *Datei-Funktion*
Ermitteln der Dateigröße als Anzahl der gespeicherten Datensätze.

FillChar(<Zielvariable>,<Zeichenanzahl>,<Zeichen>**)** *Speicher-Funktion*
Auffüllen einer Variable mit einer Anzahl Zeichen.

FindFirst(<Dateiname>,<Attribut>,<Ergebnis>**)** *DOS-Funktion*
Im Inhaltsverzeichnis nach dem ersten Eintrag des Dateinamens suchen und die Datei in Ergebnis bereitstellen.

FindNext(<Ergebnis>**)** *DOS-Funktion*
Fortsetzung der mit FindFirst begonnene Suche nach einem Dateinamen.

Flush(<Dateivariable>**)** *Datei-Funktion*
Inhalt des internen Dateipuffers (RAM) auf externen Speicher ablegen.

FOR..TO (DOWNTO)..DO *Anweisung*
Zählschleife ausführen.

FORWARD *Anweisung*
Vereinbarung des Kopfteiles eines Unterprogramms.

Frac(<Ausdruck>**)** *mathematische Funktion*
Angeben des Nachkommateils einer Dezimalzahl.

FreeMem(<Zeigervariable>,Bytesanzahl>**)** *Heap-Funktion*
Freigabe des Heap-Speichers.

FSearch(<Path>;<DirList>**)** *DOS-Funktion*
Suchen des Dateieintrags im angegebenen Suchweg (Path) und in den unter DirList angegebenen Namen der Inhaltsverzeichnisse (Directory-Namen).

FSplit(<Path>,<Variable>**)** *DOS-Funktion*
Ausgabe der drei Komponenten eines vollständigen Dateinamens: *Suchweg* (Laufwerksbezeichner und Suchweg mit den entsprechenden Sonderzeichen; Datentyp: STRING[67]), *Name* (Dateinamen; Datentyp: STRING[8]) und *Zusatz* (Dateizusatz mit führendem Punkt; Datentyp: STRING[4]).

FUNCTION *Anweisung*
Vereinbarung eines Unterprogramms als Funktion.

GetCBreak(<Variable>**)** *DOS-Funktion*
Prüft die Funktion <CTRL> <BREAK>. Nur bei Ein- und Ausgaben ist die mit Break übergebene Variable wahr (true), bei jedem Aufruf falsch (false). (Datentyp: BOOLEAN).

GetDate(<Jahr>,<Monat>,<Tag>,<Wochentag>) *DOS-Funktion*
Angabe des aktuellen Datums.

GetDir(<Laufwerk>,<Pfadvariable>) *Datei-Anweisung*
Ermitteln des aktuellen Verzeichnisses im gewählten Pfad.

GetEnv(<Variable>) *DOS-Funktion*
Lesen eines Eintrages in der DOS-Tabelle *Environment* (Datentyp: STRING)

GetFAttr(<Dateivariable>,<Attribut>) *DOS-Funktion*
Angabe der Attribute einer Datei.

GetFTime(<Dateivariable>,<Zeit>) *DOS-Funktion*
Zeitintervall zur letzten Dateiänderung angeben.

GetIntVec(<Vektornummer>,<Vektor>) *DOS-Funktion*
Ermitteln des Inhalts eines Interrupt-Vektors.

GetMem(<Zeigervariable>,Byteanzahl>) *Heap-Funktion*
Reservieren von Speicherplätzen auf dem Heap.

GetTime(<Stunde>,<Minute>,<Sekunde>,<Sek100>)
DOS-Funktion
Ermitteln der aktuellen Systemzeit.

GetVerify(<Variable>) *DOS-Funktion*
Der Wert des gesetzten DOS-Schalters *verify* (d. h. Überprüfen der geschriebenen Diskettensektoren) wird in die angegebene Variable kopiert (Datentyp: BOOLEAN; Wahr: überprüfen; falsch: nicht überprüfen).

GOTO <LABEL> *Anweisung*
Unbedingter Sprung zu einer Markierung (LABEL).

GotoXY *Bildschirm-Funktion*
Cursor zu Spaltenposition (X) und Zeilenposition (Y) bewegen.

HALT(<Fehlercode>) *Anweisung*
Beenden des Programms.

HeapError *Datei-Funktion*
Variable, die auf die Standard-Fehlerbehandlung zeigt, oder einen Fehleraufruf über HeapError aufruft.

HeapOrg *Heap-Funktion*
Startadresse des Heaps (Heap-Ursprung:Heap Origin).

HeapPtr *Heap-Funktion*
Position des Heap-Zeigers.

Hi(<Ausdruck>) *mathematische Funktion*
Bereitstellen des höherwertigen Bytes.

HighVideo *Bildschirm-Funktion*
Einschalten der doppelten Helligkeit.

IF <Bedingung> **THEN** <Anweisung> **ELSE** <Anweisung> *Anweisung*
Eine Auswahl aus 2 Möglichkeiten. Bedingte Auswahl.

IMPLEMENTATION *Anweisung*
Dritter Bestandteil (zwischen INTERFACE (Schnittstelle) und INITIALISIERUNG (Hauptprogramm)) einer Programmbibliothek (unit). Es bezeichnet den Programmcode.

<Ausdruck> **IN** <Set> *mathematische Funktion*
Prüfung, ob der Wert des Ausdrucks in der durch Set festgelegten Menge enthalten ist.

Inc(<x>,<n>**)** *arithmetische Funktion*
Zur Variablen x wird der Wert n addiert.

INHERITED *Objekt-Funktion*
Vererben einer Eigenschaft.

InLine(<Assemblercode>**)** *Anweisung*
Einfügen eines Assemblerprogramms in den Quelltext.

Insert(<Quellstring>,<Zielstring>,<Position>**)** *Zeichenkettenfunktion*
Einfügen des Quellstrings in den Zielstring ab einer Position.

InsLine *Bildschirm-Funktion*
Einfügen einer Zeile vor der Cursorposition.

Int(<Ausdruck>**)** *mathematische Funktion*
Ganzzahliger Teil eines Ausdrucks als Real-Zahl.

INTEGER *Datentyp*
Variable vom Datentyp INTEGER (ganze Zahl von -32768 bis +32767).

INTERFACE *Anweisung*
Erster Bestandteil einer Programmbibliothek (unit). Definition einer Schnittstelle zu anderen Programmen.

INTERRUPT *Anweisung*
Interrupt-Prozeduren dürfen nur über Interrupt-Vektoren, nicht über einen Prozedurnamen aufgerufen werden.

Intr(<Interruptnummer>,<Register>) *DOS-Funktion*
Ausführen eines Software-Interrupts.

IOResult *Datei-Funktion*
Ausgabe eines Dateifehlers (bei 0 fehlerfrei) nicht als Turbo-Nummern, sondern als Fehlercodes.

Keep *Bildschirm-Funktion*
Beenden des Programms und Rückkehr in die MS-DOS-Ebene.

KeyPressed *Bildschirm-Funktion*
Prüfen, ob sich ein Zeichen im Tastaturpuffer befindet.

LABEL *Anweisung*
Festlegen einer Sprungmarke im Vereinbarungsteil.

Length(<String>) *Zeichenketten-Funktion*
Feststellen der Länge der Zeichenkette (Anzahl Zeichen).

Ln(<Ausdruck>) *mathematische Funktion*
Natürlicher Logarithmus eines Ausdrucks.

Lo(<Ausdruck>) *Speicher-Funktion*
Niederwertiges Byte (LowByte) ausgeben.

LONGINT *Datentyp*
Ganze Zahl mit 4 Byte und Vorzeichen (von - 2 147 483 648 bis + 2 147 483 647).

LowVideo *Bildschirm-Funktion*
Normale Helligkeit des Bildschirms einstellen.

Mark(<Zeigervariable>) *Heap-Funktion*
Heapzeiger wird einer Zeigervariablen zugeordnet.

MaxAvail *Heap-Funktion*
Angabe des größten verfügbaren Speicherplatzes auf dem Heap in Bytes.

Mem[<Segmentadresse>:<Offsetadresse**]** *Speicher-Funktion*
Lesen eines Wertes in eine Speicherzelle.

MemAvail *Heap-Funktion*
Angabe der Anzahl freier Bytes auf dem Heap (von der Spitze des Heapzeigers bis einschließlich der definierten Lücken).

Member(<Objekt-Variable>,<Klasse>**)** *Heap-Funktion*
Prüft, ob die Objektvariable zur Klasse gehört (wahr), sonst falsch.

MkDir(<Pfadname>**)** *Datei-Funktion*
Anlegen eines Verzeichnisses (entspricht MS-DOS-Funktion **make directory: md**).

<Ausdruck1> **MOD** <Ausdruck2> *mathematische Funktion*
Ganzzahliger Rest der Division des Ausdrucks1 und Ausdrucks2.

Move(<Ausgangsvariablenname>,<Zielvariablenname>,<Bytes>**)**
Speicher-Funktion
Verschieben der Zeichen der Ausgangsvariablen in die Zielvariable unter Angabe der zu verschiebenden Bytes.

MsDos(<Register>**)** *Speicher-Funktion*
Aufruf von MS-DOS-Funktionen.

MSGraph *Standard-Programmbibliothek (UNIT)*
Grafik-Bibliothek.

New(<Zeigervariable>**)** *Heap-Funktion*
Reservieren eines Platzes für die Zeigervariable auf dem Heap.

NIL *Speicher-Funktion*
Eine Zeigervariable, die auf nichts zeigt.

NormVideo *Bildschirm-Funktion*
Umschalten auf normale Bildschirmdarstellung (Text- und Hintergrundfarbe entsprechen den Standardwerten).

NoSound *Bildschirm-Funktion*
Tonausgabe ausschalten.

NOT *Logischer Operator*
Logisch NEIN (Verneinung).

OBJECT *Objekt-Funktion*
Festlegen des Datentyps für ein Objekt.

Odd(<Ausdruck>) *mathematische Funktion*
Wahr (true) für ungeraden INTEGER-Ausdruck; falsch (false) für geraden INTEGER-Ausdruck.

Ofs(<Ausdruck>) *Speicher-Funktion*
Ermittlung des Wertes des Offsets einer Variablen, einer Prozedur oder einer Funktion.

OR *logischer Operator*
Inklusives ODER.

Ord(<Ausdruck>) *Datei-Funktion*
Ermittelt den **Ord**inalwert eines ASCII-Zeichens oder eines SET-Inhaltes.

ParamCount *Speicher-Funktion*
Eingabe der Anzahl der Parameter, die nach einem MS-DOS-Befehl eingegeben werden.

ParamStr(<Parameternummer>) *Speicher-Funktion*
Eingeben der Nummer des Parameters, der als String verarbeitet werden soll.

Pi *Mathematische Funktion*
Pi hat den Wert 3.1415926535897932 85.

Pos(<Suchstring>,<Ausgangsstring>) *Zeichenketten-Funktion*
Suchen einer eingegebenen Zeichenfolge in einem Ausgangsstring. Die Position wird ausgegeben.

Pred(<Ausdruck>) *mathematische Funktion*
Ermitteln des Vorgängers (**pred**ecessor) eines Ausdrucks.

Printer *Standard-Programmbibliothek (UNIT)*
Diese Programmbibliothek (unit) unterstützt die Druckausgabe (Vereinbarung einer Textdateivariablen Lst und Zuordnen zum Rechnerausgang Lpt1). Die Einheit (unit) printer ist mit dem Befehl USES aufzurufen.

PROCEDURE *Anweisung*
Definition eines Unterprogramms.

Ptr(<Segment>,<Offset>) *Speicher-Funktion*
Umwandeln der Angabe für Segment und Offset in einen Zeiger.

Random(<Ausdruck>**)** *mathematische Funktion*
Ermitteln einer Zufallszahl zwischen 0 und Ausdruck.

Randomize *Speicher-Funktion*
Starten des Zufallszahlengenerators mit Systemdatum und -zeit.

READ(<Variable>**)** *Anweisung*
Einlesen von Variablen oder Datensätzen.

ReadKey *Anweisung*
Anweisung zur direkten Abfrage der Tastatur.

READLN(<Variable>**)** *Anweisung*
Einlesen von Variablen oder Datensätzen und Zeilenvorschub.

REAL *Datentyp*
Variable vom Datentyp REAL (Dezimalzahl).

RECORD *Datentyp*
Definition eines Datensatzes (RECORD).

Release(<Zeigervariable>**)** *Heap-Funktion*
Freigeben des Speicherplatzes für die Zeigervariable im Heap.

Rename(<alte Dateivariable>,<neue Dateivariable>**)** *Datei-Funktion*
Änderung des Namens von Dateivariablen.

REPEAT <Anweisung> **UNTIL** <Bedingung> *Anweisung*
Nicht abweisende Schleife.

Reset(<Dateivariable>**)** *Datei-Funktion*
Öffnen einer Datei zum Lesen. Der Dateizeiger zeigt auf den ersten Datensatz.

Rewrite(<Dateivariable>**)** *Datei-Funktion*
Anlegen einer neuen Datei zum Schreiben. Eine bereits existierende Datei mit dem Namen der Dateivariablen wird gelöscht.

RmDir(<Pfadname>**)** *Datei-Funktion*
Löschen des angegebenen Unterverzeichnisses (muß leer sein).

Round(<Ausdruck>**)** *mathematische Funktion*
Kaufmännisches Runden einer Dezimalzahl.

RunError[<Fehlercode>] *Anweisung*
Ausgabe eines Laufzeitfehlers, der das Programm definiert abbricht. Ist der INTEGER-Ausdruck *Fehlercode* angegeben, dann wird die entsprechende Fehlernummer ausgegeben.

Seek(<Dateivariable>, <Satznummer>) *Datei-Funktion*
Dateizeiger wird auf die Satznummer positioniert (erster Datensatz besitzt die Satznummer 0).

SeekEOF(<Dateivariable>) *Datei-Funktion*
Suchen (**seek**) des Dateiendes (**E**nd **O**f **F**ile). Wenn es gefunden ist, wird true (wahr) ausgegeben. Beim Suchvorgang werden Leerzeichen, Tabulatoren und die Zeilenendemarkierung übersprungen.

SeekEoln(<Dateivariable>) *Datei-Funktion*
Suchen (**seek**) des Zeilenendes (**E**nd **O**f **L**ine). Wenn es gefunden ist, wird true (wahr) ausgegeben. Beim Suchvorgang werden Leerzeichen und Tabulatoren übersprungen.

Seg(<Ausdruck>) *Speicher-Funktion*
Ermitteln des Segments eines Ausdrucks.

SET OF *Datentyp*
Bezeichnet eine Untermenge (set) einer Variablen.

SetCBreak(<Ausdruck>) *DOS-Funktion*
Festlegen, bei welchen Operationen DOS prüft, ob <CTRL> <BREAK> gedrückt wurde. (Datentyp: BOOLEAN).
Wahr (true): Jeder Funktionsaufruf.
Falsch (false): Nur bei Ein- und Ausgabefunktionen.

SetDate(<Jahr>,<Monat>,<Tag>,<Wochentag>) *Datei-Funktion*
Das Datum des Betriebssystems MS-DOS setzen.

SetFAttr(<Dateivariabel>,<Attribut>) *Datei-Funktion*
Setzen der Attribute einer Dateivariablen.

SetFTime(<Dateivariable>,<Zeit>) *Datei-Funktion*
Setzen des Datums und der Uhrzeit der letzten Dateiänderung (s. GetFTime).

SetIntVec(<Vektornummer>,<Vektor>) *DOS-Funktion*
Der Interrupt-Vektor wird auf eine bestimmte Adresse gesetzt (s. GetIntVec). Dieser Vektor kann erzeugt werden durch den Adreß-Operator @, über Addr oder über Ptr.

SetTime *DOS-Funktion*
Setzen der Systemzeit.

SetVerify(<Ausdruck>) *DOS-Funktion*
Festlegen der Prüfung der geschriebenen Diskettenektoren durch den DOS-Schlater *verify*. (Datentyp: BOOLEAN).
Wahr (true): Überprüfung findet statt.
Falsch (false): Überprüfung findet nicht statt.

SHL *Logischer Operator*
Verschieben (shift) der angegebenen Bits um eine bestimmte Bitzahl nach links.

SHORTINT *Datentyp*
Ganze Zahl von 1 Byte mit Vorzeichen (-128 bis +127).

SHR *Logischer Operator*
Verschieben (shift) der angegebenen Bits um eine bestimmte Bitzahl nach rechts.

Sin(<Ausdruck>) *mathematische Funktion*
Sinus eines Winkels im Bogenmaß.

SINGLE *Datemtyp*
Dezimalzahl mit 4 Byte und 7 bis 8 Stellen.

SizeOf(<Variable>) *Speicher-Funktion*
Angabe des Speicherplatzes (in Bytes) der Variablen.

Sound(<Frequenz>) *Geräte-Funktion*
Ausgabe eines Tones definierter Frequenz.

SPtr *Datei-Funktion*
Angabe des aktuellen Wertes des Stackzeigers (SP-Register) als Offset der Stackspitze.

Sqr(<Ausdruck>) *mathematische Funktion*
Berechnen des Quadrates (sqare) einer Zahl.

Sqrt(<Ausdruck>) *mathematische Funktion*
Berechnen der Quadratwurzel (sqare root) einer Zahl.

SSeg *Speicher-Funktion*
Ermitteln der Adresse des Stack-Segments.

Str(<Ausdruck>:<Format>,<Stringvariable>) *Zeichenkettenfunktion*
Umwandlung eines numerischen Ausdrucks in eine Strinbgvariable.

STRING *Datentyp*
Variable vom Datentyp STRING (Zeichenkette).

Succ(<Ausdruck>**)** *mathematische Funktion*
Angeben des Nachfolgers (**Succ**essor) des Ausdrucks.

Swap(<Variable>**)** *Speicher-Funktion*
Austauschen des nieder- mit dem höherwertigen Bytes des Ausdrucks vom Typ INTEGER,

SwapVectors *DOS-Funktion*
Vertauschen der Interrupt-Vektoren des Systems mit den entsprechenden Variablen des Bausteins (unit) *System.*

System *Standard-Programmbibliothek (UNIT)*
Diese Standard-Programmbibliothek (unit) enthält alle Vereinbarungen über Standardprozeduren und -funktionen. Sie wird in jedes Programm automatisch als erster Block aufgenommen und darf deshalb nicht mit USES aktiviert werden.

TextBackground(<Farbe>**)** *Bildschirm-Funktion*
Festlegen der Hintergrundfarbe für den Text.

TextColor(<Farbe>**)** *Bildschirm-Funktion*
Festlegen der Farben für den Text.

TextMode(<Modus>**)** *Bildschirm-Funktion*
Festlegen des Text-Modus (z.B. schwarz/weiß oder farbig; Anzahl der Zeichen pro Zeile).

Trunc(<Ausdruck>**)** *mathematische Funktion*
Ausgabe des ganzzahligen Teils eines Ausdrucks (abschneiden der Dezimalstellen). Ergebnis ist eine INTEGER-Zahl.

Truncate(<Dateivariable>**)** *Datei-Funktion*
Abschneiden einer Datei an der aktuellen Zeigerposition.

TYPE *Datentyp*
Benutzerdefinierter Datentyp.

UNIT *Anweisung*
Eigene Programmeinheit als Programmbibliothek. Es gibt die Standard-Programmbibliotheken Crt, Dos, Printer, MSGraph und System. Der Benutzer kann auch eigene Programmbibliotheken (units) programmieren. Der Aufbau jeder Programmbibliothek ist gleich und besteht aus folgenden drei Teilen:

INTERFACE, IMPLEMENTATION und Initialisierung (Anweisungen zwischen BEGIN und END). Die Programmbibliothek (unit) wird durch USES in das Programm geladen.

UnpackTime(<Zeit>,<Datum (als Record) > *DOS-Funktion*
Umwandlung von Datum und Uhrzeit von einem "gepackten" Format (GetFTime, PackTime, FindFirst, FindNext) in einen RECORD des Typs DateTime.

UpCase(<Zeichen>) *Zeichenketten-Funktion*
Umwandeln von Klein- in Großbuchstaben.

USES *Anweisung*
Benutzen einer oder mehrerer Programmbibliotheken (units) im Hauptprogramm (außer der unit System).

Val(<Stringvariable>,<numerische Variable>,<Fehler>)
Umwandlungs-Funktion
Umwandeln einer Zeichenkette in einen numerischen Wert.

VAR *Anweisung*
Vereinbarung der Variablen.

WhereX *Bildschirm-Funktion*
Ermitteln der Spalte der Cursorposition.

WhereY *Bildschirm-Funktion*
Ermitteln der Zeile der Cursorposition.

WHILE <Bedingung> **DO** <Anweisung> *Anweisung*
Festlegung einer abweisenden Schleife.

Window(<x1>,<y1>,<x2>,<y2>) *Bildschirm-Funktion*
Das Textfenster wird eingestellt (x1,y1:linke obere Ecke; x2,y2:rechte untere Ecke). Der Cursor steht in der Position <HOME>.

WITH <Recordvariable> DO <Anweisung> *Anweisung*
Die Elemente eines Records werden über die Recordvariable angesprochen. Alle Anweisungen mit dieser Recordvariablen können zusammengefaßt werden.

WORD *Datentyp*
Ganze Zahl mit 2 Byte und ohne Vorzeichen (0 bis 65535).

Write(<Variable>) *Anweisung*
Schreiben des Wertes einer Variablen.

WriteLn(<Variable>) *Anweisung*
Schreiben des Wertes einer Variablen. Anschließend erfolgt ein Zeilenvorschub.

XOR *logischer Operator*
Exklusives ODER.

@ *Adreß-Operator*
Bestimmen der Adresse einer Variablen, einer Prozedur oder einer Funktion und Zuweisung an einen Zeiger.

A 3 Fehlersuche mit dem Debugger

A 3.1 Aufgabe des Debuggers

Neu geschriebene Programme enthalten in fast allen Fällen Fehler, die es zu verbessern gilt. Dabei unterscheidet man im allgemeinen zwei Fehlerarten:

- formale Fehler (lösen eine Compilermeldung aus) und
- Laufzeitfehler (führen zum Programmabbruch).

Formale Fehler werden in der Regel vom Compiler oder vom Linker entdeckt. Solche Fehler werden normalerweise genau lokalisiert und eine Meldung über die Fehlerart ausgegeben. Deshalb bereitet diese Fehlerart dem Programmierer meistens keine Probleme.

Laufzeitfehler sind wesentlich tückischer, da sie sich erst bei der Ausführung des Programms bemerkbar machen. Sie haben ihren Ursprung in logischen Denkfehlern des Programmierers oder in Mißverständnissen zwischen Compiler und Programmierer. Weil sich die Suche nach Laufzeitfehlern in den meisten Fällen als mühselig und zeitaufwendig erweist, setzen die Programmierer sehr gerne ein spezielles Programm ein, das diese Arbeit erleichtert: einen sogenannten *Debuggger*. In QuickPascal ist ein solcher Debugger integriert (im Hauptmenü die Option Debug).

Wird mit den Standardvorgaben des Compilers gearbeitet (d.h. die Compiler-Einstellungen {$D+} für die Information des Debuggers und {$L+} für die lokale Veränderung der Variablenwerte), so sind zum Start des Debuggers keine besonderen Maßnahmen notwendig. Im Hauptmenü Debug lassen sich u. a. *Haltepunkte* im Programm setzen. Dadurch läßt sich das zu untersuchende Programm Schritt für Schritt bis zu den festgelegten Haltepunkten ausführen. Der Programmierer kann sich dann in aller Ruhe die Veränderungen der Werte für die Variablen im sogenannten *DEBUG-Fenster* ansehen und feststellen, ob sie sich erwartungsgemäß verhalten. Auf diese Art und Weise können auch Laufzeitfehler lokalisiert werden. Mit den Befehlen des Hauptmenüs Debug können auch *Werte geändert* und das Programmverhalten studiert werden. Dabei können einfache *Variable*, Elemente eines *ARRAYS* oder Feldelemente eines *Datensatzes* geändert werden.

Der folgende Abschnitt zeigt die Fehlersuche für eine einfache Variable in einem kleinen Programm.

A 3.2 Verfolgen der Werte einzelner Variablen

Ärgerliche Fehler in Programmen können in Schleifen auftreten, wenn die Abbruchbedingungen einer Schleife nicht korrekt beschrieben worden sind. Dies führt im schlimmsten Fall zu einer "Endlos-Schleife", d.h. die Abbruchbedingung wird nie erreicht, und das Programm wird endlos fortgesetzt. Genausogut kann es aber auch vorkommen, daß eine für das Endergebnis wichtige Schleife überhaupt nicht durchlaufen wird. In beiden Fällen ist die Ursache für den mangelhaften Programmablauf nicht ohne weiteres erkennbar.

Abhilfe kann nur die Überprüfung der Abbruchbedingung schaffen. Diese Abbruchbedingung ist in den allermeisten Fällen als veränderliche Variable definiert, deren Wert es während des Programmablaufs zu überwachen gilt. Wie der Debugger hier helfen kann, soll am Beispiel des aus Abschnitt 2.3.2.1 bekannten Programms STROEMEN.PAS gezeigt werden. In diesem Programm tritt die Variable Re (für Reynoldszahl) auf, deren Werte wir verfolgen möchten.

Die Abbruchbedingung der abweisenden Schleife lautet:

```
WHILE  Re < 1160  DO
```

Das bedeutet, daß alle in der Schleife stehenden Anweisungen durchlaufen werden, solange die Reynoldszahl Re kleiner als 1160 ist. Die im ursprünglichen Programm STROEMEN.PAS verwendeten Formeln garantieren eine zügige Berechnung. Doch schon ein simpler Eingabefehler, bei dem wir die Division durch k vergessen, schickt unser Programm in eine beinahe endlose Schleife. Im Programm STROEMEN.PAS wurde statt der Anweisung Re := (r*V)/k versehentlich

```
Re := (r*V)
```

eingegeben.

Hierdurch wächst der Wert für Re etwa 1 Milliarde mal langsamer als vorgesehen; ein potentieller Anwender dieses Programms wäre rasch der Verzweiflung nahe.

Zur Ermittlung dieses Fehlers wird im folgenden der Debugger eingesetzt werden. Als erstes muß sich der Programmierer klar darüber werden, *welche Variable* (am besten zunächst nur eine einzige) er überwachen will und *an welcher Stelle* im Programm dies geschehen soll. In unserem Fall wird die Variable Re kontrolliert und zwar jeweils sofort nachdem ihr Wert verändert worden ist (also nach der Programmzeile Re := (r*V)). Wir gehen in folgenden Schritten vor:

a) Ändern des Programms

Als ersten Schritt lädt man das Programm STROEMEN.PAS von der Begleitdiskettte oder von der Festplatte in den Arbeitsspeicher. Dazu dient im Hauptmenü **D**atei der Befehl Ö**f**fnen und die Auswahl des Programms STROEMEN.PAS.

<ALT> Sprung zum Hauptmenü.

d f Auswahl des Befehls **D**atei Ö**f**fnen.

<TAB> Sprung ins Fenster der Dateiliste.

sss Auswahl des Programms STROEMEN.PAS (das dritte Programm, das mit dem Buchstaben "s" anfängt).

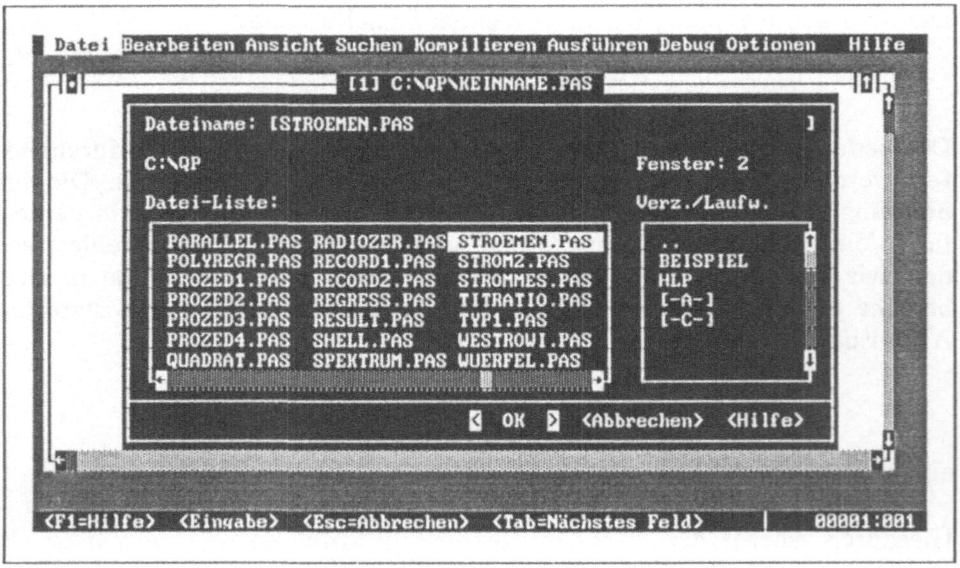

Bild A1 Auswahl des Programms STROEMEN.PAS

<RETURN> Laden des Programms in den Arbeitsspeicher.

In der Zeile 30 wird die Formel entsprechend geändert.

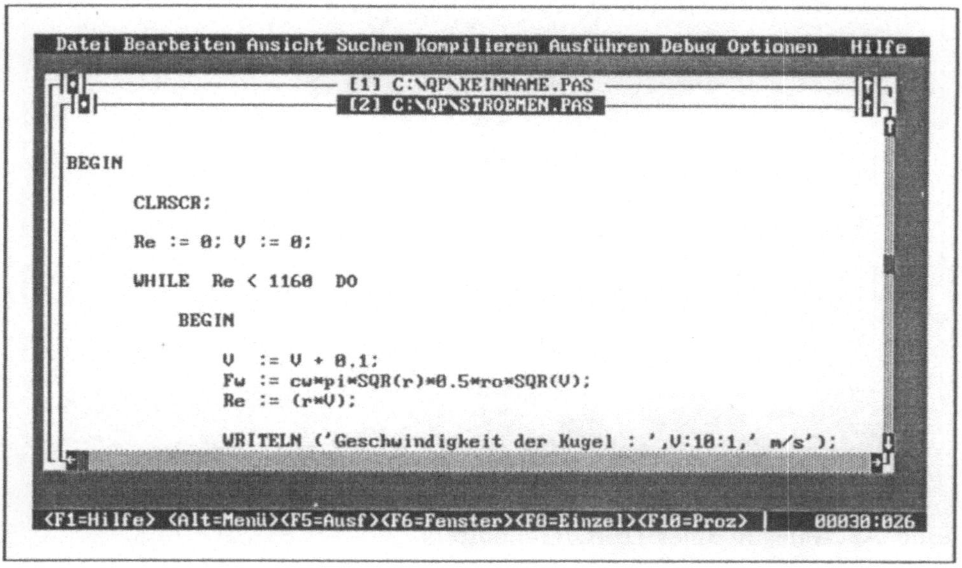
Datei Bearbeiten Ansicht Suchen Kompilieren Ausführen Debug Optionen Hilfe
[1] C:\QP\KEINNAME.PAS
[2] C:\QP\STROEMEN.PAS
BEGIN
CLRSCR;
Re := 0; V := 0;
WHILE Re < 1160 DO
BEGIN
V := V + 0.1;
Fw := cw*pi*SQR(r)*0.5*ro*SQR(V);
Re := (r*V);
WRITELN ('Geschwindigkeit der Kugel : ',V:10:1,' m/s');
<F1=Hilfe> <Alt=Menü><F5=Ausf><F6=Fenster><F8=Einzel><F10=Proz>
00030:026

Bild A2 Änderung der Formel

Im Anschluß daran wird das veränderte Programm im Hauptmenü Kompilieren mit dem Befehl Datei kompilieren übersetzt.

<ALT>	Wahl des Hauptmenüs.
k d	Auswahl des Befehls Kompilieren Datei kompilieren.

b) Öffnen eines DEBUG-Fensters

Um die wichtigen Variablen und deren Werte verfolgen zu können, wird ein DEBUG-Fenster eröffnet. Dazu dient im Menü Ansicht der Befehl Debugfenster.

<ALT>	Umschalten ins Hauptmenü.
n g	Auswahl des Befehls Ansicht Debugfenster.

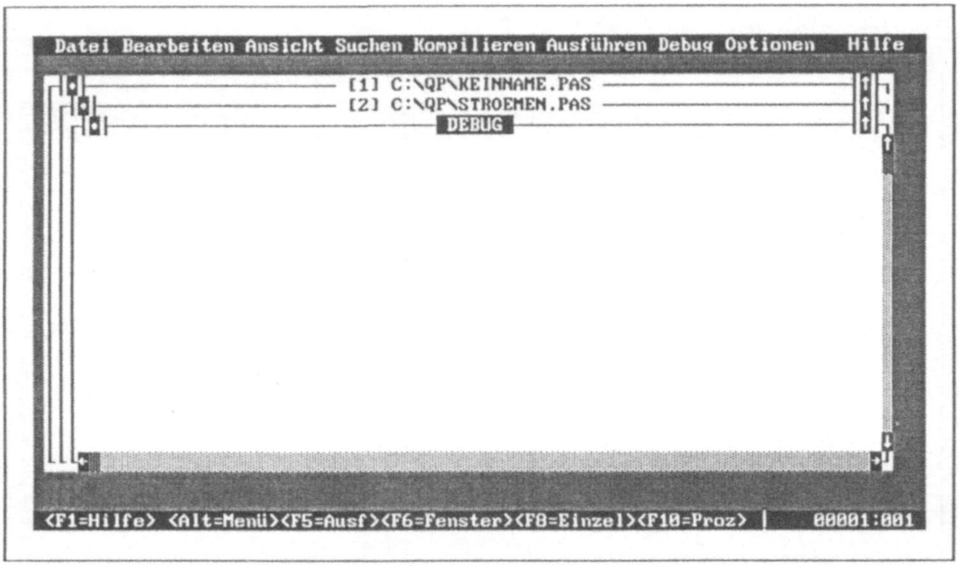

Bild A3 Anlegen eines DEBUG-Fensters

c) Anordnung der Fenster

Die Fenster sollen untereinander angeordnet werden. Dazu wird im Hauptmenü Ansicht der Befehl Kacheln gewählt:

<ALT> n k — Wahl im Hauptmenü Ansicht den Befehl Kacheln.

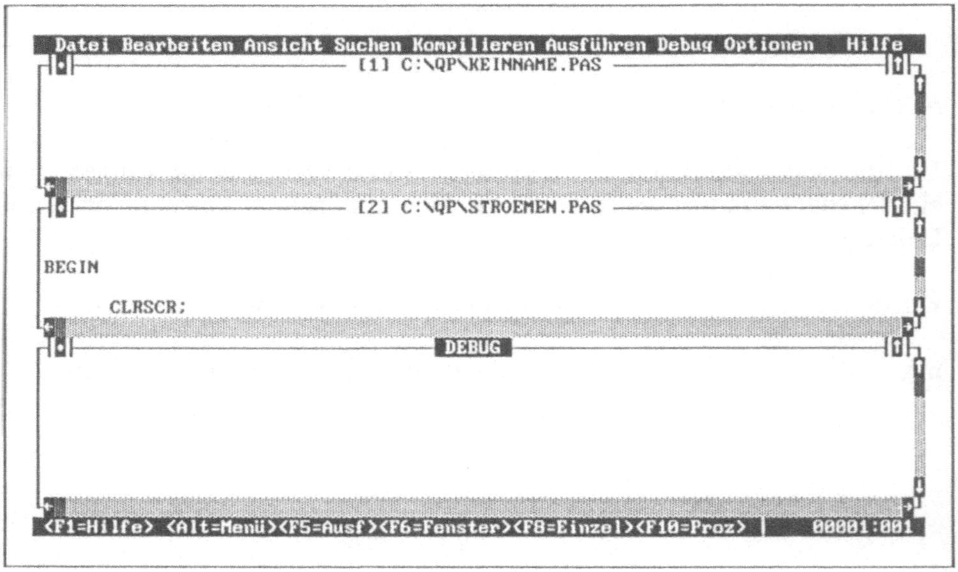

Bild A4 DEBUG-Fenster als Rechtecke untereinander

Mit der Taste <F6> gelangen Sie von einem Fenster zum nächsten. Bild A5 zeigt das Fenster der Programms STROEMEN.PAS.

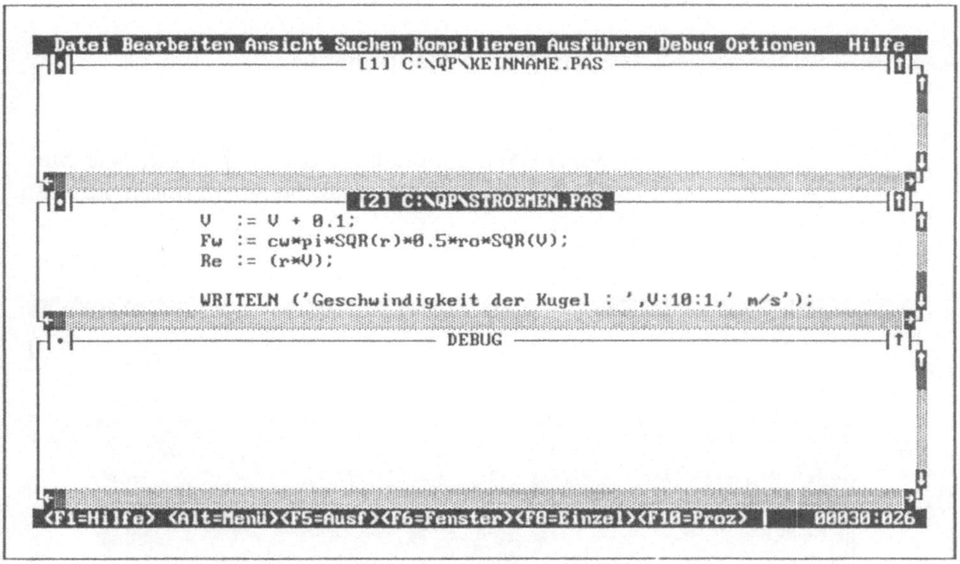

Bild A5 Fenster des Programms STROEMEN.PAS

d) Haltepunkt festlegen

Dazu wird in die Zeile 30 gefahren (Re := (r*V);) und die Taste <F9> gedrückt. Die Zeile wird mit einem hellen Balken markiert.

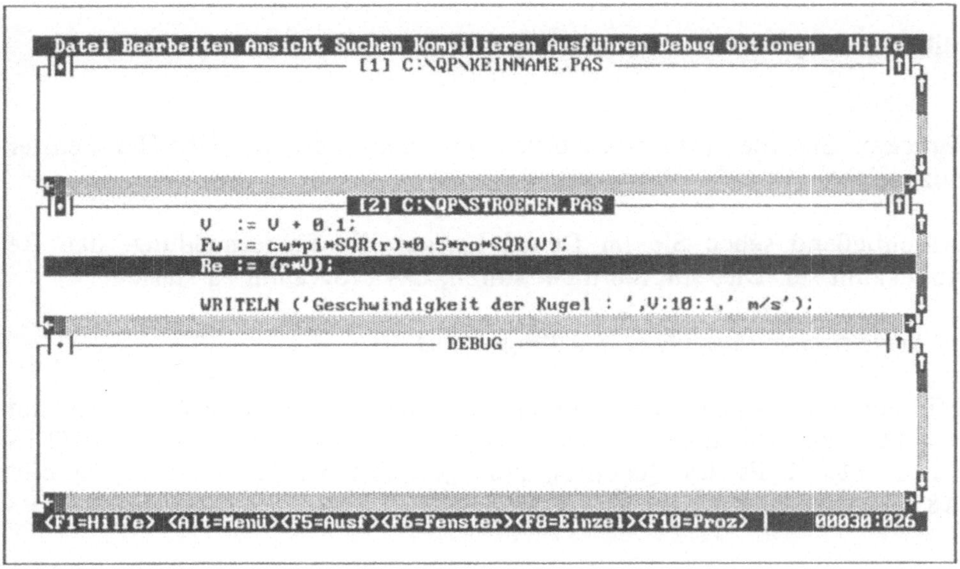

Bild A6 Markieren eines Haltepunktes

e) Anzeigevariable festlegen

Dies geschieht im Menü Debug mit dem Befehl Wert.

<ALT>	Sprung zum Hauptmenüs.
g w	Auswahl des Hauptmeüs Debug und den Befehl Wert anzeigen. Bild A7 zeigt, wie Sie die Eingabe der Variablen vornehmen können.

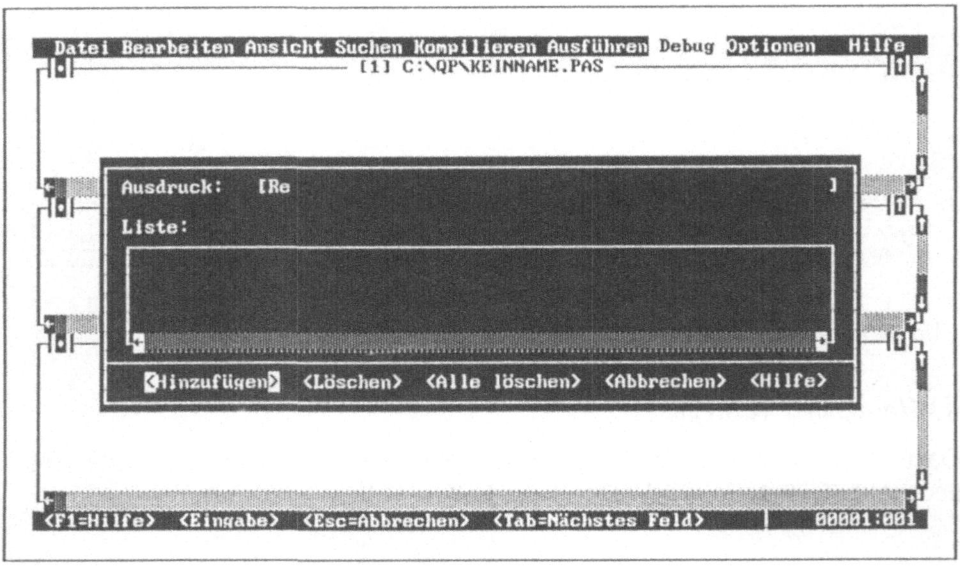

Bild A7 Eingabe des Wertes Re

Drücken Sie die Taste <RETURN>, um den Wert im DEBUG-Fenster anzuzeigen.

Anschließend sehen Sie im Debug-Fenster die Fehlermeldung, daß Re unbekannt sei. Dies soll Sie nicht stören, das Programm zu starten.

f) Schrittweises Ausführen des Programms

Mit der Taste <F6> gehen Sie in das Programm STROEMEN.PAS und drücken zur schrittweisen Ausführung des Programms die SCHRITT-Taste <F8>. Falls das Quellprogramm geändert wurde, sehen Sie in Bild A8 die Aufforderung, neu zu kompilieren.

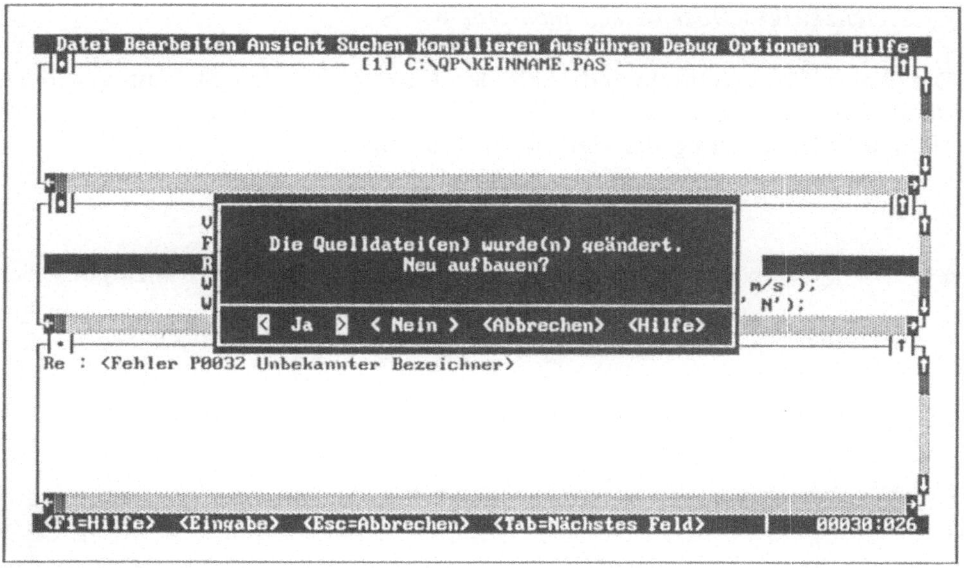

Bild A8 Kompilierung der geänderten Quelldatei

Mit **Ja** kompilieren Sie neu. Wenn Sie jetzt die Taste <F8> drücken, sehen Sie, daß der erste Wert der Reynoldszahl Re = 0.0 ist.

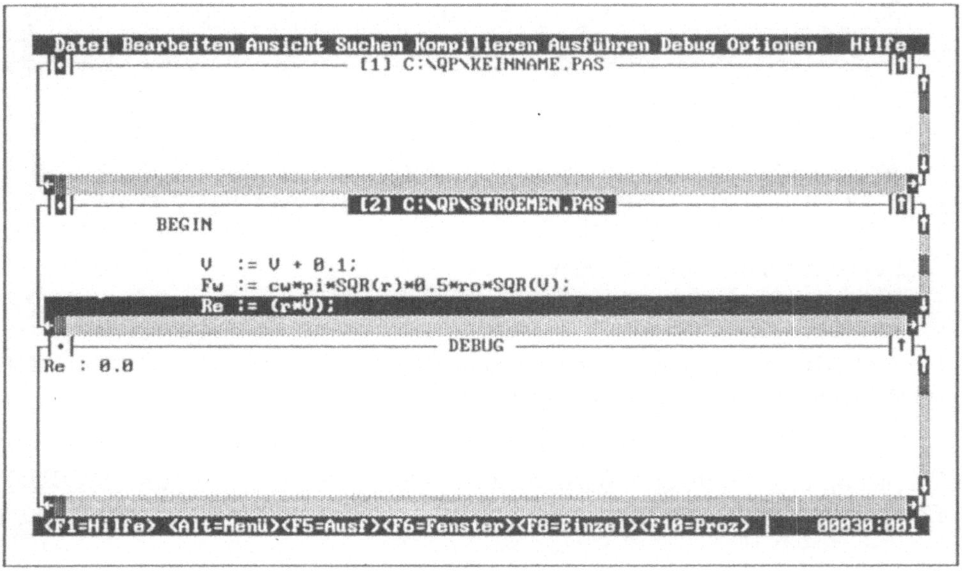

Bild A9 Erster Wert der Reynoldszahl

Wird die SCHRITT-Taste <F8> weiter betätigt, dann sehen Sie, wie sich Re verändert.

g) Gleichzeitiges Überwachen mehrerer Werte

Die Werte für v (Geschwindigkeit der Kugel) und den Strömungswiderstand Fw sollen ebenfalls im DEBUG-Fenster angezeigt werden. Dazu dient im Menü Debug der Befehl Wert anzeigen.

<ALT>	Umschalten zum Hauptmenü.
g w	Auswahl des Befehls Debug Wert anzeigen.
v <RETURN>	Auswahl des Wertes v.

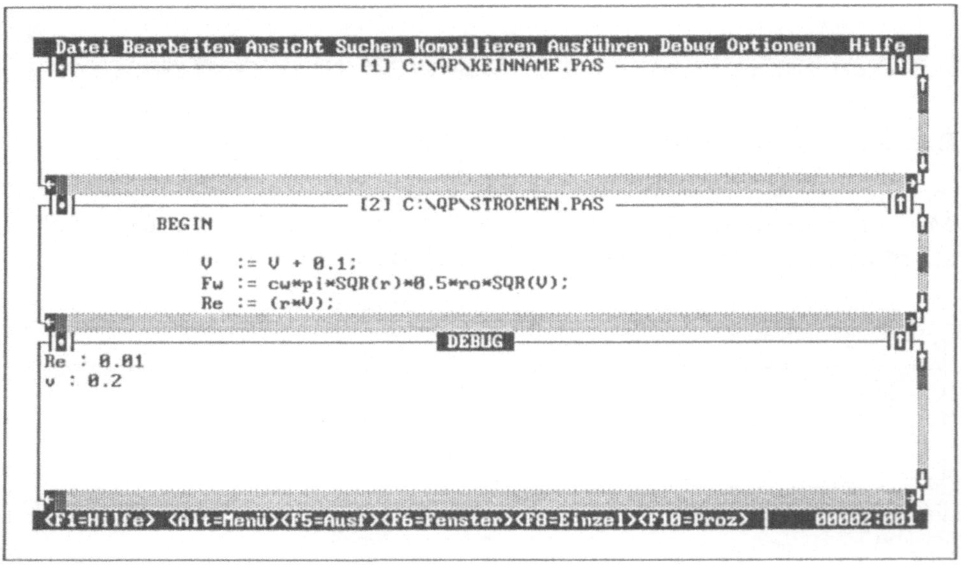

Bild A10 Anzeige des Wertes v

Hinweis! Sie können auch die Variablen ins DEBUG-Fenster direkt schreiben. Dann entfällt im Hauptmenü "Debug" der Befehl "Wert anzeigen".

Wechseln Sie, falls erforderlich, mit der Taste <F6> in das DEBUG-Fenster und geben Sie ein:

Fw **<RETURN>**.

In Bild A11 sind die entsprechenden Werte angezeigt.

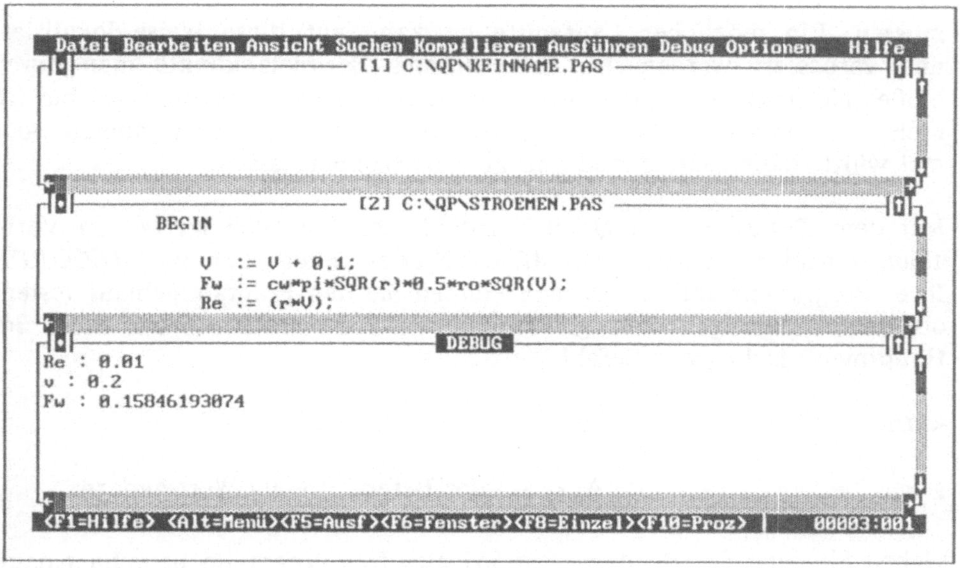

Bild A11 Werte für Re, v und Fw

Mit jedem Drücken der SCHRITT-Taste <F8> sehen Sie im DEBUG-Fenster, wie sich die Werte ändern.

h) Anzeige der Ergebnisse

Alle Ergebnisse, die das QuickPascal-Programm errechnet hat, können Sie sich ansehen, wenn Sie mit der Taste <F4> in den *Anzeige-Bildschirm* umschalten.

```
Geschwindigkeit der Kugel :      0.1 m/s
Strömungswiderstand       :    0.040 N
Geschwindigkeit der Kugel :      0.2 m/s
Strömungswiderstand       :    0.158 N
Geschwindigkeit der Kugel :      0.3 m/s
Strömungswiderstand       :    0.357 N
Geschwindigkeit der Kugel :      0.4 m/s
Strömungswiderstand       :    0.634 N
Geschwindigkeit der Kugel :      0.5 m/s
Strömungswiderstand       :    0.990 N
Geschwindigkeit der Kugel :      0.6 m/s
Strömungswiderstand       :    1.426 N
```

Bild A12 Anzeige der Programmergebnisse

Wie mit den oben angeführten Schritten gezeigt wurde, können mit Hilfe des Debuggers die Werte von Variablen während des Programmablaufs verfolgt werden, ohne Veränderungen im Programm selbst vornehmen zu müssen. Ein möglicher Laufzeitfehler kann auf diese Weise lokalisiert und verbessert werden. Im Falle unseres Beispiels könnte man durch bloßes Nachrechnen sehr schnell herausfinden, daß sich die Variable Re nicht wie erwartet entwickelt. Eine Überprüfung der verwendeten Formel würde dann sehr schnell den Fehler erkennen lassen.

Mit dem Debugger von QuickPascal können Sie auch *Werte* von Variablen, einzelne Elemente von *ARRAYS* oder Datenfelder von *RECORDS* Ihres Programms ändern. Danach können Sie den Programmablauf testen, ob die Änderungen den gewünschten Effekt hatten. Dazu dient im Hauptmenü Debug der Befehl Wert ändern.

<ALT>	Sprung ins Hauptmenü.
g n	Auswahl des Befehls Debug Wert ändern.

Geben Sie jetzt für Re den Wert 567 ein. Das Programm berechnet dann die anderen Werte und zeigt v und Fw im DEBUG-Fenster an.

Re	Eingabe der Variablen Re ins Feld Ausdruck.
<TAB>	Sprung ins Feld Wert:
567	Eingabe des Wertes 567.

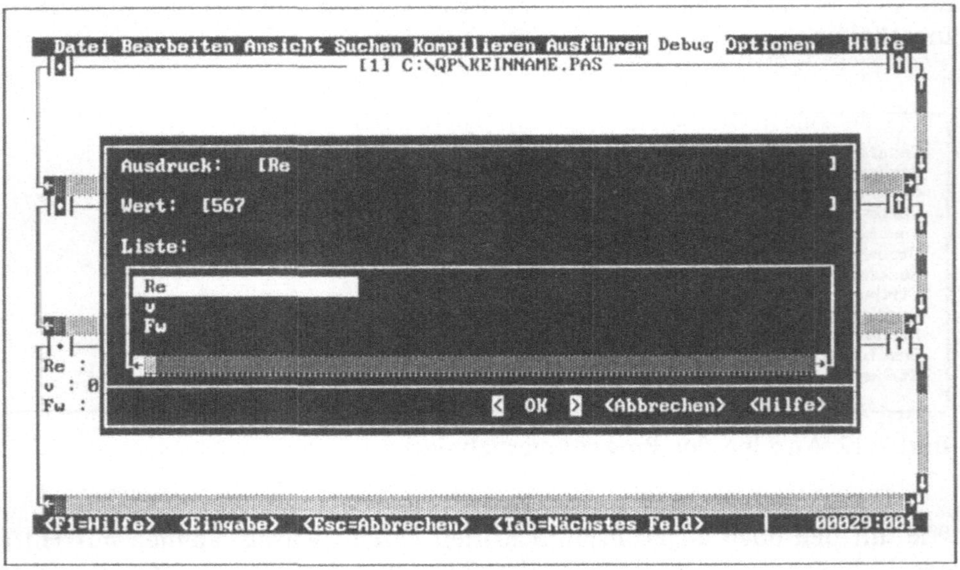

Bild A13 Eingabe eines Wertes für eine Variable

<RETURN> Speichern des Wertes.

Im DEBUG-Fenster sind die entsprechenden Auswertungen zu sehen.

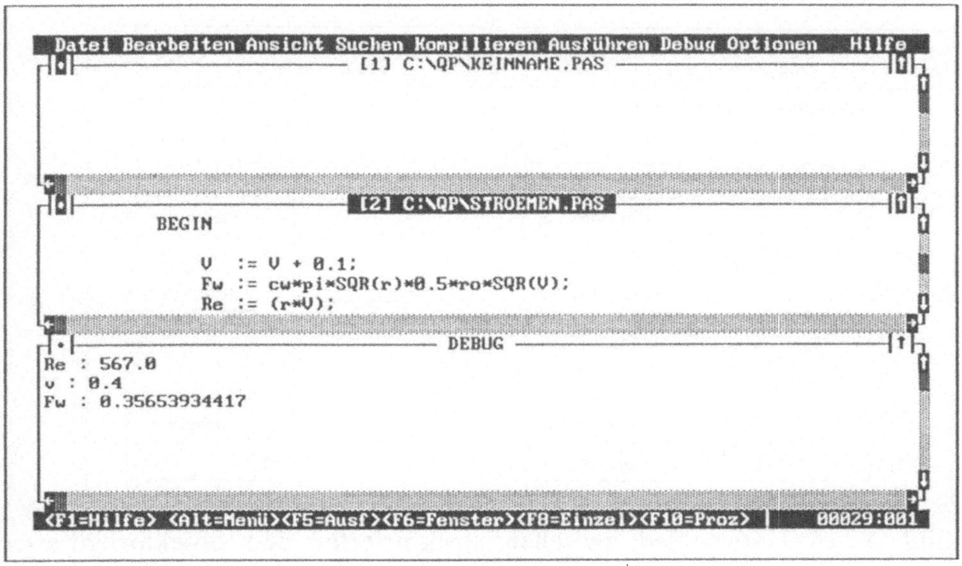

Bild A14 Auswertungen im DEBUG-Fenster

A 4 Beispiel für objektorientierte Programmierung

Bild A 15 zeigt schematisch den wesentlichen Unterschied zwischen der strukturierten und der objektorientierten Programmierung.

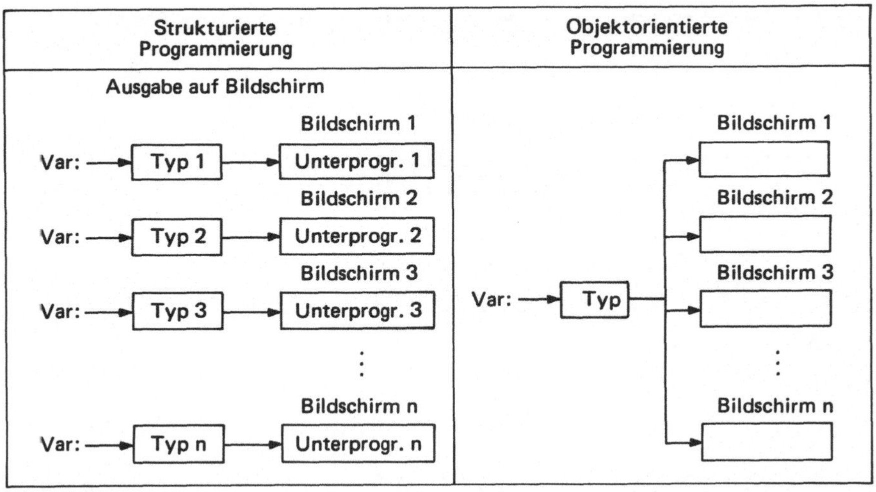

Bild A 15 Unterschied zwischen strukturierter und objektorientierter Programmierung

Beim *strukturierten Programmieren* muß bei gleichartiger Funktion (z. B. Ausgabe auf Bildschirm) eine Vielzahl von speziellen Unterprogrammnamen definiert werden, je nachdem, welche Datentypen für die Eingangsparameter gelten. Darüberhinaus ist die Verantwortung, den richtigen Datentyp dem richtigen Unterprogramm zuzuordnen, dem Programmierer überlassen.

Die *objektorientierte Programmierung* (OOP) definiert *Objekte*, indem sie Datentypen mit Methoden (d. h. Funktionen und Prozeduren) verknüpft, wie dies in Abschnitt 1 in Bild 1-30 veranschaulicht wurde. Dies entspricht dem Prinzip der *Kapselung* (*encapsulation*) von Daten und Methoden. Der Vorteil dieser Verknüpfung besteht darin, daß gleichartige Funktionen mit gleichem Namen versehen werden können und die Zuordnung von Datentypen zu Unterprogrammen dem Compiler überlassen werden kann, da bei der Variablendeklaration (Variable: Typ) die Zuordnung von Variable zum Typ und zur Methode (Unterprogramm) eindeutig festgelegt ist.

In Bild A 16 ist noch ein weiterer Vorteil der objektorientierten Programmierung zu erkennen.

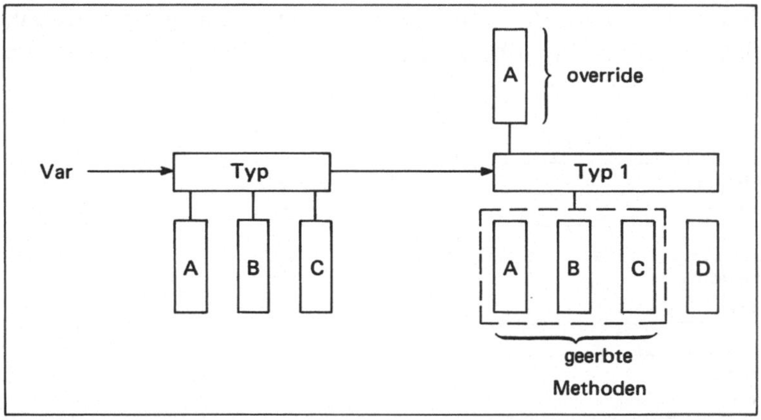

Bild A 16 Objekte mit vererbbaren Eigenschaften

Ein Objekt ist eine Einheit, auf die andere Objekte zugreifen können. Deshalb ist es möglich, daß Objekte, die sich nur in unwesentlichen Details von anderen Objekten unterscheiden, auf deren Eigenschaften zugreifen können (*Vererbung*; *inheritance*) und nur die Abweichungen beschrieben werden müssen. In Bild A 16 ist gezeigt, daß das Objekt Typ (mit den Methoden A, B und C) auf ein Teilobjekt Typ1 weist. Da der Typ1 sich nur in der Methode D unterscheidet, muß nur diese hinzugefügt werden. Die anderen Methoden (A, B und C) werden vererbt (gestrichelter Bereich in Bild A 16). Für den Programmierer ergibt sich ein praktischer Nutzen darin, daß er nicht mehr die Kombination Datentyp * Funktion (z. B. 20*30 = 600) beherrschen muß, sondern nur noch die Anzahl Datentyp + Funktion (20 + 30 = 50) berücksichtigen muß. Daraus resultiert eine starke *Verminderung der Komplexität* des Programms und damit eine drastische Verkürzung der Programmierzeit bei gleichzeitiger besserer Wartbarkeit und leichterer Anpaßbarkeit an neue Programmerfordernisse. Weil die objektorientierte Programmierung diese Anforderungen an eine rationelle Programmerstellung und Programmpflege erfüllt, ist sie ein bedeutender Fortschritt des modernen Software-Engineering.

In Bild A 16 ist ferner zu erkennen, daß eine bestehende, vererbte Methode an spezielle Verhältnisse angepaßt werden kann. Dazu wird (z. B. die Methode A) individuell programmiert und mit einer hohen Priorität (*override*) versehen. Dadurch wird diese anstelle der vererbten Methode eingesetzt. Mit der Anweisung *inherited* wird ausgedrückt, daß die vererbten Eigenschaften Priorität besitzen. Dies kann verwendet werden, um bestimmte Methoden zu ändern und die übrigen zu vererben.

Diese Möglichkeiten werden an folgendem Beispielprogramm LISTEN.PAS erläutert. Das Basisobjekt ist eine *verkettete Liste*, wie sie Bild A 17 zeigt.

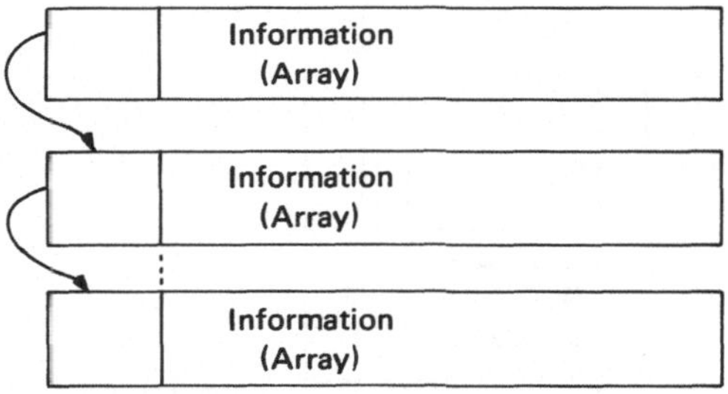

Bild A 17 Verkettete Liste (Schema)

Eine verkettete Liste bestehen aus Zeilen, die aus einem Zeiger auf das nachfolgende Element und einer Information (z. B. in einem Array) bestehen. Die Zeiger geben die Verkettung der einzelnen Informationen an. In der verketteten Liste "sliste" werden alle erforderlichen Methoden definiert. Ausgehend von diesem Objekt, das Datenfelder gleicher Länge besitzt, gibt es zwei Möglichkeiten der Veränderung:

1. Ändern der Methoden

Dies wird im Programmteil "stringliste" durchgeführt. In der verketteten Liste werden Quickpascal-Strings so gespeichert, daß jeder String nicht immer gleich groß ist, sondern je nach Inhalt seine Größe variiert. Dieses abgeleitete Objekt läßt sich aus dem Objekt erzeugen, indem 4 Methoden (loeschen, append, einfuegen und loeschezeile) modifiziert werden (Verwendung von override).

2. Methoden hinzufügen

Im Programmteil "matrix" wird dies erklärt. Dieses Objekt bildet zweidimensionale dynamische Matrizen auf verkettete Listen ab. Diese Matrix wird aus dem Objekt sliste erzeugt, indem 5 neue Methoden hinzugefügt werden (dim, redim, erase, pm (put Matrix) und gm (getmatrix)).

Das Programm LISTEN.PAS ist als Unit geschrieben worden. Es wird erkennbar, daß die Methoden im Teil "implementation" versteckt worden sind (*information hiding*). Die Unit kann in jedem anderen Programm aufgerufen worden, wie dies als Beispiel im Programm TESTLST1.PAS geschehen ist.

Beispielprogramm LISTEN.PAS

```
{$M+}
unit listen;
interface
(*  einfache verkettete Liste als Basisobjekt
    für Stringlisten und dynamische Matrizen *)
type
 sp        = ^string;
 p_element =  ^l_element;
 l_element =  record
               next : p_element;
               info : array[1..64000] of char;
              end;

sliste = object
          header : record
                    size   : word;
                    start  : p_element;
                    azeile : p_element;
                    zeile  : word;
                   end;
          procedure anlegen(s:word);       (* legt eine leere Liste an *)
          procedure loeschen;              (* löscht eine bestehende Liste *)
          function  leer:boolean;          (* Liste leer?              *)
          procedure append(p:pointer);     (* Zeile ans Ende der Liste anfügen.
                                          p zeigt auf den Inhalt, der in diese
                                          Zeile eingefügt werden soll  *)
          procedure einfuegen(p:pointer);  (* fügt eine Zeile hinter der
                                          aktuellen Zeile ein      *)
          procedure loeschezeile(z:word);  (* löscht Zeile z aus Liste *)
          procedure zum_anfang;            (* zum Anfang der Liste     *)
          procedure zum_ende;              (* zum Ende   der Liste     *)
          procedure zu_zeile(z:word);      (* zu  Zeile  z             *)
          function  get_inhalt(z:word):pointer; (* Funktion liefert einen Zeiger
                                              auf den Inhalt der Zeile z.
                                              Dieser Zeiger kann durch cast
                                              auf jede beliebige Daten-
                                              struktur abgebildet werden.
                                                                       z.B.
x:=record1(ob1.get_inhalt(z))^.feld1; *)
         end;

stringliste = object(sliste)
               procedure loeschen; override;
               procedure append(p:pointer); override;
               procedure einfuegen(p:pointer); override;
               procedure loeschezeile(z:word); override;
              end;
```

```
matrix      = object(sliste)
               elsize   : word;
               procedure dim(x,y,size:word);
               procedure redim(x,y,size:word);
               procedure erase;
               procedure pm(x,y:word;p:pointer);
               function  gm(x,y:word):pointer;
              end;

implementation

(*  Defitionen der Methoden für Objekt SLISTE   *)

procedure sliste.anlegen(s:word);
begin
 fillchar(self.header,sizeof(self.header),0);
 self.header.size:=s;
end;

procedure sliste.loeschen;
var
 xp,yp : p_element;
begin
 xp:=self.header.start;
 while xp<>nil do
  begin
   yp:=xp^.next;
   freemem(xp,self.header.size+sizeof(pointer));
   xp:=yp;
  end;
 with self.header do
  begin
   start:=nil;
   azeile:=nil;
   zeile:=0;
  end;
end;


function  sliste.leer:boolean;
begin
 leer:=(self.header.start=nil)
end;
```

```
procedure sliste.append(p:pointer);
var
 xp,yp : p_element;
begin
 getmem(xp,self.header.size+sizeof(pointer));
 with self.header do
  begin
   if start=nil
     then start:=xp
     else begin
            yp:=start;
            while yp^.next<>nil do
            yp:=yp^.next;
            yp^.next:=xp;
           end;
   move(p^,xp^.info,size+sizeof(pointer));
  end;
end;

procedure sliste.einfuegen(p:pointer);
var
 xp,yp : p_element;
begin
 with self.header do
  begin
   if azeile<>nil
    then begin
           getmem(xp,size+sizeof(pointer));
           xp^.next:=azeile^.next;
           azeile^.next:=xp;
           move(p^,xp^.info,size+sizeof(pointer));
          end
    else self.append(p);
  end;
end;


procedure sliste.loeschezeile(z:word);
var
 xp,yp : p_element;
begin
 self.zu_zeile(pred(z));
 with self.header do
  begin
   if azeile<>nil
    then begin
```

```
          yp:=azeile^.next;
          azeile^.next:=yp^.next;
          freemem(yp,size+sizeof(pointer));
         end;
  end;
end;

procedure sliste.zum_anfang;
begin
 with self.header do
  begin
   azeile:=start;
   zeile:=1;
  end;
end;

procedure sliste.zum_ende;
begin
 with self.header do
  begin
   if azeile^.next<>nil
    then begin
          azeile:=azeile^.next;
          inc(zeile);
         end;
  end;
end;

procedure sliste.zu_zeile(z:word);
begin
 self.zum_anfang;
 with self.header do
  begin
   while (zeile<z) and (azeile^.next<>nil) do
    begin
     azeile:=azeile^.next;
     inc(zeile);
    end;
  end;
end;

function  sliste.get_inhalt(z:word):pointer;
begin
 self.zu_zeile(z);
 get_inhalt:=@self.header.azeile^.info;
end;
```

```
(* Definitionen der Methoden für Objekt STRINGLISTE  *)

procedure stringliste.loeschen;
var
 xp,yp : p_element;
 s     : word;
begin
 xp:=self.header.start;
 self.header.start:=nil;
 while xp<>nil do
  begin
   yp:=xp^.next;
   s:=succ(ord(xp^.info[1]))+sizeof(pointer);
   freemem(xp,s);
   xp:=yp;
  end;
 inherited self.loeschen;
end;

procedure stringliste.append(p:pointer);
var
 xp,yp : p_element;
 s     : word;
begin
 s:=succ(ord(sp(p)^[0]))+sizeof(pointer);
 getmem(xp,s);
 with self.header do
  begin
   if start=nil
     then start:=xp
     else begin
            yp:=start;
            while yp^.next<>nil do
            yp:=yp^.next;
            yp^.next:=xp;
           end;
   move(p^,xp^.info,s);
  end;
end;

procedure stringliste.einfuegen(p:pointer);
var
 xp,yp : p_element;
 s     : word;
begin
 s:=succ(ord(sp(p)^[0]))+sizeof(pointer);
```

```
 with self.header do
  begin
   if azeile<>nil
    then begin
          getmem(xp,s);
          xp^.next:=azeile^.next;
          azeile^.next:=xp;
          move(p^,xp^.info,s);
         end
    else self.append(p);
  end;
end;

procedure stringliste.loeschezeile(z:word);
var
 xp,yp : p_element;
 s     : word;
begin
 self.zu_zeile(pred(z));
 with self.header do
  begin
   if azeile<>nil
    then begin
          yp:=azeile^.next;
          azeile^.next:=yp^.next;
          s:=succ(ord(xp^.info[1]))+sizeof(pointer);
          freemem(yp,s);
         end;
  end;
end;

(* Definitionen der Methoden für Objekt MATRIX   *)


procedure matrix.dim(x,y,size:word);
var
 zs : word;
 i  : word;
 xp : p_element;
begin
 zs:=(x*size);
 if zs>64000
  then begin
        writeln('Zeile der Matrix zu groß ');
        halt;
       end;
```

```
 if (succ(y)*(zs+sizeof(pointer)))>maxavail
  then begin
        writeln('Speicherplatz nicht ausreichend für Matrix');
        halt;
       end;
 self.anlegen(zs);
 self.elsize:=size;
 getmem(xp,zs+sizeof(pointer));
 fillchar(xp^,zs+sizeof(pointer),0);
 for i:=1 to y do
  begin
   self.append(xp);
  end;
end;

procedure matrix.redim(x,y,size:word);
begin
 self.loeschen;
 self.dim(x,y,size);
end;

procedure matrix.erase;
begin
 self.loeschen;
end;

function zpos(x,s:word):word;
begin
 zpos:=succ(pred(x)*s);
end;

procedure matrix.pm(x,y:word;p:pointer);
begin
 self.zu_zeile(y);
 with self.header do
  begin
   move(p^,azeile^.info[zpos(x,self.elsize)],self.elsize);
  end;
end;

function  matrix.gm(x,y:word):pointer;
begin
 self.zu_zeile(y);
 gm:=@self.header.azeile^.info[zpos(x,self.elsize)];
end;

end.
```

Im folgenden wird das Programm als Unit in einem Testprogramm verwendet. Es wird eine leere Liste angelegt, in die zunächst "Blah Blah Blah" geschrieben wird und dann der Satz "Noch ein blödsinniger Satz" angehängt wird. Bild A 18 zeigt das Ergebnis.

```
TESTLST1.EXE
Blah Blah Blah
Noch ein blödsinniger Satz
Ausführungszeit = 00:00:00.06.  Programmrückgabe(0).  Betätigen Sie eine Taste
```

Bild A 18 Ergebnisausdruck des Tesprogramms

Testprogramm TESTLST1.PAS

```
{$V-}
uses listen;
type
 x = ^string;
const
 t1 : string [99] = 'Blah Blah Blah';
 t2 : string [99] = 'Noch ein blödsinniger Satz ';
var
 tliste   : sliste;
 pt1,pt2  : ^ string;
begin
 pt1:=@t1;pt2:=@t2;
 new(tliste);
 tliste.anlegen(100);
 tliste.append(pt1);
 tliste.append(pt2);
 writeln(x(tliste.get_inhalt(1))^);
 writeln(x(tliste.get_inhalt(2))^);
end.
```

A 5 Lösungen der Übungsaufgaben

A 5.1 WURF1.PAS

Struktogramm

EINGABE DER ANFANGSGESCHWINDIGKEIT
EINGABE DES ABWURFWINKELS
EINGABE DER FLUGZEIT
$X = v \cdot t \cdot \cos\alpha$ $Y = v \cdot t \cdot \sin\alpha - \frac{1}{2} g \cdot t^2$
AUSGABE: ERREICHTE WEITE MOMENTANE FLUGHÖHE

Programm

```
USES
  Crt;

VAR
      X,Y,v,a,t  :  REAL;

CONST
            g = 9.81;

BEGIN
      CLRSCR;
      WRITELN;WRITELN;
      WRITELN ('Bestimmung der Ortskoordinaten eines Gegenstandes');
      WRITELN ('( schiefer Wurf )');
      WRITELN;WRITELN;
      WRITE ('Eingabe der Anfangsgeschwindigkeit in m/s : ');
      READLN (v);
      WRITE ('Eingabe des Abwurfwinkels   in Grad       : ');
      READLN (a);
      WRITE ('Eingabe der Flugzeit  in s                : ');
      READLN (t);

      a := a/360*2*3.1415926;
      X := v*t*cos(a);
      Y := v*t*sin(a) - SQR(t)*g*0.5;

      WRITELN;WRITELN;
      WRITELN ('  die erreichte Weite beträgt : ',X:10:3,' m');
      WRITELN; WRITELN ('  momentane Flughöhe          : ',Y:10:3,' m');

END.
```

A 5.2 WURF2.PAS

Struktogramm

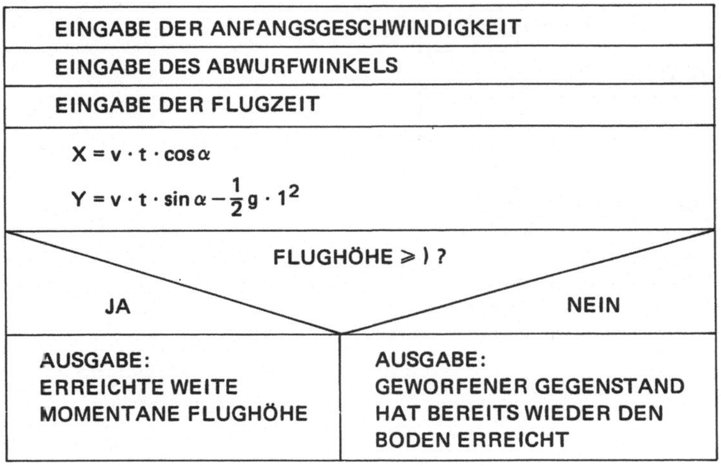

Programm

```
USES
  Crt;

VAR
      X,Y,v,a,t  :  REAL;

CONST
             g = 9.81;

BEGIN
      CLRSCR;
      WRITELN;WRITELN;
      WRITELN ('Bestimmung der Ortskoordinaten eines Gegenstandes');
      WRITELN ('( schiefer Wurf )');
      WRITELN;WRITELN;
      WRITE ('Eingabe der Anfangsgeschwindigkeit in m/s : ');
      READLN (v);
      WRITE ('Eingabe des Abwurfwinkels   in Grad       : ');
      READLN (a);
      WRITE ('Eingabe der Flugzeit  in s                 : ');
      READLN (t);
      WRITELN;
```

```
a := a/360*2*3.1415926;
X := v*t*cos(a);
Y := v*t*sin(a) - SQR(t)*g*0.5;

IF Y>=0 THEN

        BEGIN
            WRITELN;
            WRITELN ('  die erreichte Weite beträgt : ',X:10:3,' m');
            WRITELN; WRITELN ('  momentane Flughöhe : ',Y:10:3,' m')
        END

    ELSE

        WRITELN ('Der geworfene Gegenstand hat bereits wieder den Boden
                        erreicht !');

END.
```

A 5.3 KUGEL.PAS

Struktogramm

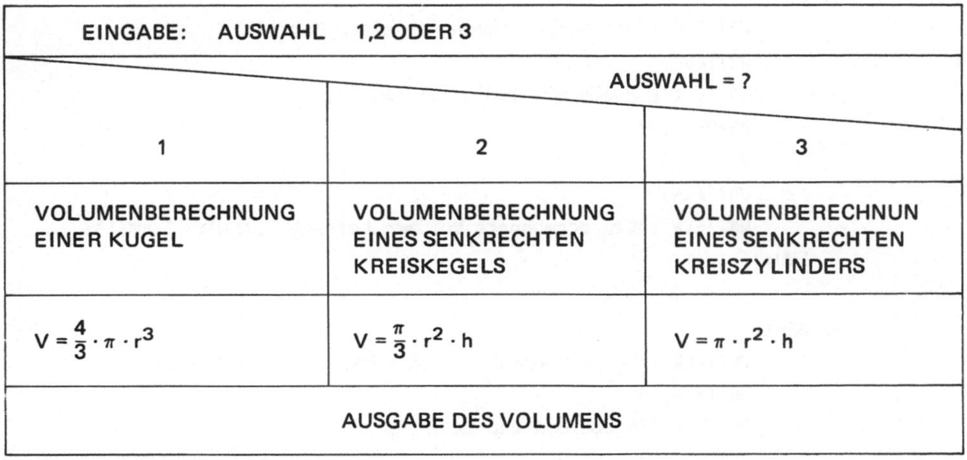

EINGABE: AUSWAHL 1,2 ODER 3
AUSWAHL = ?
1
2
3
VOLUMENBERECHNUNG EINER KUGEL
VOLUMENBERECHNUNG EINES SENKRECHTEN KREISKEGELS
VOLUMENBERECHNUN EINES SENKRECHTEN KREISZYLINDERS
$V = \frac{4}{3} \cdot \pi \cdot r^3$
$V = \frac{\pi}{3} \cdot r^2 \cdot h$
$V = \pi \cdot r^2 \cdot h$
AUSGABE DES VOLUMENS

Programm

```
USES
  Crt;

VAR

    Auswahl : BYTE;
    h,r,V   : REAL;

BEGIN
     CLRSCR;
     WRITELN; WRITELN;
     WRITELN ('Programm zur wahlweisen Berechnung des Volumens von');
     WRITELN ('Kugeln, senkrechten Kreiskegeln und senkrechten Kreiszylindern');
     WRITELN; WRITELN;

     WRITELN ('An welchem Körper soll die Berechnung durchgeführt werden ?');
     WRITELN;
     WRITELN ('  Kugel          = 1');
     WRITELN ('  Kreiskegel     = 2');
     WRITELN ('  Kreiszylinder = 3'); WRITELN;
     WRITE ('Bitte gewünschte Zahl eingeben: '); READLN (Auswahl);
     WRITELN; WRITELN;
     r := 0; h:=0;

     CASE Auswahl OF
          1: BEGIN
                  WRITELN ('Volumenberechnung an einer Kugel');
                  WRITELN;
                  WRITE ('Eingabe des Radius in cm: ');
                  READLN (r);
                  V := 4/3*pi*r*r*r;
                  WRITELN;
                  WRITELN ('Das errechnete Volumen beträgt ',V:10:3,' cm3');
             END;

          2: BEGIN
                  WRITELN ('Volumenberechnung am senkrechten Kreiskegel');
                  WRITELN;
                  WRITE ('Eingabe des Radius in cm: ');
                  READLN (r);
                  WRITE ('Eingabe der Höhe in cm: ');
                  READLN (h);
                  V := pi/3*SQR(r)*h;
                  WRITELN;
                  WRITELN ('Das errechnete Volumen beträgt ',V:10:3,' cm3');
             END;
```

```
        3: BEGIN
             WRITELN ('Volumenberechnung am senkrechten Kreiszylinder');
             WRITELN;
             WRITE ('Eingabe des Radius in cm: ');
             READLN (r);
             WRITE ('Eingabe der Höhe in cm: ');
             READLN (h);
             V := pi*SQR(r)*h;
             WRITELN;
             WRITELN ('Das errechnete Volumen beträgt ',V:10:3,' cm3');
           END;

     END;

END.
```

A 5.4 SHELL.PAS

Struktogramm

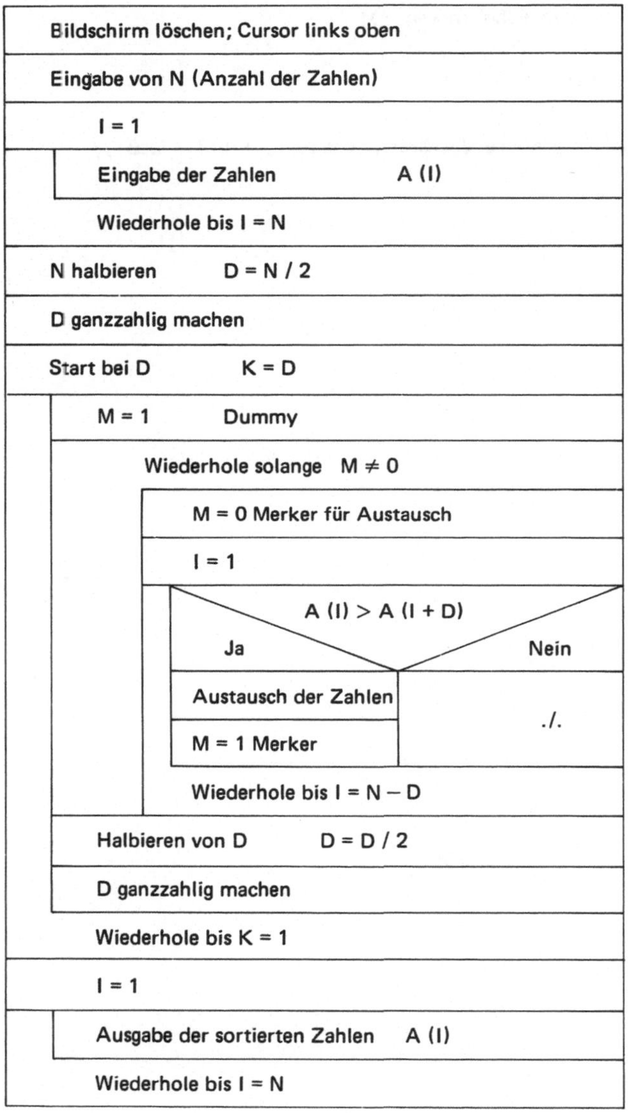
Bildschirm löschen; Cursor links oben
Eingabe von N (Anzahl der Zahlen)
I = 1
Eingabe der Zahlen A (I)
Wiederhole bis I = N
N halbieren D = N / 2
D ganzzahlig machen
Start bei D K = D
M = 1 Dummy
Wiederhole solange M ≠ 0
M = 0 Merker für Austausch
I = 1
A (I) > A (I + D)
Ja
Nein
Austausch der Zahlen
M = 1 Merker
./.
Wiederhole bis I = N – D
Halbieren von D D = D / 2
D ganzzahlig machen
Wiederhole bis K = 1
I = 1
Ausgabe der sortierten Zahlen A (I)
Wiederhole bis I = N

Programm

```
USES
  Crt;

VAR

   B,N,I,D,L,m : INTEGER;
             A : ARRAY [1..20] OF INTEGER;

BEGIN
     CLRSCR; WRITELN; WRITELN;
     WRITE ('Anzahl der zu sortierenden Zahlen : '); READLN (N);
     WRITELN; WRITELN;

     FOR I:=1 TO N DO
                    BEGIN
                         WRITE (' Bitte Zahl Nr.',I,' eingeben : ');
                         READLN (A[I]);
                    END;

     BEGIN
           D:= N div 2; M:=5;
     END;

     FOR L:= D DOWNTO 1 DO
                         BEGIN
                              REPEAT

                         BEGIN
                              m:=0;

     FOR I:=1 TO N-D DO
                         BEGIN
                              IF A[I]<A[I+D] THEN m:=m

                              ELSE
                         BEGIN
                              B:= A[I+D];
                              A[I+D]:=A[I];
                              A[I]:=B;
                              m:=m+1;
                         END;
                         END;
                         END;

                              UNTIL M=0;
```

```
                 BEGIN
                  D:=D div 2; m:=5;
                 END;

            END;

      WRITELN; WRITELN;
      WRITELN ('Reihenfolge der Zahlen :');
      WRITELN; WRITELN;

      FOR I:=1 TO N DO

                          WRITELN (' A(',I,')=', A[I]);

END.
```

A 6 Editier-Funktionen

Die bereits in Turbo Pascal bekannten Editiermöglichkeiten sind auch in QuickPascal beibehalten worden.

a) Cursorsteuerung

Die Grundbewegungen des Cursors entsprechen denen der Tastatur. Mit den Tastenkombinationen <CTRL> <PGUP> bzw. <CTRL> <PGDN> gelangt man an den Anfang bzw. an das Ende des Textes. Die Tasten für die Cursorsteuerung zeigt Tabelle A 6-1.

Tabelle A6-1 Tasten für die Cursor-Steuerung

Zeichen nach links	<PFEIL LINKS>
Zeichen nach rechts	<PFEIL RECHTS>
Wort nach links	<CTRL> A
Wort nach rechts	<CTRL> F
Zeile nach oben	<PFEIL OBEN>
Zeile nach unten	<PFEIL UNTEN>
Aufwärts rollen	<CTRL> W
Abwärts rollen	<CTRL> Z
Seite nach oben	<PGUP>
Seite nach unten	<PGDN>
Zeile links	<HOME>
Zeile rechts	<END>
Oberer Bildschirmrand	<CTRL> QE
Unterer Bildschirmrand	<CTRL> QX
Textbeginn	<CTRL><PGUP>
Textende	<CTRL><PGND>
Blockanfang	<CTRL> QB
Blockende	<CTRL> QE
Letzte Cursorposition	<CTLR> QP
letzte Fehlerposition	<CTRL> QW

b) Befehle zum Einfügen und Löschen

Bild A 19 zeigt die Befehle zum Einfügen und Löschen

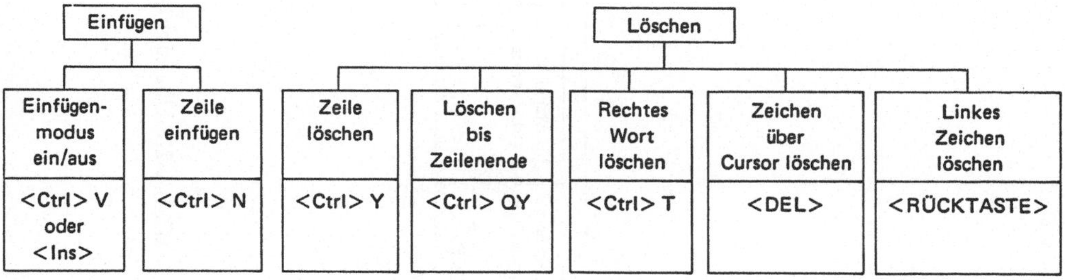

Bild A-19 Übersicht über die Befehle zum Einfügen und Löschen

c) Block-Befehle

In Bild A-20 sind die Block-Befehle zusammengestellt.

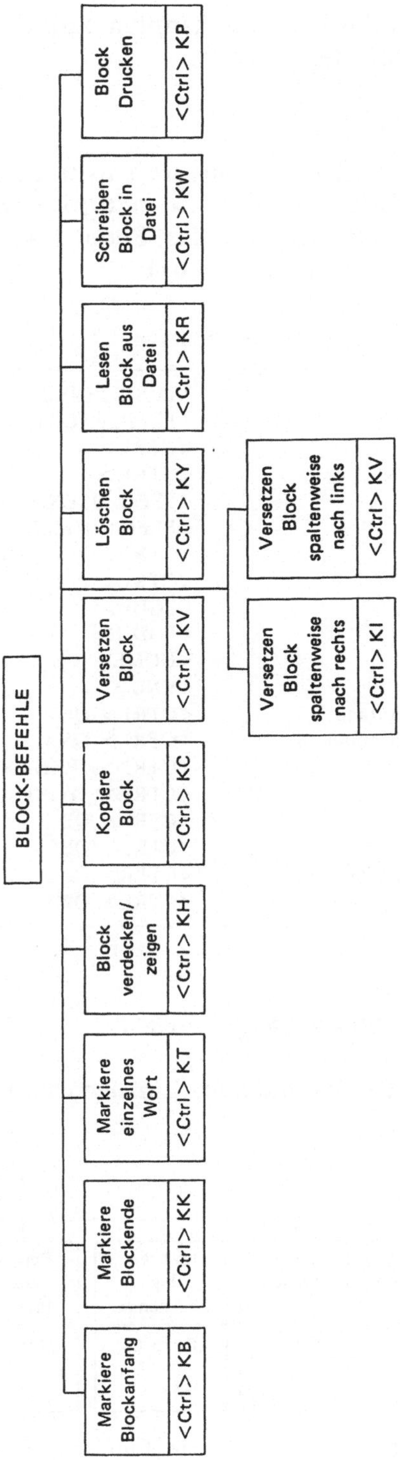

Bild A-20 Übersicht über die Block-Befehle

d) Verschiedene Editier-Befehle

Die restlichen Editierbefehle zeigt Bild A-21.

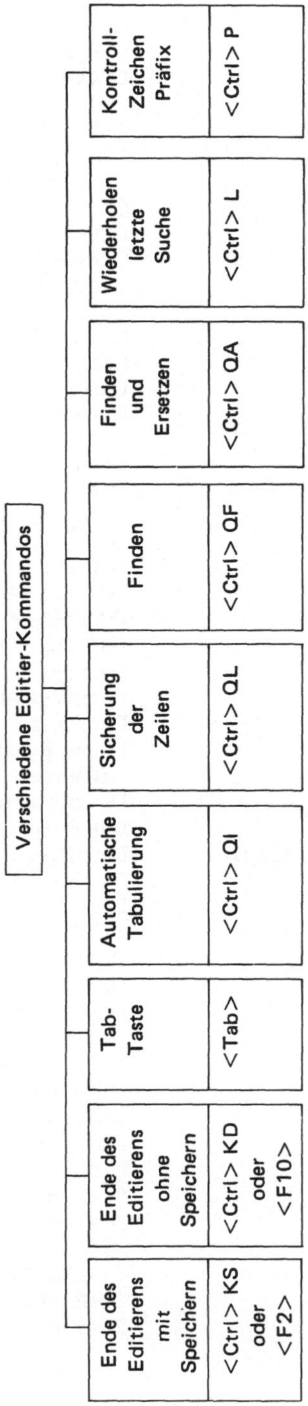

Bild A-21 Übersicht über verschiedene Editier-Befehle

Sachwortverzeichnis

Ablauf, rekursiver, 120
Abs, 212
ABSOLUTE, 212
Abweisende Schleife, 92 ff.
Addr, 212
Adreß-Operatoren, 210
Alles speichern, 22
AND, 65, 212
Ändern, 25
Ändern, Methoden, 242
Ansicht, 23
Anweisungsteil, 54
Anzeigevariable, 234
Append, 212
Arbeitsfenster, 17
ArcTan, 212
Arithmetische Operatoren, 210
ARRAY, 2, 86 ff., 125, 212
ASSIGN, 148, 212
AssignCrt, 212
Ausführen, 26
Ausführen, Programm, 39
Ausgabe-Funktion, 8
Ausgabebildschirm, 25
Ausschneiden, 23
Auswahl, 7, 61 ff., 71

Baum, 5
Bearbeiten, 23
Befehle, 212 ff.
Befehlsfeld, 19
BEGIN..END, 212
Benutzerdefinierte Datenstruktur, 2, 122 ff.
Benutzeroberfläche, 18
Beschreibung, Funktions-, 8
Betriebssystem, 22
Bezeichner, Syntax-Diagramm, 50
Bildschirmattribute, 27
Block-Befehle, 160
BlockRead, 212
BlockWrite, 212
BOOLEAN, 2, 212
BUBBLE.PAS, 101
BYTE, 2, 213

C++, 46
CASE..OF..ELSE..END, 75, 213
CASE..OF..END, 71
CASE..OF..END, Syntax-Diagramm, 72
CHAR, 2, 213
ChDir, 213
CheckBreak, 213
Chr, 213
CLOSE, 134, 213
ClrEol, 213
ClrScr, 213
COMP, 2, 213
Compiler-Einstellung, 28
Concat, 213
CONST, 32, 51, 213
CONSTRUCTOR, 47
Copy, 213
Cos, 213
Crt, 36, 214
CSeg, DSeg, SSeg, 214
Cursorposition, 17
Cursorsteuerung, 159

Datei, 2, 3, 22, 131 ff.
Datei, Direktzugriff-, 132
Datei, index-sequentielle, 132
Datei, sequentielle, 132
Datei, verkettete, 132
DATEI1.PAS, 141
DATEI2.PAS, 149
Dateien, Programm-, 29
Dateinamen, 17
Dateiverwaltung, 135 ff.
Dateizusätze, 4
Daten, dynamische, 4, 5
Datenbasis, 3
Datenbeschreibung, 8
Datenstrukturen, 2, 122 ff.
Datentypen, 122 ff.
Datentypen, Syntax-Diagramm, 53, 122
Debug, 27
DEBUG-Fenster, 25, 231
Debugger, 228
Dec, 214
Delay, 214
Delete, 214
DelLine, 214
DESTRUCTOR, 47
Dialogfenster, 18
Direktzugriff-Datei, 132, 147
DiskFree, 214
DiskSize, 214
Dispose, 214
DIV, 214
Dos, 36, 214
DosExitCode, 214
DosVersion, 214

DOUBLE, 2, 214
Drucken, 22
Duplizieren, 23
Dynamische Daten, 4, 5
Dynamische Datenstruktur, 2
Dynamische Objekte, 46

Editier-Funktionen, 259
Einfügen, 23, 159
Eingabe-Funktion, 8
Einstellung, Compiler-, 28
ELEKTRON.PAS, 63
Encapsulation, 47
Ende, 22
EnvCount, 215
EnvStr, 215
EOF, 3, 215
EoLn, 215
EOR, 3
Erase, 215
Erstellung, Programm-, 38
Exec, 215
EXIT, 215
Exp, 215
EXTENDED, 2, 215
External, 215

FAKUL1.PAS, 120
FAKUL2.PAS, 121
False, 215
Fehler, formale, 228
Fehler, Laufzeit-, 228
Fehlersuche, 228
Feld, Befehls-, 19
Feld, Text-, 19
Feld, Verzeichnis-, 19
FExpand, 215
FILE OF, 215
FILE, 2, 3, 131 ff.
FILE, Syntax-Diagramm, 131
FilePos, 215
FILESIZE, 134
FileSize, 215
FillChar, 216
Finden und Ersetzen, 261
Finden, 261
FindFirst, 216
FindNext, 216
Flush, 216
Folge, 7, 57 ff.
FOR..TO(DOWNTO)..DO, 83, 216
Formale Fehler, 228
Formale Variable, 116
FORWARD, 216
Frac, 216
FreeMem, 216
FSearch, 216
FSplit, 216
FUNCTION, 117 ff., 216
Funktion, Ausgabe-, 8
Funktion, Eingabe-, 8
Funktion, Verarbeitung-, 8
FUNKTION.PAS, 119
Funktionen, 117 ff.
Funktionen, Editier-, 159
Funktionen, mathematische, 210
Funktionenvereinbarung, 33
Funktionsbeschreibung, 8

GASGLEI.PAS, 174 ff.
GAUSSJOR.PAS, 170 ff.
Gesamtwiderstand bei Parallelschaltung, 57
Geschachtelte Schleifen, 97
GetCBreak, 216
GetDate, 217
GetDir, 217
GetEnv, 217
GetFAttr, 217
GetFTime, 217
GetIntVec, 217
GetMem, 217
GetTime, 217
GetVerify, 217
Globale Variable, 106
GOTO, 72, 217
GotoXY, 217
Graph, 5
Groß- und Kleinschreibung, 56
Größe ändern, 23
GRUBBS.PAS, 202 ff.

HALT, 217
Haltepunkt, 228, 233
Hauptmenü, 17, 20
Hauptmodul, 26
Hauptprogramm, 106
Heap, 4
HeapError, 217
HeapOrg, 218
HeapPtr, 218
Hi, 218
HighVideo, 218
Hilfe, 29
Hilfe-System, 31
Hilfefenster, 25
Hilfetext, 30
Hinzufügen, Methoden, 242

IF..THEN..ELSE, 218
IF..THEN..ELSE, Syntax-Diagramm, 61
IMPLEMENTATION, 36, 218
IN, 218
Inc, 218

Index-sequentielle Datei, 132
Information hiding, 46
inheritance, 241
INHERITED, 218
InLine, 218
Insert, 218
InsLine, 218
Installation, 12 ff.
Int, 218
INTEGER, 2, 218
INTERFACE, 36, 219
INTERRUPT, 219
Intr, 219
INVERSE.PAS, 168 ff.
IOResult, 219
Iteration, 7, 83 ff.
Iteratives Programm, 121

Kacheln, 24
Keep, 219
KeyPressed, 219
Kompilieren, 26, 39
Kompilieren, Meldung, 56
Konstante, 32
Konstante, globale, 106
Konstante, lokale, 106
Konstante, Syntax-Diagramm, 51
Kopieren, 23
KREISZY.PAS, 75
KREISZY2.PAS, 107
KREISZYL.PAS, 74
KUGEL.PAS, 82, 253

LABEL, 34, 72 ff., 219
Laden, Programm, 43
Late binding, 46
Laufzeitfehler, 228
Leerzeichen, 56
Length, 219
LINSENGL.PAS, 172 ff.
Liste, verkettete, 5, 242
LISTEN.PAS, 243 ff.
Ln, 219
Lo, 219
Logische Operatoren, 65, 210
Logische Verknüpfungen, 65
Lokale Variable, 106
LONGINT, 2, 219
Löschen, 23, 159
LowVideo, 219

Mark, 219
Markierter Text, 25
Markierungen, Sprung-, 34
Mathematische Funktionen, 210
MATRADD.PAS, 164 ff.
MATRMULT.PAS, 164 ff.
MaxAvail, 220
Mem, 220
MemAvail, 220
Member, 220
Menüleiste, 17
Menünamen, 17
Meßbereichserweiterung, 66
Methoden ändern, 242
Methoden hinzufügen, 242
Methoden-Tabelle, virtuelle, 46
Methodenstruktur, 48
MITTELW2.PAS, 104
MkDir, 220
MOD, 220
Modul, 103 ff.
Move, 220
MsDos, 220
MSGraph, 37, 220
MULTI.PAS, 194 ff.

New, 220
Nicht abweisende Schleife, 95 ff.
NIL, 220
NormVideo, 220
NoSound, 220
NOT, 65, 220
Nur Lesen, 23

OBJECT, 47, 221
Objekte, dynamische, 46
Objektorientierte Programmierung, 1, 45 ff., 240 ff.
Odd, 221
Öffnen, 22
Ofs, 221
Operatoren, Adreß-, 210
Operatoren, arithmetische, 210
Operatoren, logische, 65, 210
Operatoren, Vergleichs-, 210
Option Öffnen, 19
Optionen, 27
OR, 65, 221
Ord, 221
Organisation, Speicher-, 6
override, 241

PARALLEL.PAS, 57
ParamCount, 221
Parameterübergabe, 109 ff.
ParamStr, 221
Programmname, 8
Pi, 221
POLYREGR.PAS, 168 ff.
Pos, 221
Pred, 221
Printer, 36, 221
PROCEDURE, 33, 103 ff., 221

Programm, allgemeine Gasgleichung, (GASGLEI.PAS), 174 ff.
Programm, Ausreißertest nach Grubbs (GRUBBS.PAS), 202 ff.
Programm, benutzerdefinierte Datentypen (TYP1.PAS), 124
Programm, Dateiverwaltung (DATEI1.PAS), 141
Programm, Durchflußvolumen (HAGEN.PAS), 99 ff.
Programm, Elektronengeschwindigkeit (ELEKTRON.PAS), 63
Programm, Funktionen- (FUNKTION.PAS), 119
Programm, geometrische Optik (LINSENGL.PAS), 172 ff.
Programm, Haupt-, 106
Programm, Inverse einer Matrix, (INVERSE.PAS), 168 ff.
Programm, iteratives (FAKUL2.PAS), 121
Programm, Kreiszylinder (KREISZYL.PAS), 74
Programm, laden, 43
Programm, lineare Gleichungssysteme (GAUSSJOR.PAS), 170 ff.
Programm, Matrizenaddition, (MATRADD.PAS), 164 ff.
Programm, Matrizenmultiplikation, (MATRMULT.PAS), 165 ff.
Programm, Meßbereichserweiterung (STROMMES.PAS), 68
Programm, multilineare Regression (MULTI.PAS), 194 ff.
Programm, objektorientiertes (LISTEN.PAS), 243 ff.
Programm, Parallelschaltung (PARALLEL.PAS), 57
Programm, polynome Regression (POLYREGR.PAS), 168 ff.
Programm, quadratische Gleichungen (QUADRAT.PAS), 163 ff.
Programm, radioaktiver Zerfall (RADIOZER.PAS), 154 ff.
Programm, RECORD (RECORD1.PAS), 127
Programm, Regression, (REGRESS.PAS), 184 ff.
Programm, rekursives (FAKUL1.PAS), 120
Programm, schiefer Wurf (WURF1.PAS), 59, 251
Programm, Simulation (WUERFEL.PAS), 85
Programm, Sortieren (BUBBLE.PAS), 101
Programm, Sortieren (SHELL.PAS), 102, 256
Programm, speichern, 40
Programm, Starten, 17
Programm, statische Berechnung, (RESULT.PAS), 177 ff.
Programm, Strömungsgeschwindigkeit (STROEMEN.PAS), 93
Programm, Strömungsgeschwindigkeit (STROM.PAS), 96
Programm, Test-, (TESTLST1.PAS), 250
Programm, Titration, (TITRATIO.PAS), 160 ff.
Programm, Unterprgrammtechnik (MITTELW2.PAS), 104
Programm, Unterprogrammtechnik (PROZED1.PAS), 112
Programm, verlassen, 42
Programm, Wasserstoff-Spektrum, (SPEKTRUM.PAS), 158 ff.
Programm, Wechselstromwiderstände (WESTROWI.PAS), 77
Programm, WURF3.PAS, 89
Programmausdruck, 9
Programmausführung, 39
Programmdateien, 29
Programmentwicklung, systematische, 8
Programmerstellung, 38
Programmieren, strukturiertes, 240
Programmierung, objektorientierte, 1, 45 ff., 240 ff.
Programmlogik, 8
Programmstruktur, 6, 7, 49 ff.
PROZED1.PAS, 112
PROZED2.PAS, 114
PROZED3.PAS, 115
PROZED4.PAS, 116
Prozeduren, 103 ff.

Prozedurvereinbarung, 33
Pseudocode, 7
Ptr, 221

QP-Express, 16 ff.
QUADRAT.PAS, 163 ff.
QuickPascal, Programmpaket, 11 ff.

RADIOZER.PAS, 154 ff.
Random, 222
Randomize, 222
READ, 54, 222
ReadKey, 222
READLN, 54, 222
REAL, 2, 222
RECORD, 2, 125 ff., 222
RECORD, Syntax-Diagramm, 126
RECORD1.PAS, 127
RECORD2.PAS, 130
Referenzzeile, 17
REGRESS.PAS, 184 ff.
Regressionen, 184 ff.
Rekursion, 120
Release, 222
Rename, 222
REPEAT..UNTIL, 95 ff., 222
RESET, 134
Reset, 222
RESULT.PAS, 177 ff.
REWRITE, 134, 222
RmDir, 222
Round, 222
Rückgängig, 23
RunError, 223

Satzzeichen, 55
Schleife, abweisende, 92 ff.
Schleife, nicht abweisende, 95 ff.
Schleife, Zähl-, 83
Schleifen, geschachtelte, 97
Schlüsselwörter, 30
Schrittweise Verfeinerung, 10
SEEK, 147, 223
SeekEOF, 223
SeekEoln, 223
Seg, 223
Segment, 6
Selektion, 7, 61 ff.
Sequentielle Datei, 132
Sequenz, 7, 57 ff.
SET OF, 2, 223
SetCBreak, 223
SetDate, 223
SetFAttr, 223
SetFTime, 223
SetIntVec, 223
SetTime, 224
Setup, 12 ff.
SetVerify, 224
SHELL.PAS, 102, 256
SHL, 224
SHORTINT, 2, 224
SHR, 224
Sin, 224
SINGLE, 2, 224
SizeOf, 224
Sortieren, BUBBLE-SORT, 100
Sortieren, SHELL-SORT, 102
Sound, 224
Späte Bindung, 46
Speichern unter, 22
Speichern, 22, 40
Speicherorganisation, 6
SPEKTRUM.PAS, 158 FF.
Sprungmarkierungen, 34
SPtr, 224
Sqr, 224
SQR, 60
SQRT, 62, 224
SSeg, 224
Stack, 5
Starten, Programm, 17
Statische Datenstruktur, 2
Status, 17
Str, 225
STRING, 2, 225
STROEMEN.PAS, 94
STROMMES.PAS, 68
Struktogramm, 7, 8
Struktur, Methoden-, 48
Strukturiertes Programmieren, 240
Succ, 225
Suchen, 25
Swap, 225
SwapVectors, 225
Syntax-Diagramm, ARRAY, 86
Syntax-Diagramm, Bezeichner, 50
Syntax-Diagramm, CASE..OF..END, 72
Syntax-Diagramm, Datentypen, 53, 122
Syntax-Diagramm, FILE, 131
Syntax-Diagramm, FUNCTION, 117
Syntax-Diagramm, IF..THEN..ELSE, 61
Syntax-Diagramm, Konstante, 51
Syntax-Diagramm, PROCEDURE, 103
Syntax-Diagramm, RECORD, 126
Syntax-Diagramm, REPEAT..UNTIL, 95 ff.
Syntax-Diagramm, TYPE, 123
Syntax-Diagramm, VAR, 53
Syntax-Diagramm, Vereinbarung, 50
Syntax-Diagramm, WHILE..DO, 93
Syntax-Diagramm, WITH, 129
Syntax-Diagramm, Zahl
System, 37, 225
Systematische Programmentwicklung, 8

Tab-Taste, 261
Tastenkombinationen, 21
TESTLST1.PAS, 250
TextBackground, 225
TextColor, 225
Textfeld, 19
Textmarke ein/aus, 25
TextMode, 225
TITRATIO.PAS, 160 ff.
Trunc, 225
Truncate, 225
Turbo Pascal, 48
TYP1.PAS, 124
TYPE, 33, 122 ff., 225
TYPE, Syntax-Diagramm, 123
Typenvereinbarung, 32

Übergabe, Parameter-, 109 ff.
Überlappen, 23
Überwachen, 236
UNIT, 31, 32, 35 ff., 226
UnpackTime, 226
Unterprogrammtechnik, 103 ff.
UpCase, 226
USES, 35, 226

Val, 226
VAR, 226
VAR, Syntax-Diagramm, 53
Variable, formale, 116
Variablenliste, 8
Variablenvereinbarung, 33
Verarbeitungs-Funktion, 8
Vereinbarung, Funktionen-, 33
Vereinbarung, Prozedur-, 33
Vereinbarung, Syntaxdiagramm, 50
Vereinbarung, Typen-, 32
Vereinbarung, Variablen-, 33
Vererbung, 241
Verfeinerung, schrittweise, 10
Vergleichsoperatoren, 210
Verkettete Datei, 132
Verkettete Liste, 5, 242
Verknüpfungen, logische, 65
Verlassen, Programm, 42
Verschieben, 23
Verzeichnisfeld, 19
Virtuelle Methoden-Tabelle, 46

Warteschlange, 5
Weitersuchen, 25
WESTROWI.PAS, 77
WhereX, 226
WhereY, 226
WHILE..DO, 92 ff., 226
Wiederholen, letzte Suche, 261
Wiederholung, 7, 83 ff.
Window, 226
WITH, Syntax-Diagramm, 129
WITH..DO, 129 ff., 227
WORD, 2, 227
Wörter, Schlüssel-, 30
WRITE, 54, 227
WRITELN, 54, 227
WUERFEL.PAS, 85
WURF1.PAS, 59, 251
WURF2.PAS, 71

XOR, 65, 227

Zahl, Syntax-Diagramm, 52
Zählschleife, 83
Zeiger, 2, 4
Zusammenführen, 22
Zusätze, Datei-, 4

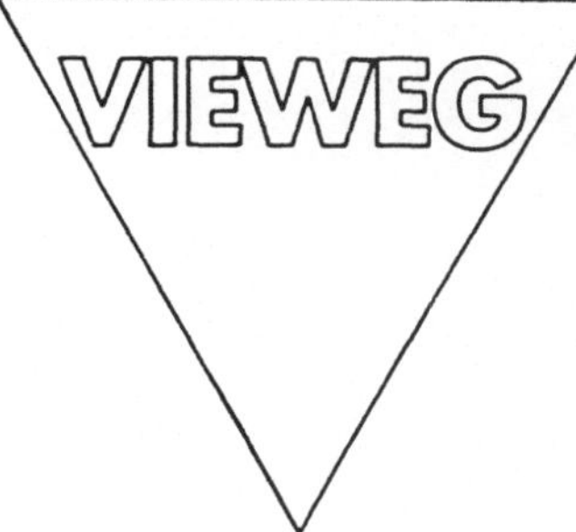